Bernd Keiner, geboren in Wuppertal, ist Abenteurer und Globetrotter aus Leidenschaft. Vom Reisefieber gepackt reiste er nach dem Studium kreuz und quer durch Europa, in die Karibik, nach Amerika, Israel und Südostasien. Schließlich blieb er in Australien hängen, wo er einige Zeit lebte und als Art Director arbeitete. Seit 1991 ist die Insel Vanua Levu in Fidschi seine Heimat. Von hier berichtet er in zahlreichen Reportagen, u. a. für »Abenteuer & Reisen«, über die Faszination der pazifischen Inselregionen.

Weitere Titel von Bernd Keiner:

Quer durch den roten Kontinent

BERND KEINER

DUNKLES HERZ DER SÜDSEE

Die magische Inselwelt Melanesiens

NATIONAL GEOGRAPHIC

Ein Buch der Partner Goldmann und National Geographic Deutschland

Sämtliche Fotos
stammen vom Autor Bernd Keiner.

SO SPANNEND WIE DIE WELT.

Dieses Werk erscheint in der Taschenbuchreihe
NATIONAL GEOGRAPHIC ADVENTURE PRESS
im Goldmann Verlag, München.

1. Auflage August 2003, Originalausgabe
NATIONAL GEOGRAPHIC ADVENTURE PRESS
im Goldmann Verlag, München,
in der Verlagsgruppe Random House GmbH

Lektorat: Dr. Ilonka Kunow, München
Karten: Margret Prietzsch, Gröbenzell
Umschlaggestaltung: Atelier Seidel, Neuötting
Herstellung: Sebastian Strohmaier, München
Satz: Uhl + Massopust, Aalen
Druck und Bindung: Clausen & Bosse, Leck
ISBN 3-442-71214-9
www.goldmann-verlag.de
Printed in Germany

Das Papier wurde aus chlorfrei gebleichtem Zellstoff hergestellt.

Inhalt

Vanuatu – Archipel der Feuerberge

Die Salomonen – Inseln im Meer der Zeit

Vanuatu – Archipel der Feuerberge

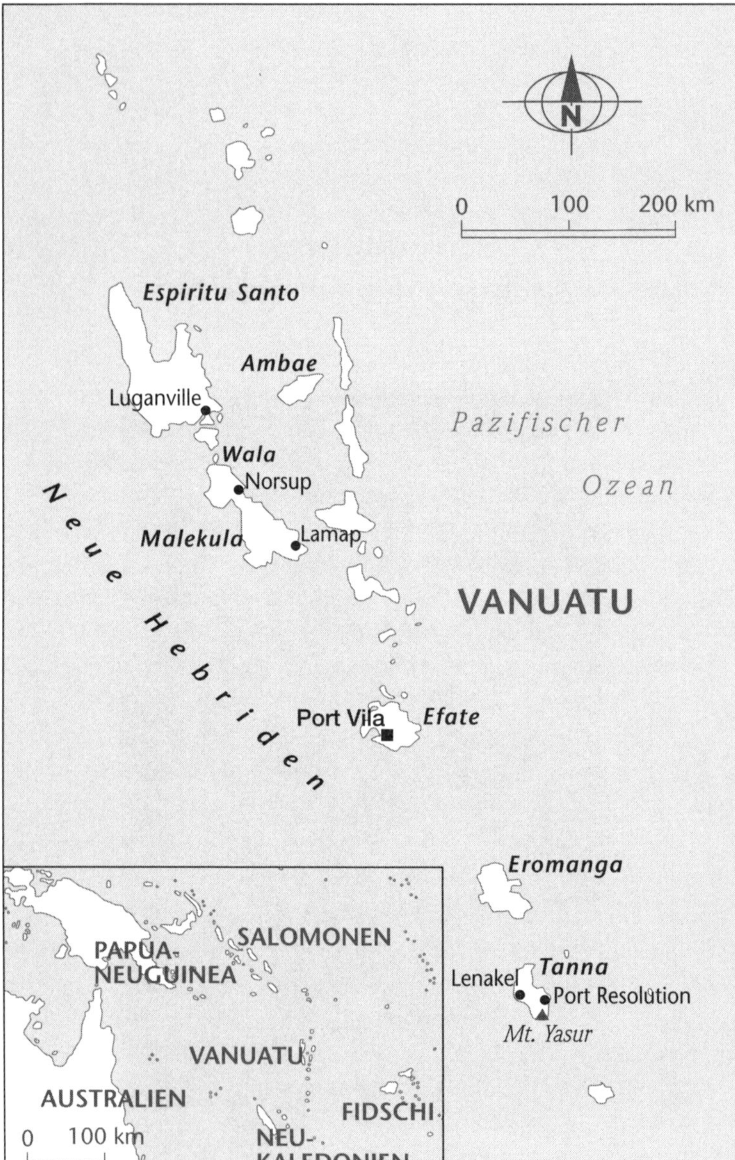

0
100
200 km
N
Espiritu Santo
Ambae
Luganville
Pazifischer
Ozean
Wala
Norsup
Neue Hebriden
Malekula
Lamap
VANUATU
Port Vila
Efate
Eromanga
Tanna
Lenakel
Port Resolution
Mt. Yasur
PAPUA-NEUGUINEA
SALOMONEN
VANUATU
AUSTRALIEN
FIDSCHI
NEU-KALEDONIEN
0
100 km

Reise in die Vergangenheit

Der Mann lehnt lässig und entspannt an den beindicken Stelzwurzeln eines riesigen Banyanbaums, die muskulösen Arme vor der Brust verschränkt. Seine braune Haut hebt sich kaum ab von der rissigen, gekerbten Rinde. Er ist nackt bis auf ein ausgefranstes Bastbüschel, das seinen Penis bedeckt. Seine dunklen Augen schauen versonnen über eine von grellem Sonnenlicht überflutete Lichtung; seine Ohren lauschen den leisen melancholischen Klängen einer Flöte aus Bambusrohr, auf der sein bärtiger Gefährte spielt, der neben ihm auf dem Erdboden kauert…

Eine Szene aus einem Gemälde, ein lebendiges Bild der »edlen Wilden«, wie sie der französische Entdecker und Edelmann Baron Louis-Antoine de Bougainville im Mai 1768 sah, als er auf der Suche nach englischen Stützpunkten im Stillen Ozean und nach der *Terra incognita* war. Schwärmerisch taufte er die fremden, gerade kartografierten Gestade »Les Grandes Cyclades«, die großen Kykladen, nach den gebirgigen Inseln in der südlichen Ägäis.

Captain James Cook erblickte den Archipel sechs Jahre später. Nicht minder begeistert wie sein blaublütiger Konkurrent aus Paris, taufte er die Inseln »New Hebrides«, die Neuen Hebriden, in Erinnerung an seine schottische Heimat. Er ankerte mit seinem Schiff in einer kleinen Bucht am Ostrand einer von üppig wucherndem Regenwald überzogenen Insel, die von den am Strand versammelten Eingeborenen Tanna genannt wurde.

Was der große britische Navigator James Cook hier auf Tanna alles erlebte, werden wir noch erfahren. Wie weit er in den Urwald vorstieß, wissen wir allerdings nicht genau. Aber was der unerschrockene Besucher, der in diesen entlegenen Teil Tannas vordringt, heute sieht, dürfte sich kaum von dem Bild unterscheiden, das Captain Cook erblickte.

Kava-Rausch im Steinzeitdorf

Yakel ist eine Zeitkapsel, einer jener Orte mit allgegenwärtiger, tiefster Vergangenheit, für dessen Existenz es keine plausible Erklärung gibt. Hier spult sich ein Dokumentarfilm ab, in dem zufällig anwesende Besucher – nämlich wir, fünf fremde Ausländer und Repräsentanten der westlichen Kultur – als unbedeutende Nebendarsteller agieren.

Im dumpfgrünen Dschungel befindet sich ein weiter Platz aus festgestampfter, rotbrauner, lehmiger Erde. An seiner Nordseite ragt jener mächtige Baum in den Himmel: ein Banyanbaum, der König unter den Urwaldbäumen. Ein Mysterium, ein Heiligtum. Sein Alter dürfte zwischen zweihundert und vierhundert Jahren liegen, vielleicht auch noch darüber. Hoch oben in seinem Laubdach baumelt ein Bambushaus.

Am Rand des Platzes verstecken sich ein paar armselige Holzhütten zwischen Bananenstauden, Mango- und Zitrusbäumen. Aus einigen dringt weißgrauer, beißender Rauch. Schwarzgefleckte Schweine durchstöbern grunzend den Abfall, Hühner scharren in der feuchten Erde. Eine Frau mit nacktem Oberkörper sitzt über einer offenen Feuerstelle und rührt mit einer Holzkelle in einem verrußten Topf. Zwei Kleinkinder mit weit aufgerissenen, ängstlichen schwarzen Kulleraugen, triefenden Nasen und schlammverschmierten, kugelrunden Bäuchen klammern sich an ihren Bastrock.

»Was macht sie da?«, fragt Bert Bradon den einheimischen Tourenführer. Der Börsenmakler aus Brisbane, ein stark schwitzender Endfünfziger, ist in Begleitung seiner blonden, blassen Tochter Lynn hier.

»Laplap«, lautet dessen lakonische Antwort.

Laplap ist das Nationalgericht. Man isst es in vielen Varianten überall auf Tanna und in Vanuatu, zu jeder Jahreszeit, fast jeden Tag. Dazu werden geriebene Yams-, Taro- oder Maniokknollen auf sauber gewaschene Taro- oder Bananenblätter gelegt und mit Kokosnussmilch zu einem Brei vermengt. Je nachdem, was die Küche hergibt, wird die klebrige Masse mit Fleischstücken von Flughund, Schwein, Rind oder Huhn oder auch mit Fisch oder Krabben angereichert. Gewürzt wird das Ganze mit zerschnittenen Zwiebeln, Taroblättern und höllisch scharfen Buschchilis. Hat man kein Fleisch zur Hand, reicht die Beigabe von Kochbananen. Bekannt ist auch eine Variante mit zerstampfter Brotfrucht, von den Insulanern *nalot* genannt, die aber lange nicht so populär und schmackhaft ist. Das Ganze wird schließlich ordentlich zusammengefaltet und mit einem Streifen Rindenbast verschnürt. Nach zwei, drei Stunden Garzeit auf heißen Steinen im Erdofen kann der Laplap serviert werden.

Der Film flimmert weiter: Ein alter Mann, das runzlige Gesicht umrahmt von einem strohweißen, struppigen Vollbart, der in der rechten Hand einen kunstvoll geschnitzten Stab hält, geht langsam hinüber zum Banyanbaum und redet mit einem Dutzend Männer, die dort im Kreis hocken. Ihre nackten Körper sind mit feiner grauer Asche gepudert, die die Wolken blutrünstiger Moskitos und winziger Stechmücken fern halten soll.

»Wenn Asche nicht hilft, reiben wir uns den Extrakt der Mansai-Pflanze auf die Haut. Das wirkt immer«, flüstert Max Aruu, der Tourenführer. »Und es ist zudem viel wirkungsvoller als das Mittel, mit dem ihr euch ständig einsprüht. Da, der Chief winkt euch. Ihr könnt jetzt zu ihm gehen.«

Und so gehen wir vier »Yuropin«, wie die europäischen Besucher hier genannt werden, ein wenig unsicher in Richtung Banyanbaum. Wir sind neugierig und halten unsere Kameras und Camcorder krampfhaft in den Händen. Sicher erwarten uns spektakuläre Aufnahmen.

Lynn als einzige Frau muss sich in der Zwischenzeit zu den

Dorffrauen setzen, die gerade Bastmatten flechten. Für sie ist, wie für sämtliche Frauen und Mädchen aus dem Dorf, der Banyanbaum tabu.

»*Mi no toktok Englis*«, (ich spreche kein Englisch), begrüßt Chief Johnson Kovia uns in der Landessprache Bislama, einem stark französisch eingefärbten Pidginenglisch. Dann bittet er uns mit einer Geste, neben ihm auf dem Boden Platz zu nehmen. Er hat ein weises, gutmütiges Lächeln. Eigenen Angaben nach ist der Häuptling über hundert Jahre alt. Sein Wort gilt – mehr noch, es ist Gesetz im Dorf und natürlich auch hier im Yakus, dem Heiligtum der Männer.

Wie immer am Nachmittag beginnt nun die tägliche Kava-Zeremonie. Drei oder vier junge Burschen mit kräftigen Zähnen kauen intensiv auf den Wurzelstücken der Kava-Kava, einer Pflanze aus der Gattung der Pfeffersträucher (*Piper methysticum*). Dann spucken sie den faserigen Brei auf ein Bananenblatt und pressen den Extrakt – mit etwas Wasser vermischt – durch Palmenbast direkt in eine dünne Schale aus geschliffener Kokosnuss.

Chief Johnson nimmt die Schale aus der Hand eines der Männer entgegen, setzt sie an seinen zahnlosen Mund und schluckt kräftig, wobei seine Augen genussvoll leuchten. Dann reicht er sie an Jeanne-Pierre, einen Franzosen aus Noumea weiter, der zuerst zögerlich nippt und dann angewidert den Mund verzieht. Ähnlich reagiert auch Akira Ikeda, ein kleiner, schmächtiger Japaner aus Tokio, als er mir mit verkniffenem Lächeln den Trunk übergibt. Ich nehme einen ordentlichen Schluck. Es schmeckt wie eine Mixtur aus Spülwasser, Lehm und Gips und sieht auch genauso aus. Ich versuche den Anflug von Ekel mit einem gequälten Grinsen zu überspielen und drücke die Schale dem nächstbesten Einheimischen in die Hand.

Das vorgekaute Tanna-Kava ist eben nicht jedermanns Geschmack. Dafür hat es das Getränk, das auch liebevoll *aelan bia* (»island beer«, also Inselbier) genannt wird, allerdings ziemlich in sich: Bereits der Genuss einer Schale vermittelt das wundersame Gefühl echter Trunkenheit. Innerhalb von fünfzehn Minuten tritt die berauschende Wirkung ein, und zwar fast schlagartig. Die Symptome sind taumelnder Gang, schleppende Stimme, Verlangsamung der Bewegung und leichte Übelkeit.

Bert hat wohl zu viel erwischt. Er schafft es gerade noch bis zu dem weißen Landcruiser, der uns in dieses steinzeitlich anmutende Dorf gebracht hat. Schweißüberströmt und stöhnend versucht er sich am vorderen Kotflügel abzustützen, dann dreht er eine ungewollte Pirouette und gleitet schließlich, mit dem Rücken gegen den Vorderreifen gepresst, breitbeinig zu Boden.

Niemand sollte die Wirkung dieses tropischen Tranquilizers unterschätzen. Kava macht Mundhöhle und Lippen taub wie nach einer Injektion beim Zahnarzt. Ein paar geschlürfte Schälchen in netter Runde lullen einen angenehm ein. Diese beruhigende Wirkung des Getränks ist vielleicht auch ein Grund für die niedrige Kriminalitätsrate in Vanuatu. Man fühlt sich danach wirklich sehr relaxed. Trinkt man allerdings mehr, kommt es zu Doppelsichtigkeit und man verliert, ähnlich wie bei intensivem Alkoholkonsum, die Kontrolle über seine Körperfunktionen. Exzessiver Genuss paralysiert die Muskulatur, so dass man nicht mehr stehen oder gehen kann. Wer viel und regelmäßig Kava trinkt, bekommt schwerere gesundheitliche Probleme, die von spröder, schuppiger Haut, nikotingelber Verfärbung des Augapfels über Sehstörungen bis hin zu Leberschäden reichen.

In Deutschland erlebte die Kava-Kava-Pflanze, auch Rauschpfeffer genannt, vor einigen Jahren einen starken Boom. Der in der Pflanze enthaltene Wirkstoff Kavain wurde zum Bestandteil vieler Beruhigungsmittel, die meist in Pillen- und Drageeform rezeptfrei erhältlich waren. Sie wurden bei Stress- und Angstzuständen empfohlen. Inzwischen hat sich die Euphorie allerdings gelegt, denn es wurden über fünfzig Fälle bekannt, bei denen die Einnahme dieser Präparate zu Leberversagen, Hepatitis oder Leberzirrhose – mit teilweise tödlichen Folgen – geführt hat. Deshalb beschloss das Bundesinstitut für Arzneimittel und Medizinprodukte im Juni 2002, das natürliche Psychopharmakon vom Markt zu nehmen.

Frauen auf Tanna. In den hierarchisch strukturierten Dorfgemeinschaften leben die Frauen mit den kleineren Kindern in eigenen Hütten.

Für alle außer Bert dreht sich der Film in Yakel weiter, allerdings jetzt auch ein wenig unser Kopf. Zur Yakel-Zeremonie gehört nämlich nicht nur Kavatrinken unter dem Banyanbaum. Es folgen ausgelassene Tänze auf dem *nakamal,* dem Dorfplatz. Die Männer und Knaben stampfen dabei wild mit den Füßen auf den Boden. Den dröhnenden Rhythmus geben mannshohe, aufrecht stehende Schlitztrommeln aus Holz an. Die Frauen springen – ähnlich wie bei den Massai in Kenia – auf und nieder. Die Erde bebt wie bei der panischen Flucht einer von Löwen gehetzten Gnuherde.

In der hierarchischen Dorfgemeinschaft von Yakel leben rund einhundert Menschen, deren Lebensgewohnheiten von uralten Gesetzen geprägt sind. Der Mann dominiert in dieser patriachalischen Gesellschaft, in der Knaben im Alter von acht bis zehn Jahren mit scharfen Bambusmessern beschnitten werden. Bis die Wunden verheilt sind, leben sie unter Aufsicht erfahrener Männer hoch oben im luftigen Baumhaus in der Krone des Banyanbaumes. Die Hütten der Mütter und Schwestern sind jetzt für sie tabu, da sie einen höheren Status in der Dorfgemeinschaft erreicht haben. Sie leben fortan beim Vater oder im Männerhaus.

»Gibt es keine Schule?«, will Jeanne-Pierre wissen.

»Nein, wozu? Chief Johnson mag das nicht. Und außerdem lernen sie alles Lebensnotwendige, *kastom,* von den alten Männern und Frauen.« Mit *kastom* bezeichnet man die Gebräuche bzw. Traditionen auf Bislama.

Bei den Mädchen ist es ähnlich: Sie gelten bereits mit zwölf als geschlechtsreif. Nach ihrer ersten Periode ritzt man ihnen mit Messern oder Rasierklingen das Clanzeichen in den Rücken und hängt ihnen eine Kette aus kleinen grauen Samenkapseln (Hiobstränen) um den Hals, als Zeichen ihrer Geschlechtsreife.

Die Männer gehen zum Baden im Fluss stromaufwärts, die Mädchen und Frauen waschen sich stromabwärts – in ausreichender Sichtweite voneinander. Wer heiraten will, benötigt nicht nur die Einwilligung des Chiefs, sondern auch mindestens fünf bis acht fette Schweine als Brautpreis.

Vater und Sohn auf Tanna. Wie der Vater, wird auch der Sohn später einmal im Männerhaus wohnen.

Damit nachts Ruhe herrscht, spricht Patriarch Johnson Kavia nach Einbruch der Dunkelheit ein Tabu aus über Mensch, Tier und Natur – dann hat alles zu schlafen. Manchmal spuckt er auf dem Weg zu seiner Hütte gezielt auf einen geheiligten Stein, um die spirituellen Kräfte des Waldes für eine gute Yams- und Taro-Ernte zu beschwören. Eine scheinbar heile Welt mitten im Regenwald.

Panoramen des Pazifiks

Tanna ist ein Mikrokosmos, die Verkörperung des ursprünglichen Melanesiens. Eine ungemein beeindruckende Verschmelzung aus Prähistorie, Steinzeit und angedeuteter Gegenwart. James Cook und die Mannschaft der *Resolution* lagen damals zwei Wochen in der Bucht vor Anker, drangen aber kaum weiter als fünf Kilometer landeinwärts, um die Insel zu erforschen. So blieben dem kühnen Entdecker all jene faszinierenden Dinge verborgen, die heute Reisende wie wir zu Fuß, zu Pferd oder per Jeep relativ leicht erkunden und besichtigen können.

Wie zeitlos Tanna ist, beweist auch ein Trip mit dem Landcruiser an die gebirgige Ostseite der 565 Quadratkilometer großen Insel, wie sie beispielsweise vom Tanna Beach Resort angeboten werden. Von Lenakel, dem administrativen Zentrum am Westrand, schindet sich der Wagen trotz Vierradantrieb stundenlang über eine holprige Piste. Bert darf vorne beim Fahrer sitzen, während wir anderen vier uns verbissen an den derben Holzbänken festklammern, uns gegen Ersatzreifen, Blechdach und Eisbox stemmen und gequält bei jedem Einsacken in die ungezählten Schlaglöcher aufstöhnen. So haben wir kaum einen wohlwollenden Blick übrig für die fruchtbare Hügellandschaft, durch die wir geschaukelt werden.

Das Zufallsprinzip hat uns zusammengewürfelt: fünf Weiße unterschiedlichster Herkunft, die zunächst nichts miteinander verbindet, außer dass sie gemeinsam in diesem Landcruiser durchgewalkt werden. Doch schon bald beginnen die Gespräche.

Bert Braden erzählt von seinen gesundheitlichen und familiären Problemen. Jeanne-Pierre, der Franzose, stammt eigentlich aus Toulon, lebt und arbeitet aber seit zehn Jahren als Anwalt in Noumea in Neukaledonien. Seine Frau Yvonne hat es vorgezogen, in einem Nobelhotel in der Hauptstadt Port Vila zu bleiben, was Jeanne-Pierre zu langweilig war, wie er mit starkem französischen Akzent erklärt. Der Japaner, Akira Ikeda, ein asketischer Typ Ende vierzig, ist eigentlich eher schüchtern und schweigsam. In gebrochenem Englisch erklärt er, dass er aus Tokio kommt, in einer großen Werbeagentur arbeitet und jedes Jahr einmal allein Urlaub im Südpazifik macht, während seine Frau Mishiko die drei gemeinsamen Kinder betreut. Sein Hobby: Filmen mit dem Camcorder. Lynn redet nicht viel, wirft aber hin und wieder ein Lächeln in die Runde, das etwas aufgesetzt wirkt, und kichert gelegentlich an unpassender Stelle, wenn ihr Dad zum x-ten Mal einen seiner Aussie-Witze zum Besten gibt.

Ich verhalte mich ziemlich reserviert. Warum sollte ich mein Privatleben vor meinen Reisegefährten ausbreiten?

Wir erreichen Loanialu Lookout – eine Unterbrechung der üblen Achterbahnfahrt – und wir haben endlich Zeit, um unsere Arme und Beine zu sortieren, zu dehnen und zu strecken. Die Piste hat ihren höchsten Punkt erreicht, 552 Meter über der blauen Ewigkeit des Ozeans. Von hier überblickt man die gesamte Insel. Was für ein Panorama! Allein diese grandiose Aussicht ist es wert, sich stundenlang den Hintern platt zu sitzen.

Nach Norden erstreckt sich eine weite Ebene, die White Grass Plaines; einst durchstreiften hier Hunderte von Wildpferden das wogende Trockengras der Savanne.

»Wo sind sie geblieben?«, fragt der Japaner und tupft sich mit einem kleinen Frottee-Waschlappen den Schweiß von der Stirn.

»Sie sind entweder in den hungrigen Bäuchen der Eingeborenen verschwunden oder in Dürreperioden verendet«, erklärt Max Aruu. »Die wenigen, die übrig blieben, sind gezähmt und werden von den Männern geritten oder tragen Säcke mit Kopra zu den Sammelstellen im Busch.« (Kopra nennt man die aus der Schale geschälten, getrockneten Kokosnüsse.)

Schaut man nach Osten, schimmern in weiter Ferne wie eine Fata Morgana zwei Inselbuckel im Meer, Aniwa und Futuna. Beide werden von Menschen polynesischer Abstammung bewohnt. Schweift der Blick Richtung Südost, erkennt man einen grauen Kegel mit einer aufgepfropften weißen Wolke – den Mount Yasur, an den sich die sattgrünen Bergmassive des Mount Melen (1047 m) und des Mount Tukosmera (1087 m) reihen. Die Bergkette scheint den gesamten Süden Tannas einzunehmen. Der Blickkreis schließt sich im Westen mit eben jener fruchtbaren Hügellandschaft, die wir durchfahren und durchlitten haben.

Wir müssen weiter. Vor oder besser unter uns windet sich ein sehr schmales, sehr steiles Betonband in engen Serpentinen ins Tal hinunter. Das Ganze ähnelt mehr einer Sommerrodelbahn als einer befahrbaren Straße. Nirgendwo eine Abgrenzung; keine Leitplanken, keine Zementpoller, keine Straßenpfähle schützen uns vor dem Abgrund. Hoffentlich funktionieren die Bremsen unseres Gefährts einigermaßen. Da hilft nur Luft anhalten, Augen zu und durch. Immerhin ist dieser Beton-Tatzelwurm, der von einem britischen Pionierbataillon 1990 unter enormem Einsatz von Mensch und Material angelegt wurde, mit Abstand das solideste Stück Straße auf der ganzen Insel.

Lautes Aufatmen, als der Landcruiser in einer flachen Ebene aus grauer, vulkanischer Asche ausrollt und stoppt, um die strapazierten Po- und Bremsbacken ein wenig abkühlen zu lassen. Wir legen eine kurze Pause ein und werfen einen sorgenvollen Blick zurück zum Mount Loanialu.

»Tja, ist schon verdammt steil. Hoffentlich kommen wir da wieder problemlos rauf!«, murmelt Jeanne-Pierre mit verzagter Miene.

»Na, wenn nicht, dann laufen wir eben«, witzelt Bert.

Das Landschaftsbild hier in den Ash Plaines ist ein bisschen trostlos: grauer Sand und Asche, ein paar von Wind und Wetter zerzauste Schraubenpalmen, verstaubte Kakteen und knochentrockenes Röhricht. Kein allzu einladender Ort. In dieser kargen Region leben, verteilt auf ein paar armselige Dörfer, die Anhänger von John Frum. Wer war dieser John Frum?

John Frum – der Messias des Massenkonsums

Drehen wir die Zeit zurück, begeben wir uns in die 30er Jahre des vorigen Jahrhunderts. Die Rezession in Europa hat auch Tanna nicht verschont. Die Einheimischen sind unzufrieden mit den arroganten, europäischen Pflanzern, die immer mehr Land zu ihrem Eigentum erklären. Zum wachsenden Unmut der Bevölkerung tragen aber auch die unsinnigen Anordnungen der Kolonialmächte Frankreich und England bei, die den Archipel gemeinsam – in einem Kondominium – regieren; und nicht zuletzt die rigide allgegenwärtige Dominanz der presbyterianischen Kirche, die ständig versucht, die einheimische Kultur, die Traditionen und Stammesstrukturen zu beeinflussen oder gar zu verbieten.

Da beginnen 1936 die Leute im Südwesten Tannas mit einem Mal, von einem mystischen Mann zu sprechen, der vorgibt, ein Bruder jenes Gottes zu sein, der im Mount Tukosmera zu Hause ist. Eine Runde Kava-Trinker weiß zu berichten, dass er direkt aus dem Meer aufgetaucht sei; am Green Point sei er ihnen erschienen und hätte sich als John Frum vorgestellt. John Frum soll den erstaunten Männern Folgendes erzählt haben:

»Hört auf, euch zu sehr um eure Gärten und Dörfer zu kümmern. Baut nur mehr das Nötigste an, das, was ihr zum Essen braucht. Euch wird viel Reichtum zuteil werden. Bald werdet ihr wohlhabender sein als die weißen Plantagenbesitzer. Es wird auch keine Krankheiten des weißen Mannes mehr geben, keine Masernepidemien, keine Cholera, keine Pocken, keine Influenza, keine Syphilis mehr. Aber: Alle Weißen müssen das Land verlassen …«

So ähnlich sollen seine Worte gewesen sein. Die Bevölkerung

glaubte ihm. Sie sah einen Propheten, einen Messias in ihm, und begann, ihn anzubeten.

Einige Jahre später bricht der Zweite Weltkrieg aus. Amerikanische Truppen landen im Mai 1942 in Espiritu Santo, der großen Insel im Norden, und auf Efate, wo die Hauptstadt Port Vila liegt. Dort legen sie gigantische Militärbasen an. Viele Männer verlassen Tanna, um für die US-Army zu arbeiten, darunter auch Anhänger des John Frum. Sie werden Augenzeugen seiner »Wahrheit«, seiner Prophezeiungen. Luganville zum Beispiel, wo über 100 000 US-Soldaten stationiert sind, erscheint ihnen wie ein Schlaraffenland. Kein Wunder, denn hier gibt es alles – vor allem Dinge, die die Leute von Tanna nie zuvor gesehen haben: Kühlschränke voller Coca Cola und Bier, Radios, aus denen Jazz und Swing dudelt, Kartons und Kisten, die mit Cornflakes, Schokolade, Marshmallows oder Kaugummi gefüllt sind; Palettentürme voll mit Corned Beef, Bohnen, Reis, Mehl, Zucker, Kaffee und Zigaretten; Gläserbatterien mit Erdnussbutter, Tomatenketchup, Honig und Marmelade. Kantinen, Bars und Bordelle. Nicht zu vergessen all diese skurrilen Gebilde aus Stahl und Blech: Schiffe, Flugzeuge, Bulldozer, Jeeps, Bagger, Kräne und Wellblechbaracken mit brummenden Klimaanlagen. Dann gibt es noch diese Lazarettzelte mit aufgenähten roten Kreuzen, darin Arsenale an Betten, Tabletten, Salben und Verbänden, dazu reihenweise Ärzte und Krankenschwestern. Die Männer aus Tanna sehen, dass selbst Schwarze wie sie saubere, gestärkte Uniformen tragen und ihnen freundlich zuwinken. Jetzt ist auch dem letzten Zweifler klar: John Frum hat Recht behalten und – er kommt aus Amerika.

Als der Krieg zu Ende ging, rückten die Amerikaner so schnell ab wie sie gekommen waren. Wieder zurück auf Tanna, begann man allerorts Rote-Kreuz-Symbole aufzustellen, in der Hoffnung, Ärzte und Krankenschwestern würden auftauchen, um die Menschen effektiv und kostenlos medizinisch zu versorgen. Doch nichts dergleichen geschah. Auch John Frum ließ sich nicht mehr blicken, ebenso wenig ein anderer Prophet, was aber die John-Frum-Bewegung keineswegs störte. Denn sie hatten ihre Religion gefunden und ihr Leben neu geordnet. Man verteilte sich auf ein paar Dörfer rund um den Mount Yasur, betete, wartete und ließ die Gärten verwildern.

Und die Menschen warten noch immer. Mittlerweile verkürzen sich die John-Frum-Anhänger die Zeit mit Paraden in selbst geschneiderten Uniformen: Mit selbst gebastelten Bambusgewehren auf den Schultern exerzieren sie auf dem Dorfplatz und treten in Reih und Glied zum Fahnenappell an – in der Regel freitags und samstags. Danach wird gesungen und getanzt. Jedes Jahr aufs Neue, immer am 15. Februar, erwarten sie die Rückkehr John Frums, der ihnen – so beschwören sie sich gegenseitig – bei dieser Gelegenheit die versprochenen Konsumgüter bringt: Radios, Fernsehen, Kühlschränke, Klimaanlagen, Mikrowellenherde und so weiter. Weshalb die Bewegung oft als »Cargo Cult« bezeichnet wird, was aber unkorrekt ist.

Vielen mag das Verhalten dieser Menschen lächerlich vorkommen, genauso wie die Tatsache, dass im Dorf Yaneumakel in einer grellrot gestrichenen Kirche ein Poster hängt, auf dem US-Astronauten der Apollo-11-Mission neben Jesus Christus platziert sind. Die Dörfler jedoch sehen die Astronauten Jesus gleichgestellt, weil sie 1969 auf dem Mond gelandet sind. Der Regierung im fernen Port Vila mag die John-Frum-Bewegung mit Sicherheit ein wenig peinlich sein; da sie aber Religionsfreiheit garantiert, lässt sie auch die Anhänger in Ruhe, deren Glaube sich ohnehin durch nichts erschüttern ließe. Eines ihrer trotzigen Argumente lautet: »Ihr Christen habt zweitausend Jahre auf euren Messias gewartet, wir warten noch nicht einmal sechzig Jahre. John Frum wird wiederkommen. Im glühenden Herzen des Mount Yasur lebt er mit einer gewaltigen Streitmacht aus über zehntausend Geistersoldaten und Feuerreitern. Wenn er kommt, werdet ihr es sein, die staunen! Und wir werden diejenigen sein, die euch belächeln. Ihr Verblendeten!«

Die liebestolle Seekuh

Wir landen nur wenige Kilometer von der Hochburg der John-Frum-Bewegung entfernt am Ende der Buschpiste an einer Bucht, wie sie schöner nicht sein kann. Zwei steile, von dichtem Grün überzogene Felsen bilden eine natürliche Meereseinfahrt. Landeinwärts erstreckt sich wie eine weite Sichel der leuchtend gelbe Sandstrand, dahinter ein undurchdringlicher Ring aus Palmen und uralten Bäumen.

In diese traumhafte Bucht segelte am 5. August 1774 Captain Cook mit seiner *Resolution*. Nachdem man einen guten Ankergrund ausgelotet hatte, ging der unerschrockene Entdecker mit einer »starken Abteilung« an Land, verteilte einige Geschenke unter der Gruppe Eingeborener, die sich mit Bogen, Speeren und Keulen bewaffnet am Strand eingefunden hatte. Zwanzig Schritte hinter der Landungsstelle fanden die britischen Matrosen einen Teich, aus dem sie zwei Fässer mit Frischwasser füllten. So kam die »zivilisierte« Welt auf die Insel.

Cook schreibt in sein Logbuch: »Mittwoch, 10. August. Gestern erfuhr Herr Forster von den Leuten den Eigennamen der Insel, die bei ihnen Tanna heißt, und ich die der benachbarten Inseln. Sie gaben uns in einer Weise, die wohl keinen Zweifel zuließ, zu verstehen, dass sie Menschenfleisch essen …«

Wir wissen, dass Cook von den Tahitanern recht angetan war, von ihrem Geschick, ihrer Anmut und Schönheit. Die Melanesier, mit denen er es hier zu tun hatte, haben ihn diesbezüglich nicht sonderlich beeindruckt. Er notiert:

»Wären wir länger geblieben, so hätten wir uns mit diesem affenartigen Völkchen sehr gut verstanden. Im Ganzen sind sie nämlich das hässlichste, übelgestaltetste Volk, das ich je gesehen habe, und in jeder Beziehung von allen verschieden, die wir in diesem Ozean angetroffen hatten. Es ist ein dunkler und recht kleiner Menschenschlag mit langem Schädel, plattem Gesicht und äffischen Bewegungen. Das meist schwarze oder braune Haar ist kurz und lockig, doch nicht so weich und wollig wie das eines Negers …«

Aus irgendeinem unerklärlichen Grund scheinen die Bewohner Tannas den ästhetischen Ansprüchen des englischen Kapitäns nicht gerecht geworden zu sein. Was dem distinguierten Briten jedoch sehr gefiel, waren die majestätische Schönheit der Landschaft, die stille Bucht, die Gipfel von Mount Melen und Mount Tukosmera, die in der Morgensonne wie nasse Jade leuchteten, der qualmende, Feuer speiende Vulkan Mount Yasur, den er »das große Leuchtfeuer der Südsee« nannte, und die Sirenen, die in den hellen Mondnächten im silbrig glänzenden Meer spielten oder ihre Jungen säugten.

Sirenen, welch poetischer Name für die Seekuh, eines der friedlichsten Säugetiere unseres Planeten. Im westlichen Pazifik ist die

Port Resolution – die Bucht, die der Entdecker Captain Cook nach seinem Schiff benannte.

Gattung *Dugong dugong* verbreitet – oder war es, was man leider sagen muss. Einst lebten Tausende dieser intelligenten Meerestiere in den Küstengewässern der Philippinen, von Indonesien, Papua Neuguinea, den Salomonen, Palau, Neukaledonien und hier in Vanuatu. Obwohl die Jagd auf die Tiere verboten ist, werden sie nach wie vor mit Netzen gefangen, vorwiegend heimlich und nachts. Das Fleisch der Seekuh gilt als Delikatesse und aus ihren Knochen lassen sich allerlei Schmuckstücke schnitzen. So tragen in einigen Provinzen Babeldaobs, der größten Insel der Republik Palau, Clan-Chiefs Armreifen aus dem Atlasknochen der Seekuh. Heute leben nur noch wenige Exemplare dieser vom Aussterben bedrohten Tierart in den Gewässern Vanuatus.

Bis vor ein paar Jahren schwamm ein Dugong-Pärchen gemeinsam durch die sanften Wellen der von Captain Cook entdeckten Bucht. Dann fingen lokale Fischer das Weibchen – versehentlich, wie sie sagten –, töteten und verspeisten es. Seitdem zieht der Bulle einsam seine Kreise durch die Bucht, weidet allein in den Seegraswiesen in vier bis sechs Meter Wassertiefe. Aber er hat sein Herz für die jungen hübschen Mädchen von Yanekahi, einem kleinen Dorf am Nordrand der Bucht, entdeckt. Wenn sie gut gelaunt im Wasser planschen, ihn mit schrillen Rufen, Pfiffen und Händeklatschen herbeilocken, kommt er geschwommen, umkreist sie und reibt seinen fetten Leib sanft und zärtlich an ihren Beinen und Armen, was irgendwie drollig wirkt.

Die Geschichte vom Seekuhbullen und den Mädchen lockt natürlich fremde Besucher wie uns an, die den fast schon professionell inszenierten Liebesreigen unbedingt fotografieren und filmen müssen. Dabei sieht man vom Uferrand nicht allzu viel von der Seekuh.

»Männer sollten nicht unbedingt versuchen, mit dem Dugong-Bullen um die Wette zu schwimmen. Das mag er überhaupt nicht«, doziert der Tourenführer Max. »Er sieht sich als Galan und Beschützer des weiblichen Geschlechts, und wenn es die Burschen aus dem Dorf oder mutige ausländische Besucher zu arg treiben, rammt er ihnen seinen gedrungenen Schädel in den Bauch oder die Weichteile – allerdings nicht aggressiv, sondern behutsam und kontrolliert.«

Dass sich die Population der Dugongs stetig verkleinert, liegt zum Großteil an der illegalen Jagd. Die niedrige Geburtenrate der Tiere verstärkt das Problem zusätzlich. Erst im Alter von neun bis siebzehn Jahren erreicht die Seekuh ihre Geschlechtsreife. Die Schwangerschaft dauert dann dreizehn Monate. Es gibt keine Mehrlingsgeburten. Etwa achtzehn Monate säugt die Kuh ihr Junges. Das Kalb bleibt für drei bis sieben Jahre bei der Mutter, erst dann ist diese wieder bereit, sich erneut zu paaren. Ausgewachsene Seekühe erreichen übrigens ein Gewicht von vierhundert Kilogramm und eine Länge von bis zu drei Metern.

Der alte Feuerspucker

Am Westrand der Bucht ziehen sich die felsigen Flanken des Mount Yasur tief unters Wasser. An einigen Stellen steigen zwischen den schroffen Lavaklippen kontinuierlich kleine weiße Dampfwolken auf – hier sprudeln heiße Quellen. Diese Beobachtung machte bereits Captain Cook. Am Donnerstag, den 11. August schrieb er ins Logbuch:

»Herr Forster ging mit seinen Begleitern den Hügel an der Westseite des Hafens hinauf, wo er drei Stellen fand, an denen ein Dampf von schwefligem Geruch aus Rissen oder Spalten im Erdboden hervordrang. Sie schienen mit dem Vulkan Schritt zu halten, denn bei jeder Explosion des Letzteren wuchs die Menge des Rauchs oder Dampfes in ihnen stark an und wurde in kleinen Säulen ausgestoßen, die wir vom Schiff aus sahen. Am Fuß des Hügels entspringen die erwähnten heißen Quellen ...«

Alles ist noch so, wie es der englische Entdecker beschrieben hat. Aber was ihm von den Eingeborenen verwehrt wurde, die Ersteigung des Mount Yasur, ist heute jedem, der die notwendige Kondition – und Bargeld – mitbringt, gestattet. Der Berg unterliegt zwar einem Tabu, aber das sieht man heute nicht mehr ganz so streng. Das Geld, das die Yuropin für den Aufstieg zahlen müssen, ist relativ leicht verdient und wird gerecht unter den drei angrenzenden Dörfern verteilt. Jedes der Dörfer stellt abwechselnd einen Führer. Denn allein sollte niemand diesen heimtückischen, unberechenbaren Berg besteigen.

Mit seinen 361 Metern ist der Mount Yasur nicht einfach nur ein Vulkan, er ist eine Legende. Für die Leute von Tanna ist er der

Schöpfer des Universums. Einige behaupten sogar, der Berg ist der Ort, zu dem die Geister der Verstorbenen nach dem Tod aufsteigen, Himmel und Hölle zugleich. Chief Tom Numake, der alle anderen Versionen für falsch hält, erzählte mir den Mythos des Vulkans folgendermaßen:

»Vor langer, langer Zeit durchstreifte ein alter Mann die Insel Tanna. Der unerschrockene Reisende war auf der Suche nach einem Ort, an dem er sich niederlassen konnte. Müde und frierend näherte er sich zwei jungen Mädchen, Sapai und Munga, die weitab von ihrem Dorf zusammen saßen, Körbe flochten und in einem Erdofen Laplap garten. Er nannte ihnen seinen Namen, Yasur, und fragte die beiden, ob es ihnen etwas ausmachen würde, wenn er den Erdofen öffnete, um sich darin zu wärmen, da er vor Kälte hundserbärmlich zitterte. Noch bevor die überraschten Mädchen antworten konnten, sprang er mit einem gewaltigen Satz zwischen die heißen Steine – und verwandelte sich augenblicklich in einen Vulkan. Erschrocken rannten die Mädchen davon. Später aber kehrten sie zurück, um nach ihren in der Hast zurückgelassenen Körben, Matten und dem Laplap zu schauen. In diesem Moment brach der Vulkan aus und überschüttete die beiden mit Glut und Asche. Ihre Konturen erstarrten zu zwei kleinen Kratern, die man heute noch sehen kann, oben am weiten Kraterrand – besonders deutlich in der Nacht...«

Die Schatten der Sonne am Nachmittag werden länger – Zeit für uns, auf den Vulkan zu steigen. Der Yasur ist einer der wenigen aktiven Lavaspeier, die man mit einem Wagen mit Allradantrieb fast bis zum Gipfel befahren kann. Eine von starken Regenfällen und Erosion ausgewaschene Piste zieht sich durch dichten Busch und Bambushaine, die sich schon bald lichten und einer bizarren Mondlandschaft Platz machen: einem Mantel aus grauschwarzem Staub, aus dem zackige, scharfkantige Lavabrocken ragen. Fauliger Schwefelgestank und dichter stickiger Rauch wallen aus unzähligen Felsspalten.

Der steile Anstieg zum Kraterrand dauert zwanzig bis dreißig Minuten. Mit jedem Schritt nach oben steigt die Angst, schlägt das

Herz schneller. Aschepartikel, vom Seewind herüber getragen, legen sich auf Haare, Haut und Kleidung. Anfangs versucht noch jeder, sie mit schweißiger Hand wegzuwischen. Doch das unterlassen alle, sobald sie feststellen, dass man sich dadurch verschmiert wie ein Schornsteinfeger. Mein Atem geht keuchend, stoßweise. Und dann stehen wir plötzlich oben am Kraterrand und starren in die Tiefe, in einen düsteren, brodelnden Abgrund. Hier sehen wir den flammenden Eingang zum Inferno, die Pforte zur Hölle. Bibelfeste denken da sogleich an die Genesis, die Schöpfungsgeschichte. Ich, als bekennender Realist, stelle mir so das frühe Urbild der Erde vor. Da unten in der Tiefe faucht, brüllt, schreit, tobt, wütet und kreischt es. Ein Bersten, Grollen, Donnern und Tosen ist zu hören, als ob ein Kampfgeschwader Tornados synchron die Triebwerke zünden würde. Laut grummelnd und brummend steigen rauchschwarze Aschewolken auf, gespenstisch erleuchtet vom rot glühenden Lavaausstoß. Welche Wucht, welche ungebändigte Energie – und gleichzeitig eine tödliche Gefahr.

Wer dem Abgrund zu nahe kommt, wer sich seiner teuflischen Faszination zu lange aussetzt, der wird, so sagt man, vom Yasur geholt. Tatsächlichfordert der Vulkan jedes Jahr seine Opfer. Sei es ein japanischer Hobbyfotograf, der nachts am Kraterrand campierte und von umherfliegenden Lavabrocken tödlich getroffen wurde, oder eine zu neugierige australische Besucherin, die sich zusammen mit ihrem einheimischen Führer zu weit hinaus auf den brüchigen Ascherand gewagt hatte. Beide rutschten direkt in das blutrot blubbernde Magma. Ihre Todesschreie verhallten ungehört.

In der Dunkelheit wirkt der höllische Zauber besonders eindrucksvoll: An zwei Stellen der Unterwelt dehnen sich, vom Gasdruck aufgebläht, riesige Glutblasen, die schließlich wie Bomben explodieren und in millionenfache, orange glühende Funken zischend wie Leuchtspurmunition in die Schwärze der Nacht zerstieben. Man möchte meinen, Satan richte hier sein ureigenes Feuerwerk aus. Man möchte immer weiter hinabschauen, immer weiter mitfiebern, »Aahhhs« und »Oohhhhs« ausstoßen. Doch der Führer drängt uns und mahnt zum Aufbruch. Wir folgen stolpernd seiner durch die Dunkelheit tanzenden Taschenlampe zum wartenden Fahrzeug.

Auf der Heimfahrt durch die Finsternis brennt das bengalische Feuer in meinem Kopf weiter und vermischt sich mit dem monotonen Schaukeln und Rütteln des Landcruisers. Irgendwann lande ich in meinem Zimmer, sacke in mein Bett und kneife mich selbst, um zu begreifen, dass dies alles Wirklichkeit ist und kein Trugbild.

Am Samstag, dem 20. August, gegen acht Uhr morgens, ließ Cook die Anker lichten. Eine günstige Brise aus Südost schob das Schiff langsam aus der Bucht. In sicherem Abstand zur Küste gab der Kapitän den Befehl Kurs Südwest und notierte ins Logbuch:

»Bei Tagesanbruch hörte man ein Geräusch im Walde uns gegenüber auf der Ostseite des Hafens, das sich etwa anhörte wie Gesang von Psalmen. (...) Ich nannte den Hafen nach dem Schiff Port Resolution, da es das erste war, das ihn besuchte ...«

Auch ich setze meine Reise fort. Wer nach Tanna reist oder von dort aufbricht, fliegt – in der Regel mit einer Twin Otter der VANAIR, der nationalen Fluglinie. Wie schon die Landung ist auch der Start auf der buckligen Grasnarbe von Burton Field, auf einem kleinen Plateau an der Südwestküste angelegt, nichts für schwache Nerven. Beim Landeanflug schlingert und rollt die Maschine in der Luft wie ein betrunkener Wellensittich. Beim Start hingegen, wenn der Pilot hügelabwärts extrem beschleunigen muss, um ausreichend Schwung zu holen und die notwendige Geschwindigkeit zum Abheben zu erreichen, dröhnt und rappelt die Kiste, dass so mancher Passagier vor Angst die Lippen fest aufeinander presst. Jeder atmet erst einmal tief durch, wenn der Pilot die Maschine in einer steilen Kurve auf Nordkurs gebracht hat. Schnell schrumpft Tanna im magischen Blau des Ozeans auf einen bunten Fleck zusammen, der wenig später hinter einer Wolkendecke ganz verschwunden ist.

Port Vila, die quirlige Inselmetropole

Wie anders Vanuatu sein kann, erlebe ich auf der Hauptinsel des Archipels, auf Efate, als nach sechzig Minuten unruhiger Flugzeit die Twin Otter auf dem Bauerfield International Airport ausgerollt ist. Menschen unterschiedlichster Couleur drängen sich um das Gepäckband, grabschen, klammern, zerren an Kartons, Kisten und Koffern, wuchten Bündel mit Taroknollen, lebendes Federvieh, quiekende Ferkel, zusammengerollte Matten und verschmierte Tupperware-Boxen, aus denen aufgeweichte Speisereste tropfen, in wartende Taxis, Minibusse und Pick-ups, um möglichst rasch in die Metropole Port Vila zu gelangen. Chaos, Hektik, Undiszipliniertheit, die man kennt, die einem vertraut sind.

Seit Erlangen der Unabhängigkeit im Jahr 1980 dürfte sich die Einwohnerzahl der Stadt leicht verdoppelt haben und wird jetzt auf 35 000 bis 40 000 geschätzt. Gewiss, die topographische Lage der Stadt an der hufeisenförmigen Bucht, mit einem Kranz sattgrüner rollender Hügel im Nacken und den kleinen vorgelagerten Inseln mit ihren prächtigen Badestränden, verspricht auf den ersten Blick eine gewisse Attraktivität. Doch irgendwie vermisse ich den Charme, das erhoffte, erwünschte oder erträumte koloniale Flair.

Über Vila, wie man die Stadt allgemein nennt, hängt die Trägheit der Tropen und oft genug das triste Grau eines Tiefdruckausläufers. Es regnet viel, sehr viel. Entweder schüttet es aus Kübeln oder es nieselt stundenlang, wobei hier ein besonders feiner, widerwärtiger Nieselregen niedergeht, der mehr einem Wasserdampf gleicht. Er dringt in die Kleidung ein, macht sie dumpf und klamm. Er schiebt sich über die Haut, setzt sich fest in Achselhöhlen und Kniekehlen und sickert in den Kragen. Er überzieht Ledergürtel, Schuhe und Taschen mit einem Hauch von Moder und sorgt für hässliche, muffige Stockflecken auf Hemden, Kleidern, Hosen und Handtüchern. So stelle ich mir das Leben in einer Dampfsauna vor, genauso feucht und stickig, nur nicht ganz so heiß.

Die Temperaturen schwanken übers Jahr zwischen 28 und 33 Grad Celsius, die durchschnittliche Niederschlagsmenge liegt bei 2500 Millimetern per annum. Wenn es geht, sollte man die Monate Dezember bis April für einen Besuch Vilas meiden. Da regnet es nicht nur besonders häufig, es kann einem auch leicht einmal eine Kokosnuss auf den Kopf fallen. Um diese Zeit ist Hurrikan-Saison.

Vanuatu hat auf Grund seiner geographischen Nähe zur Korallensee das Pech, jedes Jahr von Hurrikans (auch Zyklone genannt) gestreift zu werden. Statistisch betrachtet sind es 2,5 dieser Monsterstürme, die mit Geschwindigkeiten von 170–220 km/h über die Inseln fegen und dabei eine Schneise von Tod und Verwüstung hinterlassen. Aus unerklärtem Grund tragen diese Killerorkane alle weibliche Vornamen, wie zum Beispiel Uma. 1987 brach diese Windsbraut über Vila herein, versenkte über dreißig Schiffe, zerstörte Hotels, Geschäfte, Büros und unzählige Privathäuser und vernichtete viele Leben und Existenzen.

An eben diesen Wirbelstürmen liegt es, dass Vila aus einem Konglomerat ausdrucksloser Kleinstadtarchitektur besteht: ein farbenfrohes Potpourri aus panpazifischem Wellblech, Plattenbau, Betonkästen mit getönten Glasfassaden, windschiefen Holzhäusern, Baracken und wackligen Marktbuden. Dazwischen grünen Palmen, Regenbäume, Bougainvillea-Hecken, verstaubte Hibiskussträucher, Flammen- und Banyanbäume. Über den Kumul Highway, die Lebensader der Inselhauptstadt, wälzen sich hupende Taxis, knatternde Mofas, stinkende Busse und Lastwagen, Stoßstange an Stoßstange klebende Minibusse, die den Großteil des öffentlichen Personenverkehrs übernehmen, Schubkarren und Fahrräder – das Tohuwabohu schlechthin.

Rechts und links der Straße findet sich die übliche Anhäufung städtischer Infrastruktur: Baustellen, Banken und Behörden, Supermärkte, Souvenirläden, Coffeeshops, Airline-Büros, Restaurants und Verkehrsampeln. Dazwischen drängen sich Touristen aus aller Welt, noch bleich oder schon krebsrot von der Sonne, französische Geschäftsleute aus dem benachbarten Noumea (Neukaledonien), chinesische und vietnamesische Händler und Polynesier. Und schließlich die Ni-Vanuatu, wie sich die Einheimischen selbst nennen, in zerlöcherten T-Shirts, umgekrempelten Jeans, Nike-Schuhen, verspiegelten Sonnenbrillen oder Mother-Hubbard-Kleidern. Diese eher plumpen, grellbunten Kittel wurden von den puritanischen Missionaren um 1900 allen weiblichen getauften Gemeindemitgliedern zwangsverordnet und scheinen jetzt bei den Frauen und Mädchen Vanuatus *en vogue* zu sein.

Zu den Hoch-Zeiten des Kondominiums, in den 20er und 30er Jahren des vorigen Jahrhunderts also, ging es in Vila ruhiger, gesitteter und »ordentlicher« zu. Etwa tausendfünfhundert Briten und Franzosen genossen die Privilegien einer rein europäischen Stadt. Gesellschaftliche Verpflichtungen und Treffen gehörten zur Tagesordnung. Während sich die britischen Regierungsvertreter zum Fünfuhrtee beim Gouverneur trafen und im Club Gin Tonic serviert wurde, schoben die französischen Pflanzer eine ruhige Kugel beim Boule, derweil ihre Gattinnen Tennis spielten. Später dinierte man zusammen – *naturellement*!

Die Ni-Vanuatu besaßen lediglich das Recht, sich tagsüber in der Stadt aufzuhalten. Nachts bestand für sie eine Ausgangssperre. Wurde dennoch ein Einheimischer von der Gendarmerie in den Straßen angetroffen, so ereilte ihn das Vergnügen, den Rest der Nacht in der Arrestzelle zu verbringen – mit Sicherheit kein allzu heimeliger Ort.

Das ist Gott sei Dank längst vorbei. Heutzutage bietet Vila dem Nachtschwärmer jede Menge Abwechselung: Kinos, Discotheken, Pianobars, Karaoke-Hallen, Spielcasinos, private Clubs und Restaurants, wo man vorzüglich soupieren kann. Aber das will ich selbst herausfinden.

In dem kleinen Hotel, in dem ich abgestiegen bin, leihe ich mir von Marcel, dem blond gefärbten Transvestiten an der Rezeption, einen Schirm aus.

»Pass auf dich auf, chéri«, flötet er mir hinterher, als ich hinaus in den Regen trete und den Kumul Highway südwärts schlendere. Ich hätte mir besser zwei Schirme mitgenommen, denn was nutzt es, wenn Kopf und Schultern trocken bleiben, der restliche Körper jedoch den Attacken der einheimischen Autofahrer ausgeliefert ist, die keine der tiefen Pfützen auslassen. Und so triefe ich vor Nässe, als ich nach halbstündiger Abendwanderung die Tür zum »L'Houstalet« öffne. Es ist noch früh am Abend, erst sieben Uhr, das Restaurant fast leer. Ich setze mich an einen der runden Tische und studiere die Speisekarte.

»Wollen Sie einmal etwas Ungewöhnliches essen, Monsieur? *Oui*? Dann empfehle ich Ihnen unsere Spezialität – Flughund in Burgundersauce, *très, très bien*.«

Warum nicht? Zu meiner Überraschung landet kein Mini-Vampir mit gespreizten Schwingen auf meinem Teller, sondern ein zarter, duftender Braten von der Größe einer prallen Wachtel mit einer delikaten Sauce auf einem Reisbett. Dazu ein leichter Roter aus der Vendée. Eine wohllöbliche Kombination, die Augen und Gaumen gleichermaßen erfreut.

»Ich war bei der Legion. Dschibuti, Tschad, Muroroa und so – das war Mist.« Clément Martinez, Patron dieses Restaurants, hat sich zu mir gesetzt. »Aber dann kam ich hierher und bin hängen geblieben, *c'est la vie*. Über zwanzig Jahre habe ich den Laden schon. Zwei Mal war er kaputt – durch einen Hurrikan. Ich habe ihn wieder aufgebaut, jedes Mal besser, jedes Mal größer. Die Versicherung hat das ja gezahlt. Mir gefällt es gut in Vila. Was soll ich in Frankreich? Steuern zahlen? Ameise sein, wie alle anderen? Darauf verzichte ich, mein Freund. – Ah, du bist Journalist. Was schreibst du? Politik? Nein? Reise, oh, das ist *magnifique*. Dann darfst du aber nicht deine Zeit in Vila verschwenden, du musst auch auf die anderen Inseln, unbedingt. Die sind allerdings ein bisschen unzivilisierter als

Vila, etwas wilder. Aber du hast doch keine Angst? Oder bist du ein Hühnchen? Haha, kleiner Scherz von mir.«

»*Bon*«, fährt Clément fort, »dann fahre nach Malekula und Santo. Auf Pentecost ist es nur im April und Mai interessant. Da steigen die Einheimischen auf 30 Meter hohe Bambusplattformen, binden sich Lianen an die Knöchel und springen hinunter. Mit dieser Art ritualisierten Mutprobe danken sie den alten Göttern für die gute Yams-Ernte. Die Neuseeländer haben ihnen diese Idee übrigens geklaut und nennen es nun Bungeejumping.«

Clément klopft mir mit seiner Legionärspranke kumpelhaft auf die Schulter und wedelt aufgeräumt an die Tische der anderen Gäste, die jetzt mehr und mehr das »L'Houstalet« füllen. Bei argentinischer Tangomusik aus den 30er Jahren genieße ich das bourgeoise Ambiente, lasse mich vom Deckenventilator trocknen und verlasse endlich von Wein und Unterhaltung beschwingt das Lokal.

Am nächsten Morgen haben wir wieder Regen, aber jetzt mehr von der nieselnden Sorte. Er limitiert zwar die Aktivitäten, aktiviert aber die Poren, Schweiß zu pumpen. Ich entschließe mich zu einer Inselumrundung, die zum Pflichtprogramm jedes ordentlichen Vanuatu-Urlaubers gehört.

Ich nehme einen Mietwagen, werfe meinen Kamerakoffer auf den Nebensitz und fädle mich in den Stop-and-go-Verkehr ein, der den Kumul Highway verstopft. Gleich hinter der Stadt, an der Abzweigung zum Flughafen, lichtet sich das Blech-Chaos. Auf einmal ist die Straße schlagartig leer. Nach etwa fünfzehn Kilometern, gleich hinter den Haarnadelkurven, die zum Klem's Hill Lookout (200 Meter ü. d. M.) führen, geht die Bitumenstraße in eine vom Regen aufgeweichte Schotterpiste über. Hier beginnt ein 130 Kilometer langer Fitnessparcour, eine Slalomfahrt um badewannengroße Schlaglöcher, umgestürzte Bäume und stoisch wiederkäuende Rindviecher, die recht gemütlich mitten auf der Fahrbahn liegen. Aber dafür stimmt die Aussicht auf die weiß schäumende Brandung, die sich an den vorgeschobenen Riffen bricht. Davor liegen ausgedehnte Kokosplantagen und wogende Grassavannen, in denen wie zufällig zerstreut grauschwarze Bunkerreste stecken – Relikte aus dem Zweiten Weltkrieg. Von der ehemaligen Hauptstadt Havannah Harbour, die einst hier lag, etwa einunddreißig Kilometer von Port Vila entfernt, ist so gut wie nichts mehr vorhanden. Dürreperioden, Malaria-Epidemien und schließlich der Zusammenbruch des Baumwollmarktes trieben 1880 die britischen und französischen Siedler an die Vila Bay, wo man begann die heutige Metropole aufzubauen.

»Montag, 25. Juli 1774. Unseren Lauf nach Süden fortsetzend, näherten wir uns um fünf Uhr nachmittags dem südlichen Lande, das, was wir fanden, aus einer großen Insel und drei bis vier kleineren nördlich vor ihr liegenden bestand. Ich nannte die große ›Sandwich-Insel‹, sie bot einen höchst erfreulichen Anblick, denn sie war von Wäldern und Lichtungen in angenehmer Abwechselung ganz und gar gesprenkelt.«

Was James Cook hier sah, waren die Nordküste Efates und die vorgelagerten Inseln Nguna, Pele und Emao. Heute sind die Wälder kahl geschlagen – die tropischen Edelhölzer wurden zu Furnieren verarbeitet und zieren japanische Wohnzimmerschränke. Die Lichtungen sind Kokosplantagen gewichen. Aus der Kopra, dem getrockneten und grob zerkleinerten Fleisch der Kokosnuss, gewinnt man Öle und Kokosfett. Da jedoch die Preise für Kopra weltweit gefallen sind, sind die Plantagen mittlerweile unrentabel geworden, so dass die hundertjährigen Palmengreise nur noch den Viehherden als schattiger Weidegrund dienen.

Die Fahrt durch den schildflachen Südteil Efates führt an einsamen Sandstränden entlang, über welche – da hier kein Saumriff vorgelagert ist – ungehemmt die Wellen des Pazifiks schwappen. Bei Eratap komme ich endlich wieder auf Asphalt und bin am Nachmittag, rechtzeitig zum Bilderbuch-Sonnenuntergang, wieder zurück im quirligen Port Vila.

Malekula,
die Insel der Menschenfresser

Morgens im Inlandsterminal des Bauerfield Airports ist die Welt schon nicht mehr in Ordnung. Ein Knäuel Menschen drängt sich vor dem Schalter der VANAIR, gestikulierend, schwatzend, schwitzend, Panadanusfächer und Tickets schwenkend. Alle wollen mit in die Twin Otter, die nach Malekula, Vanuatus zweitgrößter Insel, fliegt. Doch nicht alle können mit, denn der Flug ist hoffnungslos überbucht. Die Maschine soll um 8.45 Uhr starten. Um 9.30 Uhr rangeln noch immer etwa fünfzig Passagiere um einen der achtzehn Sitzplätze. Erst gegen 10.20 Uhr dröhnen die Motoren und der Flieger rollt auf die Startbahn. Ich habe einen Platz erwischt.

Eine riesige, dicke, schokoladenbraune Frau setzt sich auf das winzige Stühlchen neben mir und quetscht mich mit einem zauberhaft freundlichen Lächeln gegen die Bordwand. Aus all ihren Poren rinnt Schweiß, und sie verströmt eine Duftnote aus ranzigem Öl, Babypuder und Kernseife.

Nach 30 Minuten Schwitzen und Platzangst landet die Maschine auf einer Wiesenpiste, die sich neben einem Mangrovensumpf entlang zieht. Lamap Airport. Hilfreiche Hände ziehen meine üppige Nachbarin aus dem Sitz, und sie verschwindet mit einer Hand voll Kaugummi kauender, wuschelköpfiger Passagiere aus dem Flieger.

Beim nächsten Stopp in Norsup, der Landepiste im Norden Malekulas, bin ich als Erster draußen, sortiere meine Gliedmaßen, knete meinen tauben linken Schenkel, wringe mein Hemd aus, klemme die Schuhe unter den Arm und zerre meine zwei Koffer und das Stativ aus dem Haufen Gepäckstücke, die neben dem Bugrad aufgetürmt sind.

Ein kräftiger junger Bursche in abgeschnittenen Jeans, einem Muskelshirt und mit einer ausgebleichten Baseballkappe auf dem Kopf steht mir im Weg. Erst schaut er mich an, dann mein Gepäck, dann wieder mich, dann wieder mein Gepäck. Schließlich teilt ein Grinsen, breit wie der Mondäquator, sein Gesicht.

»*Mi* George!«

Er pocht mit dem Daumen gegen sein Brustbein und bohrt dann seinen Zeigefinger durch die wabernde Hitze in Richtung meines Bauchnabels.

»*Yu bigfela long Germany. Yumi go.*«

Ich denke, ich habe ihn verstanden. George ist der Abholer. Mein Gepäck fliegt krachend auf einen rostroten, arg zerbeulten Pick-up, zwischen Blechkanister, Fischnetz, Holzpaddel, Bananenstauden und Kokosnüsse. Wir klettern in den Wagen und fahren los, eine schmale Korallenstraße entlang, die sich durch eine nie enden wollende Kokosplantage schlängelt. George hat eine Kassette eingeschoben: Bob Marley. Seine linke Hand hämmert aufs Lenkrad, seine rechte hängt nach draußen und klopft im Takt des wummernden Reggaes gegen die Autotür.

»*Plantesen blong PRV*«, schnaubt er mir ins Ohr. Was bedeutet, dass die Gegend, durch die wir gerade fahren, Vanuatus größtem Kopra-Produzenten, den *Plantations Réunies de Vanuatu* gehört, wie ich später erfahren sollte. Nach etwa einer halben Stunde Fahrt stoppen wir an einem winzigen Kieselstrand, auf dem einige Auslegerkanus liegen. Aus dem Schatten eines Baums treten zwei Frauen, die zusammen mein Gepäck vom Wagen heben und es behutsam in einem der Kanus verstauen.

»*Plis kam.*«

Die Ältere – ihr fehlen ein paar Schneidezähne – zieht mich zum Kanu und deutet mir an, mich hineinzusetzen. Ich kauere mich in die Mitte des mit seinem fragilen Auslegerholz ziemlich wackelig aussehenden Einbaums. Während mir George noch irgendetwas zuruft, schieben die beiden Frauen das Kanu schon ins Wasser, schwingen sich hinein und rudern mit kräftigen kurzen Paddelstößen auf eine Insel zu, die vielleicht einen Kilometer vom Ufer entfernt liegt: Wala Island.

Als sich das Kanu dem Strand nähert, tauchen zwischen Bäumen und Bambushütten ein paar Leute auf. Mein Empfangskomitee. Ich gleite ins knietiefe, lauwarme Wasser und stakse zum Strand hinauf. Eine rundliche Frau in einem wallenden, blauen Mother-Hubbard-Kleid legt mir einen Kranz aus weißgelben Frangipani-Blüten um den Hals. Die zarten Blüten verströmen ein betörendes Aroma. Dann kommt ein hagerer Mann mit ausgestreckten Armen auf mich zu.

»Hallo und willkommen auf Wala Island. Ich bin Peter Fidelio. Der Manager unserer Kooperative.«

Er schüttelt meine Hände mit einer unerwarteten Herzlichkeit. Das Dutzend Männer und Frauen, die zu meiner Ankunft gekommen sind, tun es ihm nach. Nach einem Glas Zitronenwasser, das ich gierig unter dem schattigen Dach eines offenen, luftigen Versammlungshauses trinke, führt mich Peter Fidelio zu einer winzig kleinen Bambushütte, die eher wie eine Puppenstube wirkt: richtig niedlich, fein säuberlich mit Muscheln dekoriert und mit einem Mikro-Gärtchen umgeben.

»Deine *botla* (Hütte). Hier wohnst du, solange du unser Gast bist. Aber jetzt komm, lass uns was essen. Du wirst sicher hungrig sein.«

Bin ich sogar sehr. In dem Versammlungshaus setzen wir uns an einen der drei wackligen Holztische. Ein hübsches, schüchternes Mädchen in T-Shirt und Shorts, vielleicht 16 Jahre alt, serviert uns das Mittagessen: gekochten Reis, Kürbis, Corned Beef und Dosenthunfisch, dazu Zitronenwasser. Zum Dessert stellt sie jedem von uns eine halbe Pampelmuse auf den Tisch.

»Was hast du vor? Wenn du willst, zeige ich dir am Nachmittag die Insel«, schlägt Peter mir vor.

Ich will. So tausche ich meine schweißverklebte Kluft aus dem Flieger gegen Bermudas und ein extraweites Hawaiihemd, schultere zwei Kameras und vertraue mich meinem Gastgeber an.

Wala Island umfasst vielleicht vier, fünf Hektar Fläche. Das Dorf liegt an der Lagunenseite, dem Festland zugewandt. Ein Pfad windet sich durch dichtes Gras und Gestrüpp zu einem flachen Plateau. Dort, in einem uralten Hain aus Banyanbäumen, knarzenden Schraubenpalmen und Kastanienbäumen, die mit Flechten und Moosen überwuchert sind, mitten im fahlen Schattenreich schützender Baumkronen, betreten wir den verwaisten Tanz- und Zeremonienplatz des Dorfes.

»Bis Ende des 19. Jahrhunderts war das dort unser *Amal Lowo*, unser heiliger Platz. Hier haben die Männer und Häuptlinge getanzt und Schweine geopfert. Tausende von Tieren hat man da auf den Opfersteinen geschlachtet.«

Peter deutet auf einige verwitterte Steine, die an umgekippte Menhire erinnern. Sie haben Moose und Flechten angesetzt und liegen jetzt friedlich im Zwielicht. Von dem Blut, das kübelweise über sie geflossen ist, ist nichts mehr zu sehen, kein einziger dunkler Fleck.

»Sieben Generationen haben hier ihre Opfer dargebracht …«

»Habt ihr auch Menschen geopfert?«, frage ich; denn Kannibalismus, das wusste ich, war auf Malekula so verbreitet wie bei uns der tägliche Konsum von Brot und Brezeln.

Peter nickt mit dem Kopf.

»Vor ein paar Jahren, 1992 denke ich, hat man in der Nähe von Norsup ein Ehepaar erschossen. Beide gehörten zum Stamm der Small Nambas. Die Leichen hat man regelrecht filetiert, nur das beste Fleisch herausgeschnitten, den Rest zurückgelassen.«

»Du meinst, sie haben das Fleisch gekocht und gegessen?«, frage ich entsetzt.

»Ja, natürlich, was sonst. Die Polizei hat Nachforschungen angestellt und Leute verhört. Einige wurden verhaftet und ins Gefängnis gesteckt. Genaues beweisen konnte man aber nicht. Daher ließ man die Leute nach einem Jahr wieder laufen. So sind die Menschen hier eben.«

Sprachlos folge ich Peter zur Luvseite der Insel, wo er mir einige Grotten und Höhlen zeigt, in denen sich die Bewohner in kriege-

Auslegerkanu auf Wala – nach etwa vier Wochen ist aus einem Baumstamm ein lebenswichtiges, seetüchtiges Boot gearbeitet.

rischen Zeiten zurückgezogen haben, um sich dort vor ihren Feinden, den Small Nambas, zu verstecken.

»Gehen wir zum Strand. Die Kanus kommen.«

Wala lebt vom Meer. Kurz vor Sonnenuntergang kehren die Fischerboote zurück, werden auf den Strand gezogen und entladen. Der Fang, meist kleinere Rifffische, wird von den Fischern ausgeweidet, gereinigt und den Frauen zum Kochen überlassen. Kinder tummeln sich im Wasser, kreischen, lachen. Lebenslust pur. Im Schatten von Fischgiftbäumen (*Barringtonia*) bearbeitet ein alter Mann mit einer Axt einen klobigen Stamm.

»In drei bis vier Wochen wird er daraus ein seetüchtiges Auslegerkanu gemacht haben. Mose ist einer der besten Kanubauer unserer Insel.«

»Wie lange hält so ein Kanu?«

»Etwa acht bis zehn Jahre«, antwortet der Kanubauer, »dann wird es undicht, morsch und verrottet.«

Ich bleibe noch eine Weile allein im warmen Sand hocken und

sauge die friedliche Stimmung auf. Ein Riffreiher stelzt die Lagune entlang, die schiefergrauen Flügel eng an den Körper gelegt. Sein schmaler Kopf ruckt bei jedem Schritt vor und zurück, stoppt abrupt, erstarrt für einen Moment, bevor er den langen spitzen Schnabel wie einen Dolch ins Wasser stößt. Jagd aufs Abendessen. Als der Sonnenball hinter dem Massiv des Mount Ndarang (598 m) verschwindet, legt der alte Kanubauer seine Axt beiseite, hebt grüßend die Hand und zieht sich zurück ins Dorf. Purpur weicht dem Violettschwarz der Nacht. Venus und der Mond als hauchdünner Silberbogen tauchen beinahe synchron am westlichen Himmel auf, gefolgt vom Rest des Universums…

Big Nambas, Small Nambas

Malekula ist ein Tummelplatz für Anthropologen, Ethnologen, Linguisten und Botaniker. Auf keiner der anderen Inseln – mit Ausnahme von Tanna – haben sich Kultur und Tradition der Einheimischen so erhalten wie hier. Ethnologisch betrachtet, kann man die Bevölkerung Malekulas in zwei Gruppen einteilen: Big Nambas und Small Nambas. Ursprünglicher Lebensraum der Big Nambas waren die undurchdringlichen Urwaldgebiete im Norden der Insel rund um den Mount Ndarang. Den Namen erhielten sie wegen der großen violett gefärbten Penisköcher der Männer, die aus mehreren Lagen Pandanusstreifen hergestellt werden. Die Frauen dieses wilden Kriegervolkes waren mit nichts anderem bekleidet als mit einem Kopfputz aus weichen Bastfasern, der bis zur Hüfte reichte und die Genitalien kaum bedeckte.

Die Clans und Stämme der Big Nambas waren ausgezeichnet organisiert und verstanden es, ihr Terrain geschickt gegen allzu aufdringliche weiße Siedler zu schützen. Feuerwaffen galten als begehrtes Statussymbol, und so mancher Krieger heuerte bei einem »Blackbirder«, einem Sklavenhändler, an und schuftete ein paar Jahre in den Zuckerrohrfeldern von Queensland oder Fidschi, nur um den gesamten Lohn für ein Gewehr und eine Hand voll Patronen auszugeben. Mit solch einer Waffe war es für den Big-Namba-Mann ein Vergnügen, einen der verhassten französischen Pflanzer oder einen Seegurkenhändler abzuknallen. Strafexpeditionen der Polizei hatten wenig Sinn: Sie endeten meist im Hinterhalt. Die Überlebenden konnten keine Gnade erwarten – sie wurden verspeist. Fast jedes Dorf besaß einen mit Steinen ausgelegten Feuerplatz, der speziell für Weiße reserviert war und von dem die Nambas intensiv Gebrauch machten.

Eine beliebte Methode, Fremde fernzuhalten, war das Aufknüpfen von Gefangenen. Dem unglückseligen Opfer schlug man den Schädel ein, hing den Leichnam mit den Füßen nach oben an einen Baum und ließ ihn verrotten. Kein Wunder, dass die Weißen das Gebiet der Big Nambas mieden wie der Teufel das Weihwasser. Darf man den offiziellen Berichten der Kondominium-Verwaltung glauben, landete der letzte *kaekae man* (Menschenbraten) 1969 in solch einem Erdofen.

Doch gegen die Krankheiten – Masern, Influenza, Gonorrhöe –, den Weltkrieg und den Missionierungseifer der Europäer konnten die Big Nambas auf Dauer nicht bestehen. Ihre Bevölkerungszahl wurde stark dezimiert. Heute lebt der Rest des ehemals großen Volkes ziemlich friedlich entlang der Küstenregion zwischen Unmet und Tenmaru. Die Frauen bestellen die Gärten, die Männer kümmern sich um die Schweine. Nur der Mann, der viele Borstentiere sein eigen nennt und diese in großer Stückzahl (30–40) bei Zeremonien zur eigenen Ehre und der des Clans schlachtet, steigt Stufe für Stufe in der Stammeshierarchie. Hat ein Mann nach etwa dreißig solcher Blutorgien die höchste Stufe auf der Sozialprestige-Skala erreicht, ist er – symbolisch betrachtet – bereits im Himmel: Sein Geist schwebt wie ein schützender Raubvogel über dem Stamm. Eine weiße Körperbemalung unterstreicht seinen Nimbus als »Geistermann« (*spirit man*).

In der archaischen Kultur der Big Nambas steht der Mann über der Frau. Diese hat sich zu bücken und Kopf und Schultern einzuziehen, um niemals einen Mann zu überragen. Sollte ein Gatte mit seiner Gemahlin zufrieden sein, kann sie es als Privileg betrachten, wenn er ihr die zwei vorderen Schneidezähne herausschlagen lässt, um ihren Status zu erhöhen. Solch eine stolze Big-Namba-Frau wird es tunlichst vermeiden, dass man sie in der Öffentlichkeit ohne ihren violetten Kopfputz aus feinem Bananenbast antrifft.

Zu den Small Nambas zählen die isoliert lebenden Stämme der Mbotogote und Meninemboas, deren Dörfer in der Region zwischen Mount Laimbele (872 m) und der South West Bay zu finden sind. Sie erhielten ihren Namen auf Grund der kleineren Penisköcher, die im Gegensatz zu denen ihrer Feinde, der Big Nambas, lediglich aus einem Pandanusblatt bestehen. Small-Namba-Frauen tragen kurze Röcke aus Raffia-Gras. Beide Geschlechter stecken sich für Zeremonien – zum Beispiel Beschneidungsrituale oder Schweineopferungen – Knochenteile durch die Nasenscheidewand. Frauen und Männer leben voneinander getrennt, die Frauen in Gemeinschaftshütten, die Männer haben ihre Clubhäuser und *natsaros* – die Kultplätze.

Merkwürdig erscheinen mag die Angst der Small Nambas vor dem Ozean, die so weit geht, dass sie selbst küstennahe Regionen meiden wie die Pest. Von dort, sagen sie, kommen die Krankheiten, Malaria und Sumpffieber. Folglich zählen diese Stämme zu den gesündesten Menschen Vanuatus.

Bei Festen und Kulttänzen in den traditionellen Dörfern Vanuatus kommen die gewaltigen Schlitztrommeln zum Einsatz.

In der Vorstellungswelt der Small Nambas stirbt man entweder in hohem Alter oder durch Zauberei. So werden beim Tod eines Kindes oder eines jungen Erwachsenen augenblicklich die Geister befragt, um herauszufinden, wer für den Zauber verantwortlich ist. Sollte es sich bei dem Verstorbenen um einen ranghohen Chief handeln, erhält er acht Monate nach seinem Ableben einen neuen Körper, *rambaramp* genannt. Dazu nimmt man den mannshohen Stumpf eines Baumfarns, bestreicht ihn mit Lehm und modelliert daraus einen Körper. Der Schädel der mittlerweile verwesten Leiche wird hinzugefügt und ein Gesicht aus Tonerde und Kokosnussfasern geformt. Ist noch Resthaut vorhanden, wird der Schädel vorher geräuchert.

Diese Körpernachbildung bemalen die Small Nambas rot, weiß und schwarz und dekorieren sie mit Federn, Armbändern, einem Rindengürtel und einem Penisköcher. Für einen Tag wird der neue Körper des Chiefs dann ausgestellt und die Männer tanzen, als Geister verkleidet, auf dem *natsaro*. Anschließend verstaut man den *rambaramp* im Männerhaus, wo er bleibt, bis er von allein zerfällt. Kaum ein normal Reisender bekommt einen solchen »Körpernachbau« zu Gesicht. Doch im Cultural Centre in Port Vila, das Museum und Bibliothek beherbergt, findet man neben zahlreichen ungewöhnlichen Exponaten aus Vanuatus reichen Kulturen ein sehr schönes Exemplar eines *rambaramp*.

Was die Small Nambas nicht mögen, sind Touristen, die ihre Dörfer besuchen wollen. Nicht, dass sie etwas gegen Fremde haben und vorhätten, diese in ihre großen Kochtöpfe zu stecken – es ist vielmehr die Furcht, dass die Yuropin in ihrer Ignoranz jahrhundertealte Tabus verletzen könnten.

Kirche, Kultplatz und Magie

Wie ein sanfter stiller Traum kommt der Morgen: Weiches Frühlicht spiegelt wattige Haufen Kumuluswolken in der See und bringt die Pastellfarben der katholischen Mission von Sanaliu zum Leuchten. Leises Glockengeläut schwingt sich über das Gegacker des Hühnervolks. Aus dem mattgrünen Dickicht der Berge steigt vereinzelt Rauch auf. Dort liegen die Dörfer der Small Nambas – und da will ich hin!

Heute ist Sonntag. Die ersten Kanus paddeln bereits hinüber zum Festland. Marie, heute Morgen in einem knielangen, limonengelben Kleid mit Puffärmeln, schenkt mir ein unschuldiges Lächeln und tischt das Frühstück auf, das sehr frugal ist: Schiffszwieback, salzige Butter, Erdnusscreme und Beuteltee.

»Du siehst hübsch aus in deinem Kleid.«

»*Tank yu tumas, Mista*«, flüstert sie mit niedergeschlagenem Blick, »*me wantem go joj.*«

»*Joj*? Was ist *joj*?«, frage ich sie.

»*Joj* ist die Kirche. Sie will zum Gottesdienst.« Peter Fidelio rettet die Situation. Er trägt einen Hut aus geflochtenen Pandanusstreifen, der ihm ein verwegenes Aussehen verleiht.

»Du solltest ein paar Brocken Bislama lernen, Bernard.«

»Später gerne. Zuerst gehe ich zum Gottesdienst. Und dann möchte ich auch unbedingt noch ein Dorf der Small Nambas besuchen.«

»Keine Bange, ich habe bereits jemanden in ihr Dorf geschickt, der mit dem Chief über dein Anliegen spricht.«

Mit dem zwanzigjährigen Sepik, Peters ältestem Sohn, paddle

ich hinüber zur katholischen Mission, einem weißen kubischen Bau mit bunten Längsstreifen. Er wurde 1954 feierlich eingeweiht, nachdem die alte Gemeindekirche von einem Hurrikan zerstört worden war. Die Schar der Gläubigen steht in Grüppchen beieinander, die älteren im Schatten der hohen Wände der Kirche, die jüngeren unter rot blühenden Flamboyan Trees (Flammenbäumen) – alle im Sonntagsstaat. Die Männer tragen weiße Hemden und Krawatte, die Frauen und Mädchen die schon erwähnten Missionskleider, die von französischen Priestern und Missionaren eingeführt wurden. Weil der Norden Malekulas zur Kolonialzeit französischer Verwaltungsbereich war, sprechen viele der Leute noch immer Französisch.

Die Leute schwatzen miteinander, gestikulieren und scherzen. Sie beäugen mich, doch keiner spricht mich an. Gegen halb neun läuten die Glocken. Hunderte gottesfürchtiger Menschen strömen durch das weite Portal ins Kircheninnere und nehmen auf grob gezimmerten Bänken Platz. Die Kirche ist voll, übervoll sogar. Viele müssen stehen. Ich lehne mit dem Rücken zur Wand in der Nähe des Eingangs, eingekeilt zwischen einigen bärtigen Honoratioren, die alle eine kleine Bibelausgabe in den Händen halten. Der Priester mit seiner lilienweißen Soutane und einer Haut schwarz wie Ebenholz, wahrscheinlich ein Insulaner von den Salomonen, beginnt mit der Liturgie, abwechselnd in Bislama und im lokalen Dialekt. Natürlich verstehe ich kein Wort seiner eindringlich vorgetragenen Predigt. Aber der Gesang beeindruckt mich. Die Choräle sind unbeschreiblich schön, eine akustische Sinnesfreude: geigenhell die Stimmen der Frauen und Mädchen, perfekt im Einklang mit den brummenden Baritons und Bässen der Männer. Das hat schon etwas Elysisches, klingt wie Engelsmusik und erzeugt einen wohligen Schauer auf meinem schweißigen Rücken.

Dennoch bin ich froh, als nach neunzig Minuten krampfhaften Geradestehens der Gottesdienst zu Ende ist und die Gemeinde sich auflöst. Die einen klettern auf Pick-ups, die anderen in ihre Auslegerkanus. Sepik und ich paddeln zurück nach Wala.

Jeden Sonntag strömt eine buntgekleidete Menge zum Gottesdienst in die katholische Mission von Sanaliu in Nordmalekula.

Der Dschungel ist nass. Es riecht nach Moder, nach feuchter, gärender Erde, faulem Holz, Schimmel und Pilzen. Zwei Stunden sind wir gepaddelt, immer parallel zur Küste, und haben das Kanu am Strand einer kleinen Bucht zurückgelassen. Jetzt stapfen wir über einen morastigen Urwaldpfad, duschen in kurzen, heftigen Platzregen. Unser Ziel: Amelboas, wo sich der *natsaro*, der kultische Tanzplatz eines Small-Namba-Clans befindet. Die Füße finden kaum Halt auf der schlüpfrigen Roterde. Spinnweben verkleben Augen und Mund, Blätter und Zweige klatschen uns gegen Brust und Arme. Auf einer kleinen Lichtung machen wir Rast.

»Wie weit ist es noch?«

»Nicht mehr sehr weit. Wir sind bald da.«

»Das hast du bereits vor einer Stunde gesagt.«

Meine Hände sind lahm, meine Schultern mürbe. Mein 18-Kilo-Kamerakoffer nebst Stativ wird mit jedem Schritt schwerer. Dankbar nehme ich einen Schluck aus der Wasserflasche, die mir Peter Fidelio reicht. Sepik pult die Schale von einer Pampelmuse.

»Weißt du eigentlich, was Malekula bedeutet?«

»Keine Ahnung«, antworte ich. »Stammt der Name von Captain Cook?«

»Nein, der war nur ein paar Stunden lang im Süden; er hat mit seinem Schiff in der Nähe von Lamap geankert. – Du wirst es nicht glauben«, lacht Peter. »Der Name kommt aus dem Französischen. Die Geschichte ist schon über hundertfünfzig Jahre her. Die Small Nambas hatten Besuch von französischen Marinesoldaten. Nach einem üppigen Bankett mussten einige von ihnen dringend ein Geschäft verrichten. Ihr Dolmetscher empfahl den Busch, dort würde es besonders große Blätter geben. Leider erwischten die Franzosen Blätter einer extrem nesselnden Art. Sie kamen fluchend zurück und brüllten ›*mal au cul*‹, Schmerzen am Hintern. Daher der Name.«

»Diese Blätter kenn ich. Ich bin mal in so etwas reingelaufen, in Fidschi. Dort nennen sie die Pflanze *salato*. Das hat gejuckt und gebrannt wie der Teufel, drei Wochen lang. Ein übles Gewächs.«

Wir stapfen weiter, immer weiter. Plötzlich ertönen dumpfe Trommelschläge, die lauter werden, je näher wir kommen. Nach ein paar hundert Metern lichtet sich der nasse Pflanzenvorhang. Vor uns liegt eine Rodung, die durch einen hüfthohen Zaun aus Bambus und verflochtenen Ästen eingegrenzt ist. Wie bestellt hört der Regen auf. Die Sonne bricht durch die Wolken und überzieht mit gleißendem Schein die Lichtung. Eine ältere Frau, die eine abgenutzte Pandanusmatte um die Hüften gebunden hat, schlurft auf uns zu, murmelt ein paar Worte und reicht Peter einen Kranz aus Farn. Wir folgen ihr zum hinteren Rand des Platzes.

Aus einer Hütte tritt ein stattlicher, aristokratischer Mann, nicht älter als 35: Chief Talipu Lelektei. Er trägt eine bunte Hahnenfeder im Kraushaar, einen roten Penisköcher (*namba*) aus Pandanus und einen breiten braunen Hüftgurt. Um seinen Hals hängt eine Kette aus gebogenen Eberzähnen – die Insignien seiner Macht als Clan-Chef. Mit einem souveränen Lächeln schüttelt er uns die Hand und wendet sich dann zu einer jungen barbusigen Frau neben ihm. Ein forderndes Nicken des Kopfes. Sie hat verstanden, rennt in die

Hütte und reicht Sekunden später jedem von uns eine aufgeschlagene Kokosnuss als Willkommenstrunk.

Ich stehe einfach nur da und staune mit offenem Mund – wie ein Kind, dessen Traum in Erfüllung geht. Vor mir spielt sich eine ungemein spannende Zeremonie ab:

Chief Talipu gibt ein paar kurze knappe Anordnungen, worauf das Trommelorchester noch leidenschaftlicher und lauter auf die Holzröhren schlägt. Aus dem Baumschatten brechen entschlossen aussehende Männer hervor, nackt bis auf ihre *nambas*. Sie bilden Zweierformationen und stampfen mit den Füßen, dass ihre um die Knöchel gebundenen Walnussrasseln laut scheppern. Dann tanzen sie zu dem Totempfahl im Zentrum des *natsaro* hinüber, wirbeln im Kreis um ihn herum, wobei sie sich im Sprung um die eigene Achse drehen und laute Schreie ausstoßen.

Der Häuptling klatscht in die Hände. Augenblicklich verstummen die Trommeln und die Tänzer ziehen sich wieder in den angrenzenden Busch zurück. Nun erscheint eine Gruppe von Frauen, alle in Miniröcken aus geflochtenen Pandanusstreifen. Auch sie bilden einen Kreis, setzen sich auf die Erde, singen und jonglieren mit giftgrünen Buschorangen. Dann folgt eine Pause.

»Komm, der Häuptling bittet uns ins *nakamal*, ins Männerhaus.«

Haus ist zu viel gesagt. Eigentlich ist es nur ein Dach aus Pandanusschindeln, das auf sechs klobigen, glatt polierten Stämmen ruht. Chief Talipu reicht uns verschiedene Gegenstände: ein Würgeholz für Schweine, Kriegskeulen, Kopfputz aus Federn und schwarzen Haaren.

»Pass auf, der Bruder des Häuptlings macht Feuer!«

Ein schlanker Mann, Mitte zwanzig, kniet sich auf den Boden und schabt mit blitzschnellen Bewegungen einen Hartholzstab in ein ausgehöhltes Brett. Als Zunder dient ein Büschel trockener Kokosfasern. Es qualmt. Er pustet und reibt weiter. Es qualmt intensiver. Wieder pustet er und – *wuffhh*!, züngelt eine winzige Flamme aus der flachen Holzschale. Verblüffend. Das Ganze hat vielleicht zwei, drei Minuten gedauert.

»So machen die Small Nambas heute in ihren im Urwald verstreuten Dörfern immer noch Feuer«, raunt mir Peter zu.

»Kann er auch zaubern? Hat er *mana*?«, frage ich und spiele damit auf die spirituelle Kraft, eine Art geheimnisvolles Fluidum an.

»Der Bruder des Häuptlings ist ein Zauberer. Und er hat *mana*. Aber der Chief, der steht noch weit über ihm.«

»Das glaube ich erst, wenn ich es sehe!«

Peter wechselt mit dem Chief ein paar Sätze im lokalen Dialekt. Daraufhin schaut der Chief zu mir herüber mit einem durchdringenden Blick, den ich fast körperlich spüre. Ist das Verachtung? *Mana*? Ich werde unsicher. Ich versuche, ihn ebenfalls zu fixieren. Der Häuptling reckt seinen geschnitzten Stab in die Luft, schließt die Augen, wahrscheinlich um sich zu konzentrieren, atmet tief aus und ruft dann seinen Bruder, den Zauberer. Der bringt ihm ein Bündel herzförmiger Blätter. Die beiden Männer legen die Blätter überlappend in einer Reihe auf den festgetretenen Lehmboden. Dann vertiefen sie sich in ein Gespräch unverständlich gemurmelter Worte. Schließlich klatschen sie in die Hände. Daraufhin erscheint ein vielleicht zehn, zwölf Jahre alter Junge und legt sich mit dem Bauch quer über die Blattreihe. Man sieht, wie er den Körper anspannt und sich versteift. Der Häuptling und der Zauberer packen jeweils ein Ende der Blattreihe, heben es an – und tragen den Jungen fort, zehn Meter weit. Das ist doch nicht wahr, denke ich mir, das kann doch nur ein Trick sein!

»Überzeugt?« Peter stößt mich an.

»Okay – ja … hm … eher nein«, sage ich und lasse den coolen, kritischen Journalisten raushängen. »Können die Jungs das auch mit mir machen?«

Jetzt habe ich ihn verblüfft. Peter schaut mich an, nimmt den Hut ab und kratzt sich am Kopf.

»Ich glaube, sie können es!«

Und so liege ich eine Viertelstunde später nackt bis auf meine Unterhose bäuchlings auf einer frischen Reihe Blätter, die sich angenehm kühl gegen meine Bauchdecke pressen. Links und rechts von mir sehe ich die braunen Füße des Chiefs und des Zauberers. Ich ver-

Gleich wird der liegende junge Bursche auf den Blättern hochgehoben – dank *mana*, einer Kraft, über die der Chief und sein Bruder, der Zauberer, verfügen.

suche mich platt wie ein Brett zu machen. Nach einem raschen heftigen Ruck schwebe ich plötzlich zwanzig Zentimeter über dem Boden. Der Chief und sein Bruder tragen mich weg wie einen Sack Kartoffeln und lassen mich auch genauso auf den Erdboden plumpsen.

Ich sage nichts und vermeide es, nachzudenken. Ich nehme ein paar Blätter in die Hand. Es sind ganz normale Blätter, glatt und grün wie Lindenblätter, nur größer. Sie sind noch ein bisschen feucht von meinem Schweiß. Kein Sekundenkleber, kein Klettband. Also ist das Ganze kein Trick – sondern Magie, echte Zauberei!

Der Chief trägt ein leicht süffisantes Grinsen zur Schau. Das war seine Show. Ich schlüpfe wieder in Hose und Hemd. Mein Verstand, meine Logik, mein Weltbild haben einen Knacks bekommen. Schuld sind diese beiden Kerle dort drüben.

»Na, überzeugt, großer Mann aus Germania?«

»Völlig.«

»Aber der Häuptling kann noch viel mehr«, erklärt Peter. »Er kann Liebeszauber herstellen, Nebenbuhler verhexen und seinen Feinden tödliche Krankheiten schicken.«

»Ich glaube dir aufs Wort. Dürfen wir noch ins Dorf gehen und uns dort ein wenig umsehen?«

»Ich fürchte, nein.«

»Aber wieso denn nicht?«

Peter spricht jetzt mit klarer sachlicher Stimme zu mir, als ob er mich beruhigen wollte. »Chief Talipu Lelektei – mit christlichem Namen heißt er übrigens Emil – will das nicht. Er sagt, Yuropin können gern zu ihrem *natsaro* kommen. Seine Leute werden sie willkommen heißen und ihnen ihre Kultur zeigen und erklären. Aber das Dorf ist tabu, da will er keine Yuropin sehen. Seine Leute hätten ein Recht auf ihr Privatleben. Das Dorf wäre kein Menschenzoo, zu dem jeder Zutritt hat.«

»Der Chief scheint ein kluger Mann zu sein. Woher hat er sein Wissen?«

»Er hat die *mana* von seinem Vater beziehungsweise von seinen Vorfahren geerbt. Außerdem hat er in Suva studiert, an der University of the South Pacific.«

»Das hättest du mir auch früher sagen können. Da habt ihr mich sauber reingelegt«, beschwere ich mich bei Peter.

Die Show ist beendet. Klarer Sieger sind Chief Emil, sein Clan, die Zauberei und das *mana*. Die Small Nambas reihen sich noch einmal vor mir auf wie die Orgelpfeifen, die Männer rechts, die Frauen links. Ich schüttle jedem die Hand. Als ich bei Chief Emil anlange, kann der sich ein Lachen kaum mehr verkneifen.

»Don't worry, be happy«, sagt er in bestem Englisch. »Danke für deinen Besuch. Ich hoffe, es hat dir gefallen und du hattest deinen Spaß. Wir haben uns jedenfalls prächtig amüsiert. Besonders über deine Unterhose.«

»Wieso? Was ist mit meiner Unterhose?«

»Die aufgedruckten kleinen bunten Luftballons. Vielleicht haben die dich so leicht gemacht, dass wir dich wegtragen konnten ...«

Der Weg zurück zum Kanu ist eine Rutschparty. Ich weiß nicht, wie oft ich ausgleite und im rotbraunen Schlamm lande.

Einige junge Männer warten am Strand auf uns. Sie sind aus Smol Onma und schauen zu, wie wir uns den Dreck aus Haut und Haaren waschen. Während sie mit Peter und Sepik ein Schwätzchen halten, reinige ich Koffer und Stativ in einem Bach, der an dieser Stelle ins Meer fließt. Mit der sinkenden Sonne im Nacken paddeln wir schließlich, von einer achternen Strömung begünstigt, die Strecke nach Wala locker in neunzig Minuten zurück.

Ein im wahrsten Sinne des Wortes wunderbarer Tag geht zu Ende. Der Vorhang der Nacht senkt sich herab, Zikaden beginnen zu zirpen und am Himmel blinkt das Kreuz des Südens wie eine Neonreklame.

Mi toktok bislama – ich spreche Bislama

Ein Hahnenschrei weckt mich. Statt einer attraktiven Melanesierin küsst mich die Morgenröte. Ich trotte verschlafen zum zehn Meter entfernten Bade- und Toilettenhäuschen, einem Bambusverschlag, der oben offen ist. Nach der Visite des Plumpsklos schiebe ich mich unter den leicht wippenden, angerosteten Duschkopf nebenan und drehe am Wasserhahn. Ein gurgelndes Geräusch, ein leichtes Scheppern, dann Schweigen. Wo bleibt das Wasser? Ich drehe den Wasserhahn auf und zu, auf und zu. Endlich sprenkeln sieben hauchdünne Strahlen lauwarmen Wassers aus dem Brausekopf, wovon mich allerdings nur vier treffen und drei in der Bambuswand versickern.

Um sieben Uhr gibt es Frühstück, Marie wartet schon. Auf dem Tagesprogramm von heute steht Sprachkurs. Während Marie am Waschzuber steht und mit blauer Kernseife und Wurzelbürste den eingetrockneten Lehm aus meiner Garderobe zu schrubben versucht, hocke ich mit Peter Fidelio an einem der drei Tische und lerne Bislama.

»In Vanuatu werden 105 verschiedene Sprachen gesprochen«, erklärt Peter, »davon allein dreißig auf Malekula. Sie sind alle so unterschiedlich, dass zum Beispiel die Leute von Vao Island uns hier auf Wala oder Rano nicht verstehen können. Um miteinander kommunizieren zu können, sprechen wir Bislama. Das ist nichts anderes als das Pidginenglisch, das Missionare, Sklavenhändler, Sandelholz- und Trepang-Händler, Pflanzer und Kolonialbeamte den Leuten einbläuten, weil sie davon ausgingen, wir wären zu blöd, um eine richtige Sprache wie Englisch oder Französisch zu lernen.«

»Hier die wichtigsten Worte«, fährt er fort. »›Ich‹ *mi;* ›du‹ *yu;* ›er, sie, es‹ *hem, em;* ›wir‹ *mifala; long* bedeutet ›zu‹, ›von‹, ›auf‹, ›in‹, ›unter‹ und ›für‹. ›Mein Mann‹ heißt *man blong me;* ›mein Auto‹ *trak blong me.* Kannst du mir folgen?«

»Langsam, langsam. Am besten, ich schreibe alles mit.«

So üben wir zwei Stunden lang. Etwa hundertfünfzig Wörter und ihre Bedeutung schreibe ich auf.

»Wie heißt das Wort dafür?«

Ich zeige auf einen Büstenhalter, den Marie gerade auf die Leine hängt.

»*Titi basket.*«

»Und was sage ich zu einem Mädchen, das mir gefällt?«

»*Mi ded long yu.*«

»Und was heißt: ›Du siehst gut aus?‹«

»*Yu nambawan.*«

»*Marie, yu nambawan gel*«, rufe ich Marie zu, die gerade ein Tischtuch in der Hand hält. Sie dreht sich um, schaut verschämt und antwortet:

»*Tank yu tumas. Yu bigfala nambawan.*«

»*Tank yu tumas, Marie.*«

Die Sprache gefällt mir. Peter erklärt mir auch Worte, die für unsere Ohren recht erheiternd klingen und welche die Schwierigkeiten von Bislama aufdecken. Es muss viel umschrieben werden: »*Glas blong lukluk*« heißt »Brille«. Jesus nennen sie *Pikinini blong God* und *Pulem i kam, pushem i go, wood fall down* (»zieh, bis es kommt, stoße, bis es geht und Holz runterfällt«) ist nichts anderes als die Umschreibung für »Säge«. Mein absoluter Favorit aber war der folgende Ausdruck: *Wan smol bokis blong white man, oli scratchem beli sing-out gudfela* – »eine kleine Kiste des weißen Mannes, wenn man ihr den Bauch kratzt, singt sie schön«. Gemeint ist eine Violine.

Da ich am nächsten Tag abreise, hat man mich eingeladen, am späten Nachmittag dem erlauchten Zirkel im Männerhaus beizuwohnen. Das *nakamal* liegt auf einem flachen Hügel außerhalb des Dorfes. Ein knappes Dutzend Männer sitzen zusammen. Außer Peter Fidelio und Sepik kenne ich niemanden. Da taucht urplötzlich als Überraschungsgast Chief Emil auf. Nicht nackt, sondern normal gekleidet wie die anderen Männer – in schlabbrigen Shorts und T-Shirt.

Wir trinken Kava. Anders als in Tanna wird das Getränk hier jedoch aus einer großen Plastikschüssel ausgeschenkt, die auf einem Holzklotz ruht. Diesmal schmeckt der Kava nicht gar so schleimig, weil der Speichel fehlt; zudem ist er etwas kühler und, wie mir scheint, nicht ganz so gehaltvoll. Ich leere bereits mein zweites Kokosnussschälchen und spüre überhaupt nichts. Peter zwinkert mir zu:

»Weißt du, warum der Chief gekommen ist?«

»Nein, keine Ahnung. Will er noch einmal über mich oder meine Unterhose lachen?«

»Das nun weniger. Aber als Ausgleich dafür, dass du sein Dorf nicht sehen konntest, möchte er dir etwas demonstrieren: die Übertragung von Kraft auf einen anderen Menschen.«

Das Nakamal auf Wala, wie alle Männerhäuser für Frauen tabu. Hier übertrug Chief Emil Kraft – *mana* – auf einen anderen Menschen.

Chief Emil hebt seine Trinkschale und leert sie in einem Zug aus. Er deutet auf einen rund vierzig Jahre alten bärtigen, untersetzten Mann mit struppigem Haar.

»*Yobas, me wantem kam long!*«

Yobas folgt der Aufforderung, erhebt sich vom Boden und bleibt vor Chief Emil stehen, der ebenfalls aufgestanden ist. Der Häuptling fixiert ihn eine Minute lang mit stierem Blick. Dann ergreift er Yobas linke Hand mit seiner rechten und drückt fest zu. Es vergehen ein paar Sekunden, dann fängt Yobas an zu zittern, bricht wie vom Schlag getroffen zu Boden, krümmt und windet sich wie ein Epileptiker und presst die Hände gegen den Bauch. Seine Augen flackern wie die eines Tiers in Todesangst. Speichel rinnt aus dem Mund des gequälten Mannes, der sich mit einem Mal aufrichtet, mit den Augen rollt, einen Schrei ausstößt und schließlich in sich zusammensackt. Gesicht und Körper entspannen sich. Nun sieht es aus, als ob Yobas schlafen würde.

Mir ist vor Schreck die Kavaschale hinuntergefallen. Peter Fidelio bückt sich und hebt sie auf. Ich japse nach Luft, schüttle den Kopf und versuche zu verstehen, was da gerade geschehen ist.

»Was ist mit Yobas?«

»Yobas ist nur betrunken, *full-drong*. Das ist nicht weiter schlimm. Ist mit dir alles in Ordnung?«, fragt Peter.

»Ja, mir geht es gut, danke.«

»Mach dir keine Sorgen um Yobas, dem geht es prächtig. Wir legen ihn irgendwohin, dass er es bequemer hat.«

Zwei Männer packen den schlaffen Körper, zerren ihn in eine Ecke und legen ihm eine zusammengerollte Pandanusmatte unter den Kopf.

»Kann mir irgendjemand erklären, was mit dem armen Kerl passiert ist? Ich dachte für einen Moment, Yobas stirbt«, frage ich.

Es ist der Chief persönlich, der antwortet: »Ich habe nur die Kraft meines getrunkenen Kavas auf ihn übertragen.«

»Und das hat ihn so umgehauen?«

»Ich habe die Wirkung ein klein wenig verstärkt.«

Ich bin beeindruckt: »Seien Sie mir nicht böse, wenn ich Ihnen heute nicht mehr die Hand reiche; aber sonst ergeht es mir am Ende so wie Yobas.«

Gelächter. Die Kavaschale kreist, alle sind in bester Stimmung. Yobas schnarcht friedlich in seiner Ecke.

Als ich beim nächtlichen Dinner mit Peter Fidelio am Tisch sitze – es gibt ein feines Essen, Yams mit gebratenem Rifffisch und Laplap, gefüllt mit Schnecken, Muscheln und Krabben –, muss ich eine Frage loswerden, die mich seit dem Zwischenfall im *nakamal* beschäftigt:

»Sag mir bitte ganz ehrlich, Peter, hätte Chief Emil Yobas töten können? Ich meine, hat er die Kraft, oder nennen wir es *mana*, jemanden zu töten, indem er ihn beispielsweise berührt?«

»Ja, diese Macht hat der Chief. Er braucht dabei aber nicht unbedingt die Person, die er töten will, zu berühren. Es reicht, wenn er einen persönlichen Gegenstand dieser Person anfasst, einen Schuh, seine Essschussel oder seine Zahnbürste.«

»Und hat er schon mal … ich meine, hat er schon einmal jemanden auf diese Weise umgebracht?«

»Darüber mag, kann und will ich dir keine Auskunft erteilen.«

Ich spare mir weitere Fragen. Das Experiment mit Yobas spricht für sich.

Auf der Insel des Heiligen Geistes

Nur etwa zwanzig Flugminuten vom Flughafen Norsup, einen Hüpfer über das tiefe Kobaltblau der Meerenge von Bougainville, befindet sich eine Betonbahn, die lang und breit genug ist, dass eine Boeing 767 dort landen kann: Pekoa Airport. Von dort ist es nur noch ein Katzensprung, bis man die staubigen Gehsteige Luganvilles, der Hauptstadt der Insel Espiritu Santo, erreicht.

»Heiliger Geist« – so taufte am 1. Mai 1606 der portugiesische Kapitän und Entdecker Pedro Fernando de Quiros, ein wichtigtuerischer Glaubenseiferer im Dienst des spanischen Königs, die von ihm entdeckten Gestade. Nach dem Scheitern einer glücklosen Expedition unter Leitung von Don Alvara de Mendana y Neyras, bei der es darum ging, die sagenhaften Goldminen des König Salomon zu finden, hatte der Portugiese zehn Jahre lang abwechselnd Papst Clemens VIII., König Philipp III. und den Vizekönig von Peru mit Petitionen drangsaliert, um Geld für eine neue Expedition zu erhalten.

Am 21. Dezember 1605 zahlte sich sein penetrantes Hofieren aus. De Quiros segelte mit drei prunkvoll bemalten Galeonen aus dem Hafen von Callao. An Bord der Schiffe befanden sich dreihundert nach Gold und Abenteuer gierende Burschen und zehn Mönche, die den Heiden das Evangelium überbringen sollten. Die königliche Order war klar und präzise formuliert: Findet den unbekannten Kontinent und kolonisiert ihn für Spanien und die Heilige Römische Kirche.

Am 3. Mai 1606, zwei Tage, nachdem man Land gesichtet hatte, segelte die kleine Flottille in eine große Bucht. Euphorisch und in der fälschlichen Annahme, den erhofften legendären Kontinent entdeckt zu haben, gab Kommandant de Quiros der fremden Küstenlinie den Namen »Tierra Australis del Espiritu Santo«. Feierlich erklärte er alles Land zum Besitz der spanischen Krone. In seiner Überheblichkeit rammte er eine Flagge in den Sand, nannte die Landestelle »Nueva Jerusalema«, Neu-Jerusalem, und den Fluss, der sich in die weite Bai ergoss, Jordan. Einer »göttlichen Eingebung« gehorchend, ernannte der größenwahnsinnige Entdecker all seine Begleiter zu »edlen Rittern des Heiligen Geistes«. Es war Pfingstsonntag. Man feierte mit Musketensalven, Glockengeläut, Fahnenweihe, Trommelkonzert und Feuerwerk vor einer improvisierten Kapelle aus Ästen, Palmzweigen und Blättern. Kommandant de Quiros strahlte vor Glück – das war der schönste Tag seines Lebens.

Sogleich begannen die Spanier mit dem Bau einer Festung. Rücksichtslos drangen sie in die Dörfer der Eingeborenen ein und nahmen sich, was sie brauchten: Frauen, Schweine, Hühner, Taro, Yams, Bananen und Kokosnüsse. Wer sich ihnen in den Weg stellte, wurde erschossen, erschlagen oder erstochen. Erst als Seesoldaten einen Häuptling töteten, setzten sich die Ureinwohner zur Wehr. Es dauerte nur 54 Tage, bis das ehrgeizige Projekt gescheitert war. Malaria, Fischvergiftungen, Hitze und ständige Scharmützel mit den »nackten Wilden« hatten die Spanier desillusioniert. Ein Teil der Mannschaft meuterte, bemächtigte sich zweier Schiffe und segelte davon.

Am 21. Juni 1606 brach de Quiros die Expedition ab und kehrte mit der ihm verbliebenen Mannschaft auf der Galeone *St. Paulo y St. Pedro* zurück nach Acapulco, als geschlagener, geächteter und gebrochener Mann.

Was wäre anders, wenn es den Spaniern gelungen wäre, sich hier für längere Zeit festzusetzen, wie auf den Philippinen oder in Guam? Eine pompöse Kathedrale würde da stehen, wo sich jetzt Marktbuden befinden. Dort, wo der Sarakate in den Segond-Kanal mündet, könnten Besucher die Reste eines Kastells besichtigen und sich über die Graffiti-Schmiererei auf den rostigen Schiffskanonen echauffieren, die sich nicht besonders gut auf Urlaubsfotos machen. Der Boulevard Higginson hieße dann wahrscheinlich Avenida Santa Agueda, und am Unity Park, wo die vergammelten Wellblechbunker stehen, könnte ich nun auf einer Plaza de España wandeln und die Inschrift auf dem Denkmal des großen Entdeckers de Quiros lesen.

Aber mit dem, was ich hier im Straßengarten des »Formosa Restaurants« sehe, bin ich auch zufrieden. Auf dem Tisch vor mir steht eine delikate chinesische Suppe mit Fadennudeln, ein französisches Mineralwasser und eine Dose australisches Bier. Auf dem staubigen Gehsteg vor der ausgetrockneten Hibiskushecke verhandelt ein Grüppchen amerikanischer Touristen mit einem Einheimischen lautstark über den Kauf einer sechzig Jahre alten Colaflasche. Der Einheimische schwört, dass er sie selbst in der Offiziersmesse der *President Coolidge*, einem versunkenen 22 000-Tonnen-Schiff, gefunden hat.

Colaflaschen – Relikte aus der Zeit, als die Amerikaner ihre Truppen auf Espiritu Santo stationiert hatten.

Dieser als Truppentransporter eingesetzte Luxusliner lief am Morgen des 26. Oktober 1942 auf zwei amerikanische Minen und sank innerhalb von neunzig Minuten auf den Grund des Segond-Kanals, der Luganville von den Inseln Aore, Bokissa und Tutuba trennt. Von den über fünftausend Mann an Bord wurden alle bis auf zwei Soldaten gerettet. Das Wrack ruht in 21 bis 67 Metern Tiefe – ideal für abenteuerlustige Taucher. Und das sind die meisten der Inselbesucher. Sie kommen, um zu tauchen, alles andere interessiert sie nur am Rande. In Neptuns stillem Königreich finden alle ihren Kick, ob in den Frachträumen der *President Coolidge*, zwischen den Kanonen des Zerstörers *USS Tucker* oder bei den Bulldozern am Million Dollar Point, ob in den Korallengärten von Bokissa Bommie oder den Drop-offs (steile Riffabhänge) von Tubana, dem Spielplatz von Walhaien, Mantas und Barrakudaschulen. Espiritu Santo lockt die Taucher an wie das Goldland Eldorado einst die Konquistadoren.

Luganville, ausgedörrt und ausgelaugt von sengender Sonne im Winter, klebrig-nass und stickig im Sommer, ist immer dampfig heiß, denn der Äquator ist nur 1700 Kilometer entfernt. Die Hitze minimiert die Bewegungen der Menschen, die gemächlich durch Straßen schlendern, welche ausschließlich französische Namen tragen. Ich habe den Eindruck, dass selbst Fliegen und Moskitos träger sind als anderswo: Sie lassen sich leichter erwischen. Vielleicht sind sie aber auch nicht an schnelle Bewegungen gewöhnt.

So ruhig war es allerdings nicht immer. Jäh aus dem Dornröschenschlaf gerissen und unliebsam wach geküsst, wurde das frankophone Pflanzerstädtchen im Mai 1942, als die US Army kam, den Ort umkrempelte und dabei nichts mehr ließ, wie es war. Innerhalb weniger Monate verwandelten sich stille Strände und Mangrovengürtel in Docks, Hafenmolen und Kräne, wichen Palmenalleen, Landebahnen, Straßen und Gebäudekomplexen. Es entstand eine gigantische Militärbasis für bis zu 500 000 Armee-Angehörige. Aus dem Nichts schossen vier Hospitäler, Supermärkte, Lagerhallen, Fabriken, Kasernen, ein Radiosender, ein Telefonsystem mit sieben Vermittlungsämtern, Dampfwäschereien, Kirchen, dreiundvierzig Kinos, Casinos, Clubs, Bars und Bordelle – alles, was für die Supermacht Amerika notwendig war, um die Streitkräfte des Tennos aus den Salomonen zu verdrängen, wurde nach Luganville geschafft. Im Segond-Kanal dümpelten oft mehr als hundert Schiffe, und Flugzeuge kreisten in der Luft wie Schwärme zorniger Wespen.

Welten brachen zusammen: die der Japaner, denen man Unbesiegbarkeit, Würde und Kaiserreich nahm, und die bislang intakte Welt der Ni-Vanuatu, die sich plötzlich mit einer nie vorstellbaren Zivilisation, mit Reichtum, Technik und Konsumgütern konfrontiert sah. Kaum hatte man den Kulturschock überwunden und sich an das veränderte Leben gewöhnt, folgte schon die nächste Überraschung. Die Amerikaner verschwanden im September 1945 wieder, nicht ohne alles zu versenken, was fortbewegt werden konnte, Flugzeugmotoren, Generatoren, Fahrzeuge und Baumaschinen, aber auch Lebensmittel sowie Hunderttausende von leeren Coca-Cola-Flaschen, die heute zu begehrten Souvenirs geworden sind. Später nannte man diese Stelle Million Dollar Point. Zurück blieben nur halbrunde Wellblechbaracken und die Erinnerungen an eine wilde, bewegte, schnelllebige Periode, die der Bestsellerautor James A. Michener in seinen Erzählungen »Die Südsee« und »Das gute Leben oder Rückkehr ins Paradies« so wunderbar einfühlsam und eindringlich beschreibt.

Die einheimische Bevölkerung besann sich nun wieder darauf, was sie vor der amerikanischen Hightech-Invasion gemacht hatte. Die Leute kehrten zurück zum Lendenschurz und ihren Traditionen. Sie verfielen wieder in das vertraute Phlegma, in den Rhythmus der langsamen, fließenden Bewegung. So wie es Michener auch bei seiner Rückkehr nach Espiritu Santo schildert:

»… von allen Inseln des Pazifiks hat Santo die für mich tiefgründigsten Eindrücke hinterlassen … und der Grund dafür, dass ich die Insel so liebe, ist ihr zeitlos friedliches Dahindriften.«

»V-Time«, Vanuatu-Zeit, ist die magische Formel für die Langsamkeit: sich Zeit lassen und Zeit nehmen; alles tun – nur nicht ins Schwitzen geraten.

Luganville-Zentrum, Ecke Boulevard Higginson/Cook Street. Ich sitze im Nachmittagsschatten der offenen Markthalle und versuche, eine Frucht mit ähnlich süßem Aroma wie eine Mango zu essen, ohne mich allzu sehr mit Saft zu bekleckern, was nur die lauernden Fliegen anlocken würde. Vor einer Viertelstunde hat mich eine Marktfrau, die zwei riesige pinkfarbene Hibiskusblüten im Kraushaar trug, freundlich angesprochen:

»*Wanem nem blong yu?*« (Wie heißt du?)

Ich habe ihr genauso freundlich geantwortet, auch auf die nächsten Fragen.

»*Yu blong wea? Yu gat hamas yia?*«(Woher kommst du? Wie alt bist du?)

»*Yu ting you likem mi?*«

Ob ich sie lieben würde – das war zu viel. Doch bevor ich schwindeln musste, schlug sie sich vor Lachen auf die prallen Oberschenkel.

»*Yu gud fela. Yu olraet!*«

Und dann schenkte sie mir drei grüne Früchte, die sie, wenn ich mich recht erinnere, *naus* nannte. Sie schmecken ein wenig wie Mango, sind aber nicht so faserig. Probiert habe ich auch schon *mangae*, eine Frucht, von der man nur den nussartigen weißen Kern isst; sein Geschmack erinnert an frische Mandeln.

Von einer roten Laterne angelockt, bummle ich die Rue Bougainville hinunter und bleibe vor einem nichts sagenden, kleinen braunen Haus stehen. Eine rote Laterne strahlt wie eine Verkehrsampel, signalisiert aber keinen Rotlichtdistrikt. Ich stoße neugierig die Türe auf und tappe in einen dunklen Raum. Ich befinde mich in einer der über dreißig offiziellen Kava-Bars der Stadt. Ein paar Männer lungern herum, unterhalten sich leise, rauchen und trinken. Keiner schenkt mir Beachtung. Hinter einem Mini-Tresen steht ein glatzköpfiger, feister Mann. Ich bestelle bei ihm eine mittelgroße Schale Kava, für die ich einhundert Vatu zahle, und hocke mich auf eine der schmalen Bänke, die entlang der Wände aufgereiht sind.

Den zweiten Drink spendieren mir Wally und Mata, zwei nette, kernige Typen. Die dritte Schale ist meine Runde. Nach dem vierten Kava-Trunk muss ich dringend gehen. Mir ist schwindlig. Ich suche den Ausgang, schramme am Türpfosten vorbei und stolpere nach draußen. Dort wende ich mich nach links, zumindest glaube ich das, und versuche, mich so gerade wie möglich zu halten. Doch weniger noch als mein Zickzackgang stört mich die Übelkeit – ich bin einfach *full-drong*.

Unterwegs im Rebellenland

Wally, Mata und ich haben uns zu einer Tour verabredet. Ich zahle Benzin und Essen, dafür hat Wally von seinem Onkel Moli einen Toyota Liteace organisiert. Der schmalbrüstige Minibus, den es in den 80er Jahren auf die Straßen Luganvilles verschlagen hat, rasselt, qualmt und stinkt. Von der ursprünglichen weißen Lackierung ist nicht mehr viel zu sehen, dafür zieren den Wagen Rostflecken, graue Spachtelmasse, Dreck, Staub und Aufkleber wie »Jesus loves you«. Es fehlt die seitliche Schiebetür, was nicht nur den Vorteil hat, dass man leichter ein- und aussteigen kann, sondern auch für eine angenehme Durchlüftung sorgt. Fröhlich scheppert der Auspuff. Als wir losfahren, hinterlassen wir ein schwarzes Dieselwölkchen.

»Der Grog gestern war echt klasse«, schnarrt Wally gut gelaunt, der den Wagen fährt. Mit einer Hand kratzt er seinen Bart, der sein Gesicht einrahmt wie eine verfilzte Fußmatte.

»Verdammt gut, Wally, aber mächtig stark. Ich hatte Probleme, mein Hotel zu finden. Ich kenne das Zeug von Fidschi. Dort kannst du einen Eimer leer trinken und spürst außer einer tauben Zunge nichts.«

»Brother«, mischt sich Mata, der hinten sitzt, ins Gespräch, »das ist doch nur was für Weiber und Pufter (Homosexuelle). Ein echter Ni-Vanuatu würde Fidschi-Kava nie anrühren.«

»Ja, Mata, genau. Unser Kava ist der beste und stärkste der Welt, *nambawan*. Wenn du noch zwei, drei Schalen mehr getrunken hättest, Mann, deine Beine wären weich geworden wie Seegurken.«

Wir holpern über eine staubige Piste durch fruchtbares Plantagenland. Kakaobäume, Kaffeesträucher, Sago- und Kokospalmen säumen den Weg. Dann passieren wir einen turmhohen Banyanbaum, in dessen Krone sich zu den unruhigen Zeiten der Nagriamel-Revolte Späher versteckt hielten, um die Bewegungen der örtlichen Polizei zu beobachten. Etwa vierhundert Meter weiter, auf einer öden Ebene, stoppen wir auf einem sandigen Platz mit rotbrauner Erde, der mit den Überresten eines Stacheldrahts umzäumt ist. Am anderen Ende liegt unter hohen Bäumen das Ziel unseres Ausflugs: Fanafo, ein so genanntes Kastom-Village.

Wally, der gelegentlich als Touristenführer für *Tour Vanuatu* jobbt, parkt den Wagen im Schatten eines Brotfruchtbaums. Man scheint ihn hier gut zu kennen. Drei stämmige bärtige Männer nähern sich uns, nackt bis auf ihren *malmal*. Dieses Lendentuch aus Tapa wird aus der weich geklopften Rinde eines Maulbeerstrauchs hergestellt.

»Fanafo ist *das* Dorf auf Santo! Hier hat eine Rebellion angefangen, die Nagriamel-Bewegung«, erklärt Wally. »Es kostet zweihundert Vatu, wenn du das Dorf betreten willst. Aber glaub mir, es wird dir gefallen.«

Natürlich will ich. Wir gehen zu einer geräumigen Hütte, die aus Bambuswänden und aus einem bis zum Boden gezogenen Dach besteht, das mit Schindeln aus den getrockneten Blättern der *natanguru*, einer Stechpalmenart, gedeckt ist. In ihrem Schatten thront ein alter Mann auf einem Holzklotz und schnitzt eine Schildkröte. Bigman Thomas ist Häuptling des Dorfs und regiert über etwa 150 Untertanen. Die Männer hier tragen alle den T-förmigen Lendenschurz aus Tapa, die Frauen und Mädchen Röcke aus Blättern und Bastfasern. Kinder, und davon gibt es viele, sind so nackt wie die kleinen Schweine, die über den Platz fetzen und mit dürren Kötern Fangen spielen.

Kastom ist das ungeschriebene, aber für jeden bestimmende Gesetz hier. Allen Bewohnern des Dorfes ist es zum Beispiel untersagt, westliche Nahrungs- und Genussmittel zu konsumieren, also Brot,

Reis, Nudeln, Zucker, Käse, Kaffee, aber auch Alkohol und Limonaden sowie Tabak. Ihre Nahrung beziehen die Menschen aus ihren Gärten und aus dem Fluss. Gejagt wird wie im Mittelalter: die Fische mit einem Speer, Tauben, Wildschweine, Flughunde mit Pfeil und Bogen.

Chief Thomas möchte, dass ich ihn und seine Familie fotografiere, und so bauen sich etwa drei Dutzend Männer, Frauen und Kinder vor meiner Kamera auf, schubsen sich kichernd und scherzend in Positur. Zu meiner Verblüffung posieren auch drei Angezogene. Ich frage Wally, warum die drei bekleidet sind.

»Das sind Christen. Es leben ein paar Getaufte im Dorf. Für sie gibt es Ausnahmen.«

»Und was machen die anderen, wenn sie nach Luganville gehen wollen? Ziehen sie sich Hemd und Hose an?«

»Von denen geht niemand nach Luganville, weil der Chief das nicht will. Sie besuchen höchstens Verwandte in anderen Dörfern, in Butmas oder Nambel. Alles, was sie brauchen, haben sie. Was sie nicht haben, brauchen sie nicht.«

Einige Mütter und Kinder aus Chief Thomas' weitläufiger Familie.

Die Philosophie gefällt mir; wie simpel und unkompliziert das Leben doch sein kann.

Allerdings ist es uns nicht gestattet, das ganze Dorf zu besichtigen und zu fotografieren, da es Tabus für Fremde gibt. Und so beschränkt sich unsere Stippvisite auf die zwei Häuser am Rand des rechteckigen Platzes.

Eine flache Anhöhe, einen Speerwurf von Fanafo entfernt, ist unser nächstes Ziel. Bunte Flaggen und Wimpel flattern an langen Bambusstangen im Wind. Sie bilden einen Kreis um ein stattliches Anwesen, einen hölzernen Rundbau, der mitten in einer gepflegten Gartenanlage mit kurz geschorenem Rasen, Krotonhecken, rot blühenden Frangipani-Bäumen und Bougainvilleen in Weiß, Orange und Purpur steht. Hier war der Wohnsitz des verstorbenen Rebellenführers Jimmy Stevens, des Gründers der Nagriamel-Bewegung.

Wally drückt drei Mal auf die Hupe. Daraufhin öffnet sich eine schwere Holztüre und heraus tritt eine sonderbare Gestalt: ein schlaksiger Typ mit schulterlangen, blonden Rastalocken, in die bunte Glasperlen eingeflochten sind. Er trägt eine schwarze Ray-Ban-Sonnenbrille, einen knielangen blaugelben Kaftan, allerlei Halsketten und Lederarmbänder und knöchelhohe Docker-Stiefel ohne Schnürsenkel. Er stellt sich als Frank vor und ist einer der Stevens-Söhne. Für tausend Vatu ist er bereit, uns das Haus zu zeigen.

Was wir drinnen vorfinden, ist eine Art Panoptikum des Lebens: ein Durcheinander aus Gerümpel, muffigen Büchern, Zeitschriftenstapeln, die in schiefe Regale gestopft sind, Kisten, Tischen, Stühlen und einem zerwühlten Bett. In einer Nische ruht ein mächtiger, dunkler Sarg auf Holzböcken. An den Wänden hängen Bilder, Fotografien, vergilbte, von Kakerlaken angefressene Zeitungsausschnitte, ein Poster von Che Guevara, diverse Keulen, Bögen und Pfeile.

»Hier schläft mein Vater, unser großer Anführer und Märtyrer, Moli Jimmy Tupou Putuntun Moses Stevens.« Frank pocht sanft auf den Sargdeckel, über den eine weiße gehäkelte Decke ausgebreitet ist. In einer Vase stehen frische Blumen und einige Blätter.

Frank nimmt zwei der Blätter. »Das sind Reliquien, Symbole unserer Abstammung. Das hier ist *namele,* die gelbe Mutter-Pflanze. Sie vereinigt sich mit der violetten *nagria,* der Vater-Pflanze. Mein geliebter Vater und Chief Buluk haben diese Blätter ausgewählt, weil sie von unseren Vorfahren seit Generationen für Zeremonien verwendet werden. Aus der Verschmelzung der beiden Namen *nagria* und *namele* stammt das Wort Nagriamel. Ihr denkt alle, dass mein Vater ein Spinner war. Aber ich sage euch, er ist der Messias. Er mag gestorben sein, doch sein Geist ist lebendig. Meine elf Brüder und ich, wir haben seine Gedanken in uns, tragen sie weiter auf die anderen Inseln. Ihr werdet es erleben: Nagriamel lebt, gewinnt mit jedem Tag an Kraft und Stärke. Und dieses Mal werden wir siegen. *Venceremos* – es lebe die Revolution!«

Was für ein Sprücheklopfer und Narr, denke ich. Entweder ist dieser Frank total durchgeknallt oder vollgekifft. Doch welcher Revolution hing dieser offensichtlich glühende Verehrer von Castro und Che Guevara eigentlich an?

Die Kokosnuss-Revolte

Jimmy Stevens hatte den Ruf, ein wilder Hund und ein charismatischer Anführer zu sein. Der Ex-Bulldozer-Fahrer mit tonganisch-schottischem Blut in den Adern tötete, um die ultimative Häuptlingswürde zu erhalten, an einem Tag eigenhändig 575 Schweine. In den 70er Jahren hatten er und Freund Chief Buluk mehr als zwanzigtausend Anhänger, die an die verworrenen Ideen der Nagriamel-Bewegung glaubten. Sie planten eine Utopia: einen unabhängigen Staat, eine Art Südsee-Schlaraffenland, frei von Steuern, gesellschaftlichen Zwängen und von westlichen Konsumgütern – und mit freiem Sex für alle.

Finanziert wurden diese Hirngespinste von der *Phoenix Foundation* mit Sitz in Boulder/Colorado. Entlang Santos buchtenreicher Ostküste kaufte die Gesellschaft ausgedehnte Ländereien, die sie parzellieren und an reiche US-Rentner und Pensionäre verkaufen wollte. Eine Art Miami South Beach war geplant, fünfundzwanzigtausend gedruckte Pässe lagen bereit für die neuen Staatsbürger. Was noch fehlte, war der Staat.

Jimmy Stevens leitete eine Petition an die Vereinten Nationen in New York, um Unterstützung für die geplante Autonomie zu bekommen. Die Zeit drängte. Denn der 30. Juli 1980 war als Tag der Unabhängigkeit von Großbritannien und Frankreich festgelegt worden. Nach den Wahlen im November 1979 stand die Vanua'ku Party als Sieger fest; ihr Vorsitzender, der presbyterianische Pastor Walter Lini, sollte neuer Premierminister des unabhängigen Vanuatus werden. Doch mochte er weder Stevens noch dessen Vorlieben für Polygamie und zügellose sexuelle Ausschweifungen.

Jimmy Stevens musste also rasch handeln. Am 27. Mai marschierte er in Luganville ein. Mit wallendem Rauschebart, einer frisch gestärkten Khaki-Uniform und glänzenden Phantasieorden auf der stolz geschwellten Brust führte er einige hundert zu allem entschlossene Männer an, die mit Messern, Äxten, Speeren, Bogen und Pfeilen bewaffnet waren. Schnell waren alle wichtigen Gebäude in Luganville eingenommen. Stevens proklamierte den neuen unabhängigen Staat Vemarana, mit ihm als Präsidenten an der Spitze. Doch die Welt hielt nicht den Atem an, sondern drehte sich weiter wie gewohnt. Man war *amused,* das Medienecho fiel eher bescheiden aus. England und Frankreich entsandten Fallschirmjäger, die allerdings kein Mandat hatten und hilflos Gewehr-bei-Fuß standen, als der Mob begann, Läden zu plündern und Häuser anzuzünden.

Vanuatus junge Regierung bat in ihrer Not Papua-Neuguinea um Hilfe, das sogleich eigene Truppen entsandte. Die Kumul Force landete, schoss – und fragte später. Stevens und seine Berater, darunter einige französische Großgrundbesitzer, wurden am 1. September arretiert. Mit diesem Militärschlag zerplatzten die revolutionären Illusionen wie die Magmablasen des Mount Yasur. Jimmy Stevens erhielt 14 Jahre Freiheitsentzug für seine törichten Aktionen, wurde 1991 amnestiert und starb drei Jahre später in seinem Haus in Fanafo. Mit seinem Tod wurde die Nagriamel-Bewegung unwiderruflich begraben. Nur Monate später verließ der letzte Rest seiner Anhänger das Dorf, das einst Keimzelle des Aufstands war, und zog sich nach Butmas in den Busch zurück, wo sie heute noch devot ihren alten Traditionen gehorchen. Und gelegentlich, wenn der Regen lange und monoton aufs Blätterdach pladdert, träumen sie vom Glanz vergangener Tage.

Champagner-Strand und Schweinebabys

Erst waren wir in Bloody Mary's Bordell, einem halb zerfallenen Schuppen aus Hohlblockziegeln, Holz und Schmiedeeisen, wo sich der letzte Freier mit einer philippinischen Hure vor sechs Jahrzehnten vergnügt hatte. Jetzt liegen wir am Strand von Surunda, mampfen wattiges Weißbrot, Cheddar und Kartoffelchips und trinken lauwarmes Mineralwasser aus einer Zwei-Liter-Plastikflasche. Die Bucht liegt vor uns wie das Gemälde eines Impressionisten. Eine ewig lange Kurve aus feinem gelbem Sand, schmal wie eine Neumondlinie, dehnt sich vor einer perfekten Palmenkulisse aus. Weit draußen im leuchtenden Blau schaukelt ein weißer Katamaran an seiner Ankerkette. Im flirrenden Dunst des Horizonts sind die schemenhaften Umrisse eines hohen Vulkankegels zu erkennen – Ambae, Micheners »Bali Hai«, die Insel des mythischen Gottes Tangaro.

»Da drüben gibt's die hübschesten Mädchen in ganz Vanuatu«, sagt Mata und schnalzt mit der Zunge.

»Warst du mal dort?«, frage ich.

»Nein, aber ich kenn ein paar in Luganville. Die sind von Ambae. Sehen echt klasse aus, Mann.«

Im Unterschied zu Wally, der verheiratet ist und drei Kinder hat, ist Mata Single und »sucht noch«, wie er sagt.

»Mata hängt immer vor dem Cine Hickson rum, dem Kino in der Rue La Pérouse«, scherzt Wally. »Dort quatscht er die Mädchen an. Aber die sind schlau und lassen sich nicht befummeln. Sie fragen erst, ob er genug Vatu für den Brautpreis hat. Stimmt's, Mata?«

»Was geht dich das an? Und außerdem, meine Babys sind bald so weit. Dann habe ich genug Geld.«

»Was für Babys?«, frage ich

»So nennt Mata seine Schweine. Du lernst sie bald kennen.«

Unser Auto dröhnt und scheppert über eine fast schnurgerade Piste aus zerstampftem Korallenkies, die als staubige, weißgraue Linie endlose Weideflächen durchschneidet, auf denen sich tausende Rinder satt und rund fressen, um einmal als Filet Mignon, Steak Madagaskar oder Roastbeef die Leckermäulchen in den Restaurants von Port Vila, Noumea, Osaka oder Sydney zu verwöhnen. Land und Rindviecher gehören japanischen Konzernen oder französischen Plantagen-Gesellschaften.

»Lasst uns baden gehen«, schlägt Wally vor. Gute Idee, denn es ist heiß und staubig. Wir stoppen an einem Gatter, von dem ein Wiesenweg abzweigt. Mata hievt das Holztor auf und schließt es hinter uns. Dreißig Meter weiter steht das nächste Tor. Das »Auf-durch-zu-Spielchen« wiederholt sich noch viermal auf den nächsten zweihundert Metern bis zum Badeplatz im Busch – Shark Bay Blue Hole.

Welch sinnlich schöner Ort: Die Grotte liegt da wie ein schillernder Opal, von einem Kranz uralter Bäume eingefasst. Sonnenflecken tanzen auf der glatten Wasseroberfläche. Das Wasser, ein tiefes, klares, wunderbar kühles Nass und weich wie Seide. Hier herrscht eine Stille wie in einem Zen-Kloster.

»Dies war Doros Geheimnis, ihre Lagune«, flüstert Mata. »Hier hat sie jeden Tag nackt gebadet.«

»Doro? Wer ist Doro?«

Enttäuscht schaut er mich an und schiebt sich das nasse Haar aus dem braunen Gesicht.

»Dorothy Moore, der bekannte Hollywoodstar. Kennst du sie etwa nicht? Groß, blond, lange Beine …«

»Tut mir Leid, ich kenne Jennifer Lopez, Kim Basinger oder Julia Roberts, aber keine Dorothy Moore.«

»Die Amerikanerin war hier während des Kriegs. Truppenbetreuung, tanzen, singen und so«, erklärt Wally.

Wer auch immer Dorothy Moore war, sie hat sich mit absoluter

Sicherheit den herrlichsten Badeplatz ausgesucht, den man sich vorstellen kann. Zahlreiche unterirdische Quellen speisen die zwanzig Meter tiefe Grotte, die etwa einen Durchmesser von dreißig Meter hat. Von diesen »Blue Holes« gibt es einige an der Ostküste Santos.

Doch es soll noch eine Steigerung geben: den Champagne Beach weiter im Norden. Die Küstenstraße kurbelt sich eine bewaldete Hügelkette hinauf und gibt urplötzlich den Blick frei auf eine malerische Bucht, der eine kleine Urwaldinsel vorgelagert ist. Ihr Strand ist so weiß wie Puderzucker und so rein, dass man sich kaum traut, ihn mit Schuhen oder schmutzigen Füßen zu betreten. Das Meerwasser ist eine Komposition aus Blautönen von einer solchen Intensität, dass sie für den Rest des Lebens das Gedächtnis färben. Die einmalige Frische und die Klarheit des Wassers haben dem Strand nicht zu Unrecht seinen Namen gegeben.

»Das kommt von den vielen Bächen und Quellen«, weiß Wally. »Deshalb schmeckt das Wasser auch nicht so salzig.«

Die perfekte Südsee-Idylle hat allerdings einen Nachteil: Sie ist zu schön. Und darum wollen viele sie sehen. Die meisten kommen mit dem Schiff zum Champagner-Strand. Mindestens einmal pro Monat ankert einer dieser schwimmenden weißen All-Inklusive-Luxusliner in der Bucht und schwappt eine Woge ausgelassener Touristen aus Melbourne, Mannheim und Manhatten an den Strand. Bei den Strandpartys herrscht ein Gewimmel wie in Waikiki, Rimini oder am Bondi Beach in Sydney. Sechshundert bis tausend Kreuzfahrer wollen ihren Spaß, für den sie schließlich viel Geld bezahlt haben. Man vergnügt sich an improvisierten Strandbars, schlürft Bier, Wein und bunte Cocktails, drängelt sich um Holzkohlegrills, auf denen fangfrischer Fisch brutzelt, speist an liebevoll mit tropischen Blüten und Blättern dekorierten Tischen, rollt, purzelt und kugelt im flachen Wasser wie die Kullerpfirsiche in einem Sektkelch. An Palmen aufgehängte Lautsprecher beschallen die Bucht mit Samba, Rumba, Dixie und Ententanz. Zieht sich die Gesellschaft schließlich – nun nicht mehr ganz so schwungvoll – zurück in die geordnete Welt klimatisierter Komfortkabinen, kommen die Ni-Vanuatu zum Aufräumen. Sie reinigen das Terrain von den Hinterlassenschaften der weiterreisenden Wohlstandsgesellschaft: aufgeweichte Pappteller, abgenagte Geflügelknochen, Fischskelette, Plastikbesteck, Trinkhalme, Cocktailschirmchen, zerquetschte Bier- und Limonadendosen, leere Filmpackungen, Sonnenmilchtuben, vergessene Badeschlappen, Badehosen, Sportsocken, Sonnenbrillen, Schlüssel, Haarteile und Handtücher. Viel Müll und viel Arbeit, die sich allerdings auch auszahlt: Die Reedereien zahlen den Landeignern für die Nutzung des Strands 200 bis 500 Vatu pro Tourist.

Wir fahren weiter nach Hog Harbor, zehn Autominuten vom Champagner-Strand entfernt. Matas Heimat ist ein schmuckes Dorf mit einer presbyterianischen Kirche, einem Postamt, einer Schule, einem Krämerladen, einer Zapfsäule für Diesel, ein paar rauchenden Kopra-Anlagen und etwa zwei Dutzend flachen Häusern aus Holz oder Ziegel. Der Ort war bis Kriegsende Sitz der britischen Administration auf Santo, jetzt ruht er still im Strom der Zeitlosigkeit.

Matas Zuhause, ein kleines beige verputztes Häuschen mit Wellblechdach und Wassertank unter der Regenrinne, besteht aus einem einzigen, spartanisch möblierten Raum, der Wohn- und Schlafzimmer in einem ist. Küche, Klo und Dusche sind angebaut. Seine Eltern arbeiten gerade im drei Kilometer entfernten Familiengarten, die jüngeren Geschwister sind in der Schule.

In einer tennisplatzgroßen Wiese stehen einige Buschorangen und Pampelmusen. Am Ende der Wiese, im Schatten eines Kerzennussbaums, befinden sich die Schweinekoben. Hier leben Matas »Babys«, drei kolossale schwarzgraue Eber, jeder mit eigenem Pferch, eigenem flachen Fresstrog und eigener Suhle.

»Na«, fragt Mata stolz, »wie findest du sie?«

»Imponierende Burschen. Die sind ja ganz schön groß und bestimmt ziemlich schwer«, antworte ich.

Seine Babys, die bestialisch stinken, kommen zutraulich näher, als Mata sie mit leiser Stimme ruft, und reiben ihre dreckverschmierte Schwarte gegen die Holzplanken. Die oberen Hauer fehlen, die unteren sind kreisförmig gebogen. Mata tätschelt einem der Zweihundert-Kilo-Rambos den Rücken.

»Das ist Joe, mein Liebling. Er ist sechs Jahre alt. Siehst du seine Zähne? Perfekt, oder?«

»Ich finde, sie sehen gut aus. Wieso sind sie so rund?«

»Als er noch klein war, haben wir ihn kastriert mit einer Nylonschnur und ihm wenig später die oberen Eckzähne gezogen.«

»Moment«, unterbreche ich ihn, »wer hat die Zähne gezogen? Ein Tierarzt?«

»Nein, mein Papa, mit einer Zange, nachdem er Joe hypnotisiert hat.«

»Ein Schwein hypnotisiert – und das funktioniert?!«

»Klar, das machen doch alle hier.«

Ich glaube ihm. Es geschehen eben viele sonderbare Dinge in Vanuatu.

»Ja, und dann«, fährt Mata fort, »musst du dich natürlich ständig um dein Schwein kümmern, wie um ein Baby eben. Du musst es mit der Hand füttern und aufpassen, dass es sich nirgendwo stößt und keiner der Eckzähne abbricht. Nach sieben Jahren sind die Zähne schön rund und wertvoll.«

»Wie wertvoll?«

»Na, sagen wir 40 000 bis 50 000 Vatu pro Zahn. Es gibt auch Zähne mit Zweifach-Kreis, die kosten das Doppelte – mindestens. Sie sind sehr, sehr selten und daher besonders wertvoll.«

»Und damit bezahlst du oder dein Vater den Brautpreis?«

»Zum größten Teil, ja. Die restliche Summe legen wir in Form von Taro, Yams, geflochtenen Matten und Körben dazu. Da brauche ich mich nicht drum zu kümmern, das machen meine Eltern«, sagt Mata.

»Und wenn die ausgesuchte Braut dir nach ein paar Jahren nicht mehr gefällt, wenn du dich scheiden lässt?«, bohre ich weiter.

»Dann müssen die Brauteltern und deren Familie alles wieder zurückgeben: Zähne, Taro, Yams, Matten und Körbe. Kein Problem.«

Das klingt ja alles recht einfach und unkompliziert. Wenn die beiden nur wüssten, wie teuer und komplex das Thema Scheidung bei uns in Deutschland ist.

»*Hapi tumas long Vanuatu*« – *happy too much in Vanuatu* –, das ist der Slogan dieser Inselnation. Er bedeutet »glücklich und zufrieden in Vanuatu«. Vielen Dank, Mata, vielen Dank all ihr anderen Ni-Vanuatu. Ich habe viel von euch gelernt.

Die Salomonen –
Inseln im Meer der Zeit

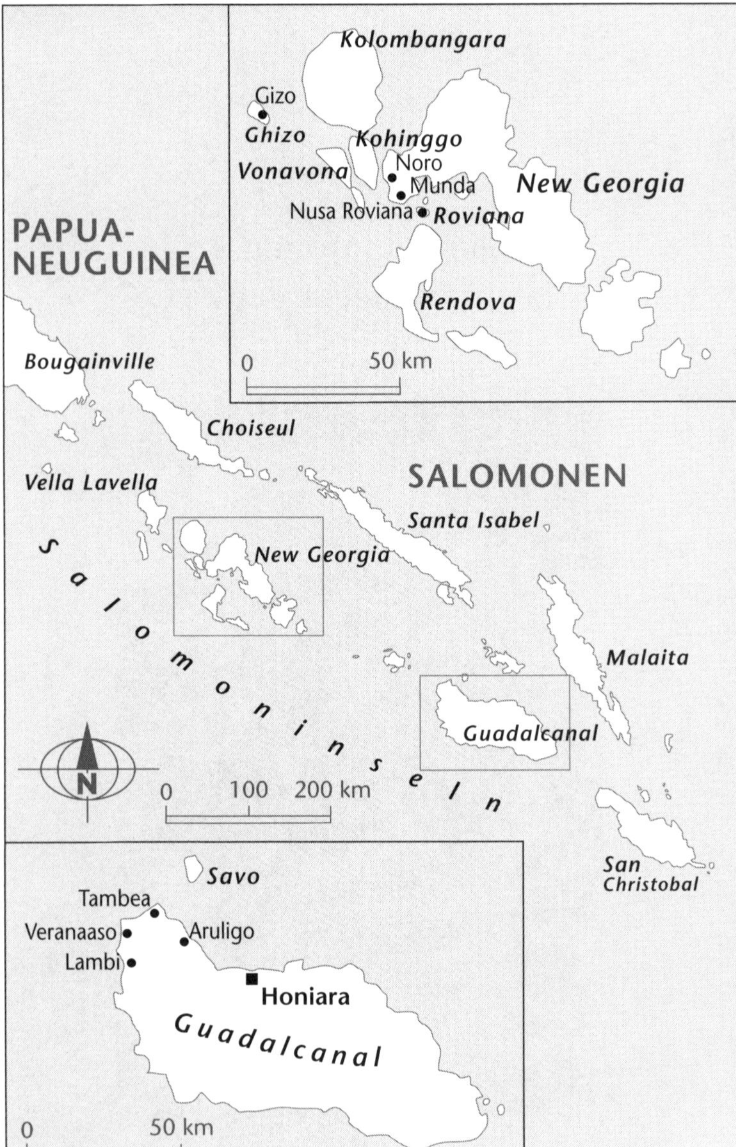
Kolombangara
Gizo
Ghizo
Kohinggo
Noro
Vonavona
Munda
New Georgia
Nusa Roviana
Roviana
PAPUA-
NEUGUINEA
Rendova
Bougainville
0
50 km
Choiseul
SALOMONEN
Vella Lavella
Santa Isabel
New Georgia
Salomoninseln
Malaita
Guadalcanal
N
0
100
200 km
Savo
San
Christobal
Tambea
Veranaaso
Aruligo
Lambi
Honiara
Guadalcanal
0
50 km

Sehnsucht nach dem wahren Leben

Wer reist schon zu den Salomonen? Zu den wildesten, wüstesten Inseln Melanesiens? Dampfender, düsterer Dschungel, malariaverseuchte Mangrovenküsten, Wolken aggressiver Moskitos und Sandfliegen, giftige Schlangen und Spinnen, gefräßige Krokodile und Killer-Haie, monsunartige Regenfälle, Wirbelstürme, Erdbeben, Tsunamis, Stammesfehden, Rebellionen, Entführungen und Schießereien … Und diese Hitze, eine brutale, mörderische Hitze mit schwülen, stickigen Nächten, die keinen Schlaf zulässt.

Diese Beschreibung weckt in der Tat weder Südseesehnsüchte noch Reiselust. Aber gerade das war es, was mich reizte und anstachelte, aus dem wohl geordneten, bürgerlichen Leben auszubrechen. »Salomonen«, der Name allein mutet bereits exotisch, abenteuerlich und aufwühlend an. Eine abgelegene Inselgruppe jenseits der ausgelatschten Pfade, eine nicht existierende Seite im Reisekatalog.

Als ich eines frühen Morgens in der U-Bahn saß und wie jeden Tag nur graue, müde und frustrierte Gesichter hinter den Zeitungen sah, sehnte ich mich nach diesem unberechenbaren Land mit seinem Urwald und seiner Urwüchsigkeit.

Wir kennen den Dschungel aus Filmen wie »Tarzan«, »African Queen« oder »Anaconda«, erinnern uns an den Kinoerfolg »Aguirre, der Zorn Gottes«, jenen dramatischen Film von Werner Herzog mit einem genialen Klaus Kinski in der Rolle des todesverachtenden Konquistadoren-Anführers. Doch was ist das für ein Gefühl, wenn man selbst einem Krokodil gegenübersteht? Oder wenn man in einer Piroge durch eine schillernde Lagune gleitet, die von kräftigen Einheimischen gepaddelt und von einer Schule rautenförmiger Rochen begleitet wird? Klingt der heisere Schrei der Rauchseeschwalbe nicht viel wunderbarer als der Verkehrslärm der Stadt? Wie mag das wohl sein, in einer samtschwarzen Nacht unruhig im Bett zu liegen und nicht einschlafen zu können, während das Laken den Schweiß aufsaugt wie bei einem Fieberkranken, und man auf fremde, unheimliche Geräusche lauscht …

Stattdessen kam ich zu spät ins Büro und zu spät zur Konferenz, sah den Missmut in den Augen des Chefredakteurs und schluckte den Rüffel. Auf den Salomonen dürfte es wohl kaum Problemchen dieser Art geben. Was zählt da schon die Zeit?

Es muss aber noch mehr dran sein an diesen »barbarischen« Inseln: Die Wildheit der Melanesier, die Ängste der europäischen Pflanzer vor den Kopfjägern und Kannibalen, der Horror vor Überfällen, die unberechenbare Natur – all das war scheinbar Balsam für die Zivilisationsmüden, war Inspiration und Musenkuss für Autoren wie Joseph Conrad, Jack London, Somerset Maugham, Robert Louis Stevenson oder James A. Michener. Michener hat in seinem Buch »Die Südsee« einige Geschichten über die Salomonen geschrieben, für die anderen Schriftsteller waren sie oft nur reine Projektionsfläche für ihre Phantasien.

Die Anziehungskraft der Inseln hatte aber auch stets etwas Zwiespältiges. War es nicht Jack London, der schrieb: »Wenn ich König wäre, die grausamste Strafe, die ich mir für meine ärgsten Feinde vorstellen könnte, wäre eine Verbannung auf die Solomon Islands.« So notierte er in sein Reisetagebuch an Bord der *Snark*, und etwas weiter unten revidierte er seine Aussage sogar noch: »König oder nicht, ich glaube, ich hätte nicht das Herz, jemanden dorthin zu verbannen …«

Dennoch: Lieber Schlangen statt Stress, lieber Hitze statt Hektik, lieber Brotfrucht statt Bratkartoffel, entschloss ich für mich – und sehen, wie das wirkliche Leben ist.

Und so bin ich nach Honiara geflogen, der Hauptstadt der Salomonen, die auf der Insel Guadalcanal liegt. Nicht direkt, weil das nicht möglich ist. Wer von Deutschland anreist, muss zuerst nach Nadi/ Fidschi fliegen, den Dreh- und Angelpunkt des Südsee-Flugverkehrs. Dort war mein Weiterflug mit den Solomon Airlines auf einen Samstag festgelegt. Der Flug startete aber erst am Dienstag um 2.00 Uhr Ortszeit. Es war ein Sonderflug für die einheimischen Studenten, die an der University of the South Pacific in Suva immatrikuliert waren und deren Semesterferien gerade begonnen hatten.

Der Ferienanfang wurde ausgiebig gefeiert in der Boeing 737 – mit Musik aus dem Gettoblaster, mit Tanzen, Klatschen und Singen im Mittelgang und auf den Sitzen. Die zukünftige Elite der Nation war bester Stimmung. Coladosen flogen durch die Kabine, begleitet von Schokokeksen, Erdnüssen, Pullovern, Anoraks, Baseballkappen. Es waren vergnügliche zwei Stunden bis zur Landung auf dem Henderson Airport.

Dem Nordostwind zugewandt

Ortszeit 4:10 Uhr. Stockfinstere Nacht. Eine Hitze wie im Backofen. Die vierzig Meter von der Gangway bis zur Ankunftshalle, einer flachen Baracke, reichen, um die Schweißproduktion auf Höchstleistung zu puschen. Mit einer stoischen Gelassenheit prüfen die Beamten von Zoll, Einwanderungs- und Gesundheitsbehörde Pässe und Gepäck. Eine schmale Holztür öffnet sich nach draußen. Hier, im fahlen Licht zweier Neonröhren, warten zwischen unzähligen tiefen Regenpfützen dunkle, in Anoraks und Umhänge verhüllte Gestalten auf die ankommende Studentenschar. Auf mich wartet niemand, und so stehe ich schwitzend, müde und recht verloren in der Gegend herum.

»Welcome to the Solomons!«

Eine dröhnende Stimme lässt mich zusammenzucken. Eine bullige Gestalt baut sich neben mir auf, packt meine Reisetasche und schleppt sie zu einem Uralt-Taxi. Ich trotte hinterher wie ein folgsamer Hund, werfe meine übrigen Sachen in die geöffnete Heckklappe und lasse mich leblos auf den Beifahrersitz plumpsen.

»Where do you wanna go, Mister?«

»Nach Honiara, in irgendein Hotel.«

Der Typ nickt, startet den Motor, schiebt sich eine Betelnuss in den Mund und lässt seine Kiefer krachen. Blindflug durch die Nacht. Es regnet, die Scheibenwischer quietschen. Mein Fahrer kurbelt das Lenkrad immer wieder ruckartig herum, wahrscheinlich um Schlaglöchern auszuweichen. Außer Schmatzen und Spucken nur Schweigen. Nach etwa zwanzig Minuten tauchen ein paar Lichter auf, wenig später stoppt der Wagen an der überdachten Auffahrt des

Hotels »King Salomon«. Der Fahrer stellt mein Gepäck vor die Rezeption. Ich frage einen verschlafenen Portier nach einem Zimmer. Er nickt und versichert auf meine Frage, dass er auch das Taxi bezahlen wird. Mir ist alles recht. Ich habe nur einen Wunsch: ein Bett, ein kühles, ruhiges Bett in irgendeinem ruhigen Zimmer.

Der Name der Hauptstadt, die einen Staat mit knapp 1000 Inseln und rund 400 000 Einwohnern verwaltet, klingt eigentlich recht hübsch: Honiara bedeutet in dem an diesem Küstenabschnitt Guadalcanals gesprochenen Dialekt so viel wie »dem Nordostwind zugewandt«. Honiara ist aber alles andere als hübsch. Im Gegenteil, die Stadt ist schmutzig, verwahrlost, laut und stinkig. Aus dem Sammelsurium ausdrucksloser Zweckbauten, Supermärkte, Schnellrestaurants, Eisenwarenhandlungen, Wettbüros, zweier Apotheken, Post, Souvenirläden, Kirchen diverser Religionsgemeinschaften und einem Internet-Café ragen eine Handvoll mehrgeschossiger Betonklötze, in denen Banken, Botschaften und Behörden untergebracht sind. Drei Hotels, zwei Pensionen für Rucksacktouristen, sieben Kinos, ein paar so genannte »Custom-Dance«-Hallen, Bars, Discos und Marktstände, alle nach dem Zufallsprinzip entlang der beiden Verkehrsadern Mendana Avenue und Hibiscus Avenue verstreut, ergänzen das städtebauliche Kuddelmuddel. In den verschlammten Nebenstraßen spiegeln sich in den braunen Pfützen des letzten Platzregens überquellende Müllkübel, aufgeweichte Pappschachteln, zerschlagene Flaschen und Haufen leerer Getränke- und Konservendosen.

Parallel zur zwölf Kilometer langen Mendana Avenue liegt der Ozean mit Hafen und Tankanlagen. Die Hügelketten der Kolaa und Koloale Ridge am Stadtrand sind überzogen mit Hunderten von Bretterbuden, Bambushütten und Wellblechverschlägen, welche an die Shanty Towns von Soweto oder die Favelas von Rio de Janeiro erinnern. Dies ist die Heimat für mehr als vierzigtausend Melanesier jeglicher Couleur, die von den umliegenden Inseln hierher geströmt sind, um Glück und Geld zu machen.

Ich befinde mich an der Mud Alley Street, Ecke Mendana. Es ist

Mittagszeit. Ein nicht endender Strom japanischer Minibusse, überladener Pick-ups, verdreckter Trucks, Bulldozer und qualmender, hupender, rollender Autowracks rollt an mir vorbei. Ich warte fast fünfzehn Minuten, bis sich eine Lücke auftut, die breit genug ist, um auf die andere Straßenseite zu sprinten. Zwischen der »Garden Fast Food Bar«, der »Hot Bread Kitchen« und der Central Bank pulsiert das Leben. Hier trifft sich die Szene: Junge Typen, barfüßig, in zerfetzten Jeans, bunten T-Shirts, mit verspiegelten Sonnenbrillen und Gettoblastern auf der Schulter, aus denen Hip-Hop und Reggae dröhnt, lungern vor Billardhallen, Musik-Shops und billigen chinesischen Läden herum, raven cool und locker, palavern, trinken Cola, rauchen Marlboro, kauen Betelnuss und spucken ihren rot verfärbten Speichel auf die staubigen Gehsteige. Sie kommen von vielen Inseln und sind voller Hoffnung, in der Salomonen-Metropole etwas zu erleben und durch Bingo und andere kleine Glücksspiele ein bisschen Geld zu machen.

Ich bummle die Mendana Avenue westwärts und genieße die leichte Brise, die von der nahen Meerenge zwischen Guadalcanal und den Florida Islands, dem so genannten Iron Bottom Sound, herüberweht. In Rove, einer Art Vorort von Honiara, ist Markt – eine Orgie von Farben, Früchten, Fisch, Gemüse und Menschen unter pink und gelb blühenden Kasuarinen. Frauen mit grafisch angeordneten Gesichtsnarben sitzen unter rotblauen Regenschirmen, umgeben von Erdnussbündeln, korkenförmigen Schlangengurken, violetten Süßkartoffeln und purpurroten Buschäpfeln. Andere verkaufen Pak Choi (Chinakohl), essbare Farne, Yams, Kokosnüsse, Melonen, Papayas, Auberginen und bergeweise grüngelbe Betelnüsse. Bärtige Fischer bieten Barben, Papageienfische und Red Snapper feil. Was mich jedoch am meisten fasziniert, sind die meterlangen Muschelschnüre und die Ketten aus kleinen spitzen Zähnen, die zwischen den Bäumen an Holzstangen aufgehängt sind.

»Mista, you buy? You want one?«, fragt mich in gebrochenem Englisch eine alte Frau mit Haaren, die so grau und widerborstig wie Stahlwolle sind.

»Was sind das für Zähne?«, will ich von ihr wissen.

»Das sind Delphinzähne«, sagt sie, »Gut für Brautkauf.«

Neben mir begutachtet ein junger Typ einige der weißbraunen Muschelschnüre, wiegt sie in den Händen, als wollte er Gewicht und Qualität prüfen. Er trägt eine verwaschene Baseballkappe, eine weiße Jogginghose und ein schwarzes sackartiges Baumwollhemd. Um seinen Hals hängt eine geflochtene Basttasche. Ich schaue ihn an, er schaut mich an und grinst.

»Willst du eine Braut kaufen?«

»Was, ich? Eine Braut kaufen? Nein.«

»Oh, ich dachte. Die Kette aus Delphinzähnen wäre ein guter Preis«, sagt der Typ.

Er erzählt mir, dass er Fred Tika heißt, 26 Jahre alt ist und aus Malaita, der Nachbarinsel Guadalcanals, stammt. Zwei Jahre lang hat er in einer Brauerei, der *Solomon Breweries Ltd.*, als Flaschenspüler gearbeitet und jetzt genug Geld gespart, um für etwa fünfhundert Salomonen-Dollar Muschelketten zu kaufen, die er auf seiner Heimatinsel Malaita in eine Braut investieren möchte.

»Wieso nimmst du keine Frau von hier?«, frage ich neugierig.

»Die sind nicht so gut. Malaita-Frauen sind besser. Sie sind treu und haben schöne Tätowierungen auf der Stirn. Sie arbeiten gut. Und sie sind fruchtbar und gebären dir kräftige gesunde Kinder, viele, viele Kinder.«

Na, wenn das nicht überzeugt. Ich wünsche ihm viel Glück.

Die Salomoner lieben Kinder, je mehr desto besser. Fünf bis sechs gelten als normal. Die Fortpflanzungsrate der Bevölkerung liegt mit zurzeit etwa 3,5 Prozent pro Jahr enorm hoch. Damit rangiert die Inselgruppe im weltweiten Vergleich unter den Top Ten. Das rapide Wachstum – in den letzten dreißig Jahren hat sich die Bevölkerung auf fünfhunderttausend Einwohner verdreifacht – resultiert auch aus einer höheren Lebenserwartung dank einer verbesserten Gesundheitsvorsorge und der damit verbundenen geringeren Säuglingssterbequote. Etwa sechzig Prozent der Bevölkerung sind unter 21 Jahre alt.

Den besten Blick auf die mäandernde Stadt hat man von der Betonterrasse des kreisrunden Parlamentsgebäudes, einem Geschenk der US-Regierung. Wie ein versteinertes UFO klebt es auf einer grünen Hügelkuppe. Ein Lehrer führt eine Schulklasse zur hüfthohen Bruchsteinmauer, die die Terrasse begrenzt. Die etwa zwei Dutzend zehn- bis zwölfjährigen Kinder in ihren adretten blauweißen Schuluniformen scharen sich ruhig und diszipliniert um ihren Klassenlehrer und lauschen seinen Ausführungen. Ich trete näher, um mitzuhören, was er den Kindern erzählt. Er spricht Englisch und nicht die nationale Umgangssprache Tok Pidgin oder »Pijin Blong Solomon«, wie sie auf Tok Pidgin heißt.

»Dort unten«, der Lehrer deutet auf den Hafen, »sind die spanischen Entdecker gelandet. Fast vierhundert Jahre später kamen die Japaner und besetzten die Inseln. Sie wurden 1943 von der US-Armee zurückgedrängt. Unsere alte Hauptstadt Tulagi auf Florida Islands war durch Bomben zerstört. Da entschloss sich die britische Administration, aus den von den Amerikanern gebauten Bunkern, Wellblechschuppen, Lagerhallen, Behelfskasernen, Reparaturwerften und einem mobilen Militärhospital eine neue Hauptstadt zu gründen – Honiara. Und wenn ihr da rüber schaut,« – alle Augen schwenken nach Osten – »wo die Brücke über den Mataniko River führt, könnt ihr noch einige der Wellblechbaracken sehen …«

Während die Schulklasse zum Eingangsportal des Parlamentsgebäudes weitergeht und der Lehrer den Kindern die Bedeutung des klotzigen Nationalemblems erklärt, in dem sich ein Hai und ein Krokodil ineinander verbeißen, stoppe ich ein Taxi und gebe dem Fahrer zu verstehen, mich zum Point Cruz zu fahren. Die Seebrise, die oben auf der Parlamentsterrasse wehte, hatte meine durchschwitzte Kleidung gut getrocknet. Warum also die fünfhundert Meter bis zum Hafen zu Fuß gehen, nur um erneut in Schweiß zu baden?

Point Cruz, Nachmittag. Hier also sind sie an Land gegangen, die Spanier. Am 9. April 1568 hatte ein Matrose im Ausguck der *Santiago*, einer Brigantine, die von den Spaniern auf der bereits entdeckten Insel Santa Ysabel zur Erkundung der flachen Gewässer gebaut wurde, eine unbekannte Küste gesichtet. Quartiermeister Pedro de Ortega gab der Insel in Erinnerung an seine Heimatstadt den Namen Guadalcanal, mit dem Einverständnis seines Vorgesetzten und Anführers der Expedition, des Galiziers Don Alvaro de Mendana y Neya, einem Neffen des Vizekönigs von Peru. Als am 12. Mai die beiden Galeonen *Todos Santos* und *Los Reyes* in einer weiten Bucht ankerten, landete de Mendana, ganz im Stil eines großen Eroberers, mit einer Abordnung Matrosen und Seesoldaten auf der kleinen Halbinsel Kua. Er ließ ein Holzkreuz errichten, das Te Deum singen und proklamierte alles Land zum Besitz König Philipp II. von Spanien. Doch wie schon zuvor auf Santa Ysabel, San Christobal, Malaita, Rennel und Choiseul fanden die Spanier auch hier nicht die sagenhaften Goldschätze von Nina und Ava Chumbi, von denen der Inka-Herrscher Tupac Yupanqui berichtet hatte. Enttäuscht, von Hunger, Skorbut, Malaria und Kämpfen mit den Kannibalen dezimiert, segelten sie wieder ab. Die entdeckten Inseln versanken für zweihundert Jahre in Vergessenheit.

Das Kreuz ist längst verschwunden, aber es muss dort gestanden haben, wo heute die öffentliche Latrine steht, links von den Kaianlagen, auf denen sich jetzt ölverschmierte Fässer und rostige Container stapeln.

Ich mag Häfen, denn da gibt es immer was zu sehen. Die hier am Point Cruz vertäuten Dampfer werden bepackt mit Lasten: Säcke voll Reis, Mehl, Zucker, Milchpulver und Zement, Paletten mit Dosenbier, Cornedbeef, Sojaöl, Baustahl, Maschinenteilen, Kerosinlampen und bunten Plastikbehältern, all die Kostbarkeiten, die auf den Inseln draußen bereits sehnsüchtig erwartet werden. Ist alles verstaut, gestapelt und verlascht, gehen die Passagiere an Bord und okkupieren die letzten noch freien Plätze auf dem Vorschiff. Ein munter lärmendes Durcheinander aus Menschen, Schweinen, Hunden und Hühnern. Es grenzt an ein Wunder, dass die total überfüllten und überladenen Dampfer überhaupt noch schwimmfähig sind.

Wie sollen diese Seelenverkäufer jemals ihre Ziele, die abgelegenen Inseln des Archipels erreichen? Bereits beim leichtesten Sturm könnte die Reise zum tödlichen Fiasko werden.

Aber mir gefällt der marode Hafen, seine Atmosphäre, mir gefällt auch die Heiterkeit der Melanesier und ihr ansteckendes Lachen. Gerne würde ich mit an Bord sein, wenn die Boote auslaufen zu den Heimatinseln dieser unbekümmerten Menschen.

Das Lachen vergeht mir wieder, als ich im »Honiara Hotel« einchecke, das am Rand der Chinatown liegt. Das einzig Gute an diesem gesichtslosen Kasten ist der Preis: dreimal niedriger als mein Zimmer im »King Salomon Hotel«.

Zimmer 331 im ersten Stock ist ein Einzelzimmer, das ich mit einer Delegation streichholzschachtelgroßer Kakerlaken teile. Aber gemessen an dem Komfort, der sonst auf der Insel üblich ist, sollte ich mich nicht beklagen. Und so versuche ich, die Mängel nicht zu beachten: Das Bett zieren zerrissene Kissen, eine sandsackharte Matratze und durchsichtige, löchrige Laken. Unmittelbar neben dem rechten Ohr brummt eine defekte Klimaanlage; die Luft ist muffig und abgestanden. Die Nasszelle strahlt alles andere als Luxus aus. Der aufgebrochene, fleckige PVC-Boden hat breite Risse. Ein schmalbrüstiger vermoderter Kleiderschrank, ein zerbrochener Stuhl und ein vergittertes Fenster, durch das man nur mit Mühe die aufgeschlagene Gideon-Bibel, die ich im Schrank entdeckte, hätte schieben können, runden den Eindruck ab. Kurzum – eine Knastzelle dürfte kaum komfortabler sein. Aber ich soll ja hier nicht wohnen, sondern nur schlafen. Je länger ich darüber nachdenke, umso mehr komme ich zu dem Schluss, dass das neun Quadratmeter messende Zimmer so schlecht auch wieder nicht ist.

Wie das Bett, so war auch die Nacht – stickig, kurz und laut. Passend zum Zimmer ist das Frühstück – der Tee ein homöopathischer Aufguss, das Melonen-Sechsundfünfzigstel unreif, die vier Papaya-Würfel faulig, die Scheibe Toastbrot verbrannt, die salzige Butter zerronnen. Aber die australische Marmelade im Zehn-Gramm-Portionspack, die war wirklich klasse. Schmeckte richtig nach Aprikose.

Wenn du in Rom bist, benimm dich wie ein Römer ... Und so mache ich es wie die Salomonen-Bewohner und esse in Chinatown. Ich sitze an der Chung Wah Road auf gefegten Holzdielen, direkt vor dem »Yee Bing Store«, in dem es frische Weizenmehlbrötchen gibt, die man herrlich mit Dosenthunfisch ausstopfen kann. Es schmeckt gut! Dazu trinke ich mit dem Strohhalm Kokosnussmilch direkt aus der aufgeschlagenen Nuss. Wie fast alles hier kostet das fast nichts.

Rechts und links der vierhundert Meter langen Chung Wah Road reihen sich farbenprächtige Holzhäuser mit überdachten Veranden und hölzernen Gehsteigen, die, wenn die chinesischen Schriftzeichen nicht wären, eine tolle Kulisse für einen Western abgeben würden. Ein Ladenschlussgesetz gibt es nicht, hier hat alles sieben Tage pro Woche nahezu rund um die Uhr geöffnet, und so brauchen sich die geschäftstüchtigen Asiaten über mangelnde Kundschaft nicht zu beklagen. Sie verkaufen den Einheimischen alles: Kautabak und Kerosin (für die Sturmlaternen), Porzellanschüsseln, Zinkeimer, Mountainbikes »Made in Sichuan«, süßen gefrorenen Fruchtsaft, der aus Plastikhülsen gesaugt wird, Gummistiefel, Angelhaken, Milchpulver, SolBrew, das lokale Bier, Kettensägen, Aspirin, Zweitakt-Motoröl, Lollis und Moskito-Spiralen.

Wenn man satt und zufrieden ist, sieht die Welt immer rosig aus. Da erscheinen selbst die Höhenzüge rund um den Mount Austin strahlend schön, obwohl dort einige der grausamsten und blutigsten Schlachten des Pazifikkriegs zwischen Amerikanern und Japanern stattgefunden haben. Die Bombenkrater sind inzwischen überwuchert von dichter Vegetation. Aber ein paar verrottete Panzerwracks, Geschützrohre und die im Busch verstreuten Teile abgestürzter Kampfflugzeuge zeugen noch stumm von diesem sinnlosen Gemetzel.

Mehr aus Neugier als aus Interesse an dieser Art Zweiter-Weltkrieg-Tourismus bin ich mit einem Taxi von Chinatown die Mount Austin Road hinauf gefahren und stehe nun vor einer rötlich schwarzen Granitplatte im Solomon Memorial Park, in der die

Namen der Kriegsopfer eingraviert sind. Ich bin nicht allein. Bestimmt dreißig, vierzig weiß gekleidete Senioren, fast alle aktive Kriegsteilnehmer aus Japan, Australien, Neuseeland und den USA, fotografieren sich gegenseitig vor Gedenktafeln, schauen lange schweigend über die Hügelketten und Täler und rufen sich in Erinnerung, wie das war, damals vor sechzig Jahren …

Krieg im Meer der Stille – die Schlacht um Guadalcanal

Über Jahrtausende waren die Salomonen eine isolierte, relativ friedliche Welt, von Stammesfehden und Kopfjägerexpeditionen einmal abgesehen. Das änderte sich schlagartig, als die Soldaten des Tenno am 6. Juni 1942 im Zuge des japanischen Größenwahns das Sonnenbanner auf der größten Insel Guadalcanal hissten. Koreanische Bautrupps begannen sogleich, in der Nähe von Lugga Point einen Luftstützpunkt anzulegen, von wo aus die geplanten Angriffe gegen Ziele in Australien geflogen werden sollten.

Die USA nahmen diese Bedrohung ernst und reagierten augenblicklich darauf. Am 7. August 1942 und den folgenden Tagen landeten General Vandegrift und 19 000 Marines am Red Beach. Die Amerikaner eroberten in einem erbitterten Gefecht die halbfertige Landepiste und begannen – trotz heftigen japanischen Bombardements – mit dem weiteren Ausbau des Henderson Airfields, so benannt nach einem gefallenen Bomberpiloten.

Für die Generäle in Tokio war Guadalcanal eine extrem wichtige Schlüsselposition, weshalb man die Insel unbedingt zurückerobern wollte. Am Cape Espérance, etwa fünfzig Kilometer westlich der heutigen Hauptstadt Honiara, konnte nach einer japanischen Gegenoffensive erfolgreich ein Brückenkopf gebildet und ausgebaut werden. Für Mitte Oktober hatte das Oberkommando die Entscheidungsschlacht festgelegt. Dreißigtausend Elitesoldaten, abgezogen aus dem bereits eroberten Rabaul, wurden in Bewegung gesetzt und kämpften sich mit schwerem Material durch dichten Dschungel langsam gegen Henderson Airfield vor. Von See her sollte Admiral Tanaka mit seiner Flotte die Landeoperation unterstützen.

Das Unternehmen wurde ein Debakel. Dezimiert von Fieber, Malaria, Hunger und Entbehrungen, erlitten die Japaner in Bloody Ridge, Sea Horse Ridge, Edson Raiders und Hell's Point vernichtende Niederlagen. Die noch ausstehende Seeschlacht sollte zum tödlichen Finale werden. Am Freitag, den 13. November, trafen Tanakas Großkampfschiffe auf dreizehn US-Zerstörer und Kreuzer. Drei Tage tobte die Schlacht unter dem Donner der Geschützrohre. Sie endete mit einem Pyrrhussieg für die USA und ihre Alliierten. Beide Seiten beklagten enorme Verluste an Menschen und Material. Auf Guadalcanal festigten die »Ledernacken« und die US Air Force immer weiter ihre Positionen und rückten – ständig auf eine erneute japanische Gegenoffensive vorbereitet – allmählich gegen den Brückenkopf am Cape Espérance vor.

Doch die Japaner hatten nichts mehr entgegenzusetzen. Ihre Truppen und Flottenverbände waren anderswo in Kämpfe verwickelt. Unter absoluter Geheimhaltung sollten Ende Januar 1943 in einer nächtlichen Aktion die verbliebenen dreizehntausend tapferen, halbverhungerten Söhne Nippons abgezogen werden. Im Schutz der Dunkelheit warteten sie auf dem zweihundert Meter hohen Pupuraka Hill auf ihre Evakuierung. Am 8. Februar leistete kein einziger japanischer Soldat mehr Widerstand. Die Insel war endgültig in der Hand der US-Army.

Schrecklich die Bilanz: In den insgesamt sechs Seeschlachten gingen 67 Kriegsschiffe und Truppentransporter verloren. Über siebentausend Gefallene gab es auf Seiten der Amerikaner. Viel schlimmer aber waren die japanischen Verluste: vierundzwanzigtausend Tote, davon ein Drittel durch Malaria, Sumpffieber, Hunger und Verwundungen; fünfzehntausend starben bei den Seegefechten. Mehr als achthundert japanische Flugzeuge wurden zerstört, zweitausendvierhundert Piloten, Navigatoren und Bordschützen blieben verschollen.

Mit der Eroberung Guadalcanals durch die Streitkräfte der US-Army starb endgültig der Mythos von der Unbesiegbarkeit der

Kämpfer aus dem Land der aufgehenden Sonne. Das war der Anfang vom Ende des kaiserlichen Großreichs.

Heute erinnern Gedenktafeln und Granit-Obeliske im Solomon Peace Memorial Park am Mount Austin an die schlimmen Geschehnisse der »Battle of Guadalcanal«, und Tausende von Kriegsveteranen pilgern jedes Jahr hierher, um ihren gefallenen Kameraden, Freunden und Verwandten die letzte Ehre zu erweisen.

Die Szene mit den Veteranen, die sich jetzt vor mir abspielt, wirkt deprimierend auf mich. Gebrochene Männer, die ihrer Jugend beraubt worden sind, schluchzen und weinen beim Anblick der Gedenktafeln wie kleine Kinder. Richtig abstoßend aber finde ich, dass manche herkommen, um in Kanzeln abgeschossener Mustang-Jäger zu klettern oder vor Panzerwracks zu posieren, wo sie dümmlich lächelnd das Victory-Zeichen machen und sich von Frau oder Freundin fürs Familienalbum knipsen lassen.

Aus diesem Grund stoppe ich auch nur kurz in Vilu, wo in einem kleinen Park Kriegsrelikte zu besichtigen sind: rostige Maschinengewehre, Flammenwerfer, Geschosshülsen, Flugabwehrkanonen und Kamikaze-Flieger.

Wie viel friedlicher und faszinierender verläuft hingegen mein nächster Trip: ein Besuch auf einer Muschelfarm des Instituts ICLARM in Aruligo, die nur fünf Kilometer vom Vilu-Kriegsmuseum entfernt und rund achtundzwanzig Kilometer westlich der Hauptstadt Honiara an der Nordküste Guadalcanals liegt. Dort habe ich das Glück, Max Jino, einen 35 Jahre alten wissenschaftlichen Mitarbeiter des Instituts zu treffen. Es ist halb elf und ein wunderbarer, sonniger Vormittag. Nur wenige Besucher lassen sich heute blicken, und so hat Max Zeit, mich durch die Farm zu führen und mir die Arbeit des Instituts zu erklären.

Die Rückkehr der Riesenmuschel

Die von Tauchern so gern als Mördermuschel bezeichnete Riesenmuschel *Tridacna gigas* trägt ihren Namen zu Unrecht. Ganz im Gegenteil handelt es sich um eine stille, sanfte Schönheit, die selbst gefährdet ist. In den letzten Jahrzehnten ist die Bewohnerin der bunt schillernden Korallengärten im indo-pazifischen Ozean, wo sie oft ein Alter von über fünfzig Jahren und die Dimension eines Kinderplanschbeckens erreichen kann, jedenfalls immer seltener geworden.

Damit diese bedrohte Tierart nicht völlig aus den Gewässern der Salomonsee verschwindet, etablierte die internationale wissenschaftliche Organisation ICLARM (International Center for Living Aquatic Resources Management) mit Hauptsitz in Manila im Juli 1987 in Aruligo das Coastal Aquaculture Centre (CAC), eine Muschelaufzuchtsfarm.

Auf dem fünf Hektar großen Areal geschehen erstaunliche Dinge: In runden Betonbecken, die durch aufgespannte feinmaschige Kunststoffnetze vor der gleißenden Sonne geschützt werden, wird nach einem ausgeklügelten System der Laich ausgesuchter Riesenmuscheln in planktonreiches Meerwasser gepumpt. Die für das menschliche Auge kaum sichtbaren Larven benötigen etwa eine Woche, um in einer Art Metamorphose allmählich Kiemen zu entwickeln und auf den Boden der Bassins abzusinken. Sieben Monate später haben sie eine Größe von zwei bis drei Zentimetern erreicht und geben kleine, bereits vollständig entwickelte Miniatur-Exemplare der *Tridacna* ab, mit leuchtenden, irisierenden Farbschattierungen am Schalenrand. In diesem Wachstumsstadium können die Mollusken bereits in simplen Maschendrahtkäfigen im flachen Wasser einer Lagune oder in geschützten Buchten versenkt werden. Für ihr weiteres Wachstum benötigen sie Plankton sowie die organischen Ausscheidungen der Zooxanthellae, einer winzigen, am Mantelrand der Muscheln haftenden Algenart, die auch die Buntfärbung erzeugt.

Die Riesenmuschel ist eine begehrte, teure Delikatesse und landet als Sashimi oder als Suppeneinlage in Südostasien, Europa oder Amerika auf dem Tisch. Doch bis sie »geerntet« werden kann, braucht sie achtzehn bis zwanzig Jahre; sie hat dann einen Durchmesser von fünfzehn bis zwanzig Zentimeter.

Das Coastal Aquaculture Centre züchtet und kultiviert die Riesenmuschel jedoch nicht überwiegend für den Verzehr. Vielmehr wandern die meisten Exemplare in von der salomonischen Regierung geförderte Dorfkooperativen, wo sie in autarken Unterwasserfarmen weiter heranwachsen. Über vierzig Muschelfarmen verteilten sich über den ganzen Salomonen-Archipel. Hier werden sie zu ihrer eigentlichen Bestimmung weiter herangezüchtet: Mit vier Jahren haben die Muscheln die ideale Größe für Aquarienfreunde aus aller Welt. Allein mehr als achttausend Lebend-Exemplare werden jährlich per Luftfracht nach Deutschland versandt. Für die Hobby-Fischhalter gibt es keine einfacheren, schöneren und pflegeleichteren Biofilter als die verschiedenen Arten der Riesenmuschel, die *Tridacna crecera, Tridacna maxima, Tridacna derasa, Tridacna gigas, Tridacna squamosa* oder die *Hippopus hippopus.*

Mitarbeiter und Wissenschaftler des CAC konsultieren regelmäßig die Kooperativen, wobei sie Aufzucht, artgerechte Haltung und Ausbreitung der Tiere überprüfen und die Dorfbewohner im Umgang mit den Wasserkulturen schulen. Eine weitere Initiative des Instituts kümmert sich um den Export von Muschelkulturen in die benachbarten Inselstaaten Fidschi, Samoa, Tonga und die Philippinen. In deren Riffe waren die Populationen der Riesenmuschel nahezu ausgerottet, weil chinesische Aufkäufer den einheimischen Fischern und Tauchern bis zu hundert US-Dollar pro Kilogramm Muschelfleisch zahlen. Inzwischen konnte die *Tridacna* hier jedoch erfolgreich wieder angesiedelt werden.

Muschelsammler finden im Ausstellungsraum des CAC jede Menge käuflicher Exponate. Handtellergroße Schalen gibt es bereits für fünf Salomonen-Dollar.

»Magst du nicht eine von denen dort mitnehmen?«, fragt mich Max Jino nach Abschluss des Rundgangs und deutet auf ein paar zentnerschwere Prachtexemplare im Waschbeckenformat.

»Wie teuer sind die denn?«, frage ich zurück.

»Für dich hundertsiebzig Dollar«, antwortet Max lachend. »Dafür organisieren wir aber auch Transport und Verschiffung – egal wohin!«

Ich winke ab und verabschiede mich.

Mit meinem Leihwagen, dem billigsten, den ich beim Autoverleih in Honiara auftreiben konnte, fahre ich weiter Richtung Westen zum Cape Espérance, benannt nach einem der beiden Schiffe der D'Entrecasteaux-Expedition von 1793. Der von Palmen gesäumte flache Ausläufer des Pupuraka Hills war der Ort, an dem die Japaner, wie bereits erwähnt, im Zweiten Weltkrieg ihre unglückselige Gegenoffensive gestartet hatten.

An einem schmalen Strand parke ich im Schatten einiger Kasuarinen. Zwei ältere Frauen sitzen auf umgestülpten Eimern und grillen auf einem offenen Feuer Fischstücke und Maniok.

»*Mista, iu laekem fis? Gud fis nambawan.*«

Die Frau mit dem breiten, karminroten Mund spricht mich in Pidgin an. Sie will mir – so viel verstehe ich – ihren Grillfisch anbieten.

»*Haomas?*« – Wie viel?, frage ich sie.

»*Faev dola*!« Sie zeigt mir fünf Finger.

Ich gebe ihr fünf Dollar, woraufhin sie mir eine Portion Fisch und Maniok auf einem Stück Bananenblatt reicht, die ich sofort hungrig hinunterschlinge. Beide Frauen schauen mir interessiert zu. Die Hagere, in einem ausgebleichten, blauen Sackkleid, trägt einige Ketten aus Delphinzähnen um den Hals. Das ist, wie sie mir erklärt, ihr Brautpreis. Natürlich ist die Unterhaltung mühsam, ein Mix aus

Pidgin, Englisch und Gesten. Aber ich erfahre, dass die Leute aus ihrem Dorf, wenn sie die Erde ihrer Gärten umgraben, um Maniok, Taro oder Yamswurzel zu pflanzen, noch immer auf Knochen und Schädel japanischer Soldaten stoßen, die man bei der Evakuierung im Februar 1943 verwundet zurückließ, und die in ihrer Verzweiflung Harakiri verübten.

Nur wenige Kilometer weiter endet die mit Schlaglöchern gespickte Straße an der Lambi Bay. Hier beginnt Guadalcanals »Wilder Westen«. Wer die abgelegenen Dörfer im Regenschatten des Mount Gallego (1070 m) und des Cone Peak (802 m) bereisen will, benötigt ein Boot und einen erfahrenen Führer. Beides habe ich nicht. Doch als ich auf der Rückfahrt in Veranaaso anhalte und die Missionskirche fotografiere, lädt mich der Bigman, der Chief des Dorfes, in sein Haus ein. Ich nehme an und hocke mich zu ihm und seiner Familie auf die Veranda eines luftigen Bambushauses.

Sonntäglicher Kaffeeklatsch im Inselstil. Es gibt gelbe, süße Bananen statt Mutters mächtiger Buttercremetorte, und anstelle von Bohnenkaffee trinkt man hier Tee mit viel braunem Rohrzucker und Trockenmilch, eingeschenkt aus einem großen, verrußten Wasserkessel. Jeder der etwa zwanzig Anwesenden – mit Ausnahme der nackten Babys und Kleinkinder, die vor der Veranda mit Kieseln und Muscheln spielen, – kaut Betelnuss, »Bia Blong Solomon«, wie die Einheimischen die Früchte der Areca-Palme liebevoll nennen.

»You must chew some.«

Schon bietet mir der Dorfhäuptling unter genüsslichem Schmatzen eine der grünen Dinger an, dazu ein Blatt Betelpfeffer und eine Prise gebrannten Korallenkalks. Unschlüssig halte ich die Nuss in der Hand.

»Du nimmst die Betelnuss und beißt sie in zwei Teile«, verrät mir der Bigman in ordentlichem Englisch. »Wichtig ist der Kern. Auf den streust du ein paar Prisen Kalk, wickelst ihn in ein Stück Pfefferblatt, platzierst es in deine Backentasche und kaust kräftig. Die faserige Schale wirfst du weg. Nach ein paar Minuten ist dein Kopf frei von Müll und deine Schädeldecke hebt sich sanft. Du fühlst dich relaxt. Nach fünf Minuten schiebst du einen zweiten Kern hinterher. Schluck das Zeug aber nicht runter, sondern spuck es aus.« Und zum Schluss rät er mir noch: »Ich persönlich nehme allerdings lieber ein Stück von einer Marlboro-Zigarette statt eines Pfefferblatts. Das ist stärker.«

Ich halte mich an seinen Rat. Brav zerbeiße ich die Nuss, behalte den Kern im Mund, schiebe Kalk und Blatt hinterher, kaue, prieme und warte, was passiert. Zuerst einmal nichts. Dann aber, urplötzlich, fühle ich, wie Zunge und Mundhöhle bitter und taub werden. Ich bekomme extreme Schweißausbrüche und meine Schläfen pochen heftig. Ich spucke, sabbere und speie roten Speichel. Doch zu spät: Ich beginne Karussell zu fahren und mir wird speiübel. Meine Gastgeber sind begeistert; sie kichern, lachen und klopfen mir auf die Schulter. Eine halbe Stunde später eskortieren sie mich schließlich zum Auto.

»Come back tomorrow!«, ruft es fröhlich im Chor. Alles, nur das nicht. Wie berauscht fahre ich die paar Kilometer zum »Tambea Resort«, wanke in meinen Bambus-Bungalow, quetsche mir eine halbe Tube Zahnpasta in den Mund und putze wie besessen die Zähne, um den üblen Geschmack loszuwerden. Schließlich schlafe ich bis zum Einbruch der Dunkelheit. Auf dieses Zeug kann ich wirklich verzichten.

Abends an der Bar klärt mich Peter Cane, ein in Kenia geborener Brite, der mit seiner reizenden Frau Joy dieses schnuckelige Resort betreibt, über die Nebeneffekte der Betelnuss auf.

»Der Saft der Betelnuss, vermischt mit Speichel und Korallenkalk, ergibt einen Lackmusumschlag, der bei exzessivem Konsum nach und nach die Lippen scharlachrot und die Zähne schwarz färbt.« Er nippt an seinem Gin Tonic und fährt fort: »Der Korallenkalk zerfrisst zudem Haut und Gaumen und ist in hohem Maße Krebs fördernd. Etwa zwanzig Prozent aller registrierten Krebsfälle auf den Salomonen basieren auf dem intensiven Genuss dieser Volksdroge.«

Ich nicke nur. Selbst nach drei Dosen Foster's schmeckt meine Mundhöhle noch, als hätte ich mit ekligem Spülwasser gegurgelt.

»Ich fahre morgen rüber nach Savo, Eier holen. Wenn du fit bist, kannst du gern mitkommen«, schlägt Peter vor. Diese Einladung nehme ich gerne an.

Auf der Insel der Großfußhühner

Während ein unbekannter Weckvogel tschilpt und zwitschert, tauchen die ersten zaghaften Sonnenstrahlen die Wolken in zartes Rosa. Violette Bänder und Schlieren ziehen durch das blaugraue Wasser der Bucht. Die Luft schmeckt feucht und frisch. Der Himmel im Osten färbt sich goldorange, die Palmenreihen am Strand wirken wie schwarze, filigrane Scherenschnitte. Es ist Viertel nach sieben. An dem Anlegesteg aus Beton wartet Peter bereits auf mich. Ich habe mich verspätet.

»Tut mir Leid, aber die Morgenstimmung war so schön und friedlich …«

»Nicht schlimm. Wir sind im Paradies, da gibt es keine Eile.«

Peter stellt mir Moses vor, einen jungen muskulösen Farbigen, der gerade den Außenbordmotor des Bootes ins Wasser hängt.

»Moses ist von Savo. Er ist der Sohn des Bigman und arbeitet bei uns als Tauchlehrer.«

Moses startet den Motor und macht die Leinen los. Langsam gleiten wir durch das glatte Wasser. Wir bleiben eine Weile auf Parallelkurs zum pechschwarzen Strand und halten dann auf eine Landspitze zu. Die Sonne steht noch tief über der Kimm.

Savo, unser Ziel, liegt im Zentrum des Iron Bottom Sounds. Aus der Distanz betrachtet, schaut die 16 Kilometer entfernte Insel aus wie der Hut eines balinesischen Reispflanzers, so rund und kegelförmig.

Es hat aufgebrist, eine kabbelige See lässt das Boot auf kurzen Wellen hüpfen

Peter erklärt mir, wieso die Meerenge Iron Bottom Sound heißt.

»Wir überqueren gerade den japanischen Zerstörer *Terutsuki*. Zwanzig Grad weiter Steuerbord vergammelt die *Furutaka*, ein schwerer Kreuzer, auf dem Meeresgrund. Unter uns und weiter östlich Richtung Osten liegen mehr als fünfzig versunkene Schlachtschiffe, Landungsboote, Tanker, Truppentransporter, U-Boote, Abfangjäger und Bomber – alles Kriegsschrott«, erklärt Peter. »Allmählich macht sich unsere Regierung Sorgen über die Wracks, nachdem erst letztes Jahr in Yap in Mikronesien aus zwei versunkenen Schiffen Öl ausgetreten ist und einige Riffbereiche kontaminiert hat. Sir Allen Kemakaze, unser Premierminister, hat bereits bei der SOPAC (South Pacific Applied Geoscience Commission) in Suva/Fidschi angefragt, um Messungen und Studien durchführen zu lassen. Die Idee ist, die Schiffstanks auszupumpen. Doch manche der Wracks dürften zu tief auf dem Meeresgrund liegen. Wir sind in jedem Fall auf Know-how und Finanzhilfen der Verursacherländer Japan und USA angewiesen.«

Im Windschatten von Savos Westküste glätten sich die Wellen zu einer öligen, silbergrauen Lake. Moses hat die Geschwindigkeit reduziert. Plötzlich schießen Delphine aus dem Wasser – dreißig, vierzig Tiere, eine ganze Schule. Sie umkreisen schnaubend das Boot. Sie spielen, schlagen Saltos und klatschen mit ihren Schwanzflossen. Es scheint, als wenn sie auf uns gewartet hätten, um ihre Künste zu demonstrieren – ihre ureigene Version von Wasserballett.

»Das sind Große Tümmler. Lustige Burschen, nicht wahr?«

So überraschend wie die Meeressäuger aufgetaucht sind, verschwinden sie auch wieder. Moses hat den Motor abgestellt und hochgeklappt. Der Bootsrumpf schiebt sich knirschend auf einen flachen schwarzen Sandstrand. Wir springen ins seichte Wasser und ziehen das Langboot an Land in den Schatten der Schraubenpalmen. Zwei bärtige Männer treten aus dem Dickicht. Bigman Ataban Tonezepo, ein stattlicher Mittsechziger, ist der Herrscher über die dreitausend Seelen und die 31 Quadratkilometer messende Insel; der andere, vielleicht zehn, fünfzehn Jahre jünger, ist sein Bruder Mathias. Beide schütteln uns herzlich die Hand und heißen uns willkommen.

»Wenn ihr Eier wollt, müsst ihr euch beeilen. Mathias wird euch begleiten.«

Während Moses, glücklich, seine Familie wiederzusehen, mit seinem Vater zum Dorf geht, folgen Peter und ich Mathias in das Gebiet der Großfußhühner.

Savo ist eine Vulkaninsel, eigentlich nichts Besonderes – davon gibt es viele im Südpazifik. Auf dem Eiland existieren Großfußhühner der Gattung Megapodius, auch das noch nichts Außergewöhnliches, kommen diese tropischen Hühnervögel doch auch in Papua-Neuguinea, in Palau oder auch auf Simbo vor, einer Insel im Nordwesten der Salomonen. Ungewöhnlich hingegen dürfte jedoch jene Symbiose sein, welche die Männer von Mbalola mit einer Schar weiblicher *skrab daks*, wie das Pidgin-Wort für diesen dunkelbraunen Vogel lautet, eingegangen sind.

Etwa 800 Meter vom Dorf entfernt, zwischen Wald und Strand, befindet sich der Brutplatz der Großfußhühner. Er ist etwa so groß wie zwei aneinander gereihte Fußballfelder. Damit die Vögel optimale Bedingungen vorfinden, haben Chief Ataban und sein Clan das Terrain sorgfältig von Unkraut und Schlingpflanzen gereinigt, es mit geflochtenen Zäunen aus Palmwedeln eingefriedet und mit schnell wachsenden Hibiskusbäumen bepflanzt – die Tiere sollen bei ihrer Eiablage ausreichend Schatten haben.

Das ganze Areal ist wie bei den Goldgräbern am Yukon River in mehrere Claims aufgeteilt, so dass jede Familie regelmäßig mit Eiern versorgt werden kann. Dafür kassiert der clevere Chief von jedem Claim-Inhaber eine Art Pacht – logischerweise in Form von Megapodius-Eiern.

Morgens zwischen 2.00 und 9.00 Uhr beginnen die Weibchen mit ihrer mühsamen Prozedur: Sie scharren mit ihren kräftigen, orangefarbenen Klauenfüßen ein tiefes, trichterförmiges Loch in den Sandboden. Immer wieder testet das Huhn mit seiner empfindlichen Schnabelspitze die Bodentemperatur – 33 Grad Celsius sind notwendig –, bevor es ein einziges, länglich ovales, hellbraunes Ei in das neunzig bis einhundertzehn Zentimeter tiefe Loch legt und dieses mit dem graugelben Sand wieder zuscharrt.

Wir lagern in vierzig bis fünfzig Metern Entfernung im Schatten hoher Hibiskusbäume und schauen zu, wie sich die Hühner abrackern. Ein paar Männer dösen ausgestreckt im warmen Sand, andere rauchen selbst gedrehte Zigaretten oder unterhalten sich flüsternd. Die Hühner nehmen kaum Notiz von uns.

»Ich schätze die Population hier auf Savo auf dreihundert, vierhundert Exemplare«, erklärt mir Peter mit einem Blick auf seine Uhr. »Ich denke, in spätestens einer Viertelstunde geht es los.«

»Was geht dann los?«

»Das Ausgraben der Eier. Die Männer versuchen sich die Stellen genau einzuprägen, an denen die Megapoden ihre Eier vergraben haben.«

Tatsächlich, kaum ist das letzte Huhn in den nahen Wald geflogen, rücken die Eiergraber vor und verteilen sich über das Feld. Es

Nachdem die Großfußhühner auf Savo ihre Eier tief in den warmen Sand vergraben haben, werden sie – wertvolles Nahrungsmittel und Handelsprodukt zugleich – von den Einheimischen »geerntet«.

sieht komisch aus, wie die elf Männer in Shorts mit nacktem Oberkörper im Sand liegen und mit tellergroßen Sperrholzbrettern oder bloßen Händen Löcher buddeln, in die nach und nach Kopf, Schultern und Arme verschwinden. Zum Schluss ragen nur noch ihre Beine heraus. Ist einer fündig geworden, rutscht er zurück an die Oberfläche und schwenkt triumphierend ein Ei. Wie Balljungen auf dem Tennisplatz flitzen ein paar Kinder herum und sammeln die ausgegrabenen Eier ein.

»Wie lange geht das so weiter, Peter?«

»Ich denke, noch etwa eine Stunde. Dann hören sie auf, weil es zu heiß wird.«

Als die Männer, deren Arme, Bäuche und Gesichter wie mit Sand paniert sind, ihre schweißtreibenden Grabungsarbeiten beenden, befinden sich in den geflochtenen Bastkörben 102 Eier. Ein guter Schnitt.

»Und was machen sie mit all den Eiern?«

»Die werden jetzt im Dorf verteilt, gegessen oder später auf dem Markt in Honiara verkauft. Dort zahlen die Leute vier Dollar pro Ei. Die dotterreichen Eier sind nämlich nicht nur eine Delikatesse«, schmunzelt Peter, »sondern auch Potenz fördernd.«

Zur Arterhaltung bleibt ein Teil der von den Großfußhühnern vergrabenen Eier sich selbst überlassen. Die Brutpflege übernimmt der warme vulkanische Sandboden. In rund sechzig Tagen sind die Eier ausgebrütet. Die Küken, die bereits vollständig entwickelt sind, picken die harte Schale auf, graben sich an die Oberfläche, laufen ein Stück, schlagen mit den Flügeln, um die Blutzirkulation anzuregen, und sind schon innerhalb weniger Stunden in der Lage zu fliegen – ein wohl einmaliger Rekord in der Vogelwelt. Den zweistimmigen Krächzlauten ihrer Artgenossen aus dem Megapoden-Wald lauschend, flattern sie schließlich in den Schutz der Regenbäume. Hier im Wald finden die Großfußhühner auch ihre Nahrung: Insekten, Mollusken, Pflanzensamen und Früchte.

Chief Ataban und sein Clan wissen genau, was sie an den Vögeln haben. Deshalb sind sie tabu. Niemand darf sie fangen, jagen oder töten. Es kann jedoch vorkommen, dass ein Huhn sein Loch zu tief gräbt, vom Sand verschüttet wird und erstickt. Dann darf es selbstverständlich gerupft und verspeist werden. Aber das geschieht, wie mir Mathias erzählt, sehr selten.

Mbalola ist das größte Dorf auf Savo. Wie alle anderen, sprechen die Menschen hier eine Papua-Sprache. Ihre Kultur und Tradition unterscheidet sich deutlich von den anderen Volksgruppen der Salomonen. Die Häuser aus gebleichten Bambuswänden haben spitze, kunstvoll verzierte Giebel. Ihre weit herabgezogenen Dächer sind mit Schindeln aus verflochtenen Blattstreifen der Sago-Palme gedeckt. In kleinen Gärten leuchten violette und gelbe Glockenblumen. Morgens und abends wird der Dorfplatz mit Besen aus Hartgras gefegt. Umgeben von heiter schwatzenden Kindern hocken halbnackte Frauen im Schatten offener Garküchen, einige eine Stummelpfeife im Mund, und zerschlagen mit Holzschlegeln oder Steinen die Schalen von Nüssen. Säckeweise schleppen ältere Kinder die Nüsse heran und schütten sie auf einen Haufen.

»Was du da drüben siehst«, Peter deutet zu dem Haufen graubrauner, kantiger Nüsse, »könnte der Beginn eines neuen Booms sein.«

»Du meinst diese merkwürdigen Nüsse?«

»Ja. Das sind die Nüsse des Ngali-Baums (*canarium indicum*). Unter ihrer harten Schale liegt ein weicher Kern, der ein Öl enthält, das dem Mandelöl ähnlich ist. Das ist für die Kosmetikindustrie sehr interessant. Die Aufkäufer aus den USA zahlen sechzehn Dollar für einen Liter Ngali-Nuss-Öl, richtige gute, solide US-Dollar. Im letzten Jahr haben die Frauen von Mbalola zweihundert Liter produziert. Die harte Nussschale eignet sich nebenbei prima als Grillkohle.«

Nita, Chief Atabans Frau, hat auf dem Holzboden der Veranda eine Pandanusmatte ausgerollt und uns aufgefordert, darauf Platz zu nehmen. Ihre wulstigen Lippen, vom Betelnuss-Saft angefressen, strahlen hellrot aus ihrem runzligen, braunen Gesicht. Mit gekreuzten Beinen setzen wir uns und machen uns über den auf Emaille-Tellern servierten Imbiss her: Omelett vom Großfußhuhnei und Süßkartoffel, gekocht in Kokosnussmilch. Ein junges Mädchen reicht aufgeschlagene Kokosnüsse zum Trinken.

Nach dem Essen möchte sich Chief Ataban zu seinem gewohnten Mittagsschläfchen zurückziehen. Wir verabschieden uns und begeben uns zum Boot. Moses, wieder mit dabei, trägt einen Korb mit Eiern, ich ein Blattbündel mit Ngali-Nüssen, das mir Nita in die Hand gedrückt hat. Ein paar Burschen helfen, das Boot ins Wasser zu schieben. Beim vierten Startversuch springt der Motor an, und wir nehmen Kurs auf die Nordspitze Savos.

»Die Amerikaner«, erklärt mir Peter, »hatten bei Tinovaka im Zweiten Weltkrieg eine Geschützbatterie, um die nördliche Einfahrt in den Iron Bottom Sound zu schützen. Außer Betonplattformen ist aber nichts mehr zu sehen. Alles abgeräumt und verschwunden. Das ist auch gut so, sonst würden diese Kriegstouristen auch noch nach Savo kommen.«

»Aber du lebst doch von diesen Leuten?«

»Ja, richtig. Trotzdem sind sie mir suspekt. Sie kommen hierher und kriechen den ganzen Tag auf der Suche nach Flugzeugwracks oder Sherman-Panzern im Busch rum. Dann zwacken sie ein Stück Aluminium von der Tragfläche oder klauben einen rostigen Bolzen auf, legen den Schrott daheim in eine Vitrine und brüsten sich damit, ein Souvenir von einem Warhawk, einer Zero-Sen oder einer B-24 zu haben. Das ist doch wie Leichenfledderei.«

Unser Ausflug führt uns nun nach Kaonggele, einem kleinen Dorf an der Luvseite Savos. Hier ziehen wir das Langboot auf einen handtuchbreiten Strand aus grobem Korallenschotter. Moses befestigt die Bugleine an der Wurzel eines umgestürzten Baumriesen. Wir dringen ein in die Stille des Urwalds und folgen einem Bachlauf. Einige Frauen kommen uns entgegen. Sie tragen lange Körbe aus verflochtenen Palmwedeln, die mit Blätterbündeln gefüllt sind, denen ein appetitlicher Geruch entströmt.

»Diese Frauen waren oben bei den heißen Quellen und haben Brotfrüchte und Bataten gekocht«, klärt mich Peter auf. »Das spart ihnen das Sammeln von Feuerholz.«

Ein schmaler Trampelpfad kreuzt mehrmals den Bachlauf und endet nach einem halbstündigen Fußmarsch an einer Lichtung. Hier tritt an einigen Stellen heißer Wasserdampf aus dem Boden, der kondensiert und in Rinnsalen in den Bach fließt, dessen warmes Wasser nach Mineralien riecht. Hundert Meter weiter blubbert die Erde. Hier spritzen siedend heiße Schlammfontänen in die Höhe. Es stinkt nach faulen Eiern – Schwefelwasserstoff-Immissionen.

»Wir könnten noch weiter hinaufsteigen zum Kraterrand des Mbiti Voghala. Von dort kannst du Geysire und große brodelnde Schlammlöcher sehen. Doch ich denke, wir sollten es lassen, es ist zu heiß da oben.«

»Besteht die Möglichkeit einer Eruption?«, frage ich Peter.

»Eher nein. Der letzte Ausbruch war 1840. Der Vulkan grummelt zwar hin und wieder und manchmal gibt es auch Erdstöße, aber eigentlich ist er recht friedlich.«

»Die Leute haben also keine Angst?«

»Bestimmt nicht. Sie sagen sogar ›*hem i gel daedae long iufala*‹, was in Pidgin soviel heißt wie ›er liebt uns‹. Stimmt's, Moses?«

»*Ya, bosso,* der Vulkan liebt uns. Er gibt uns Kraft und Leben. Wir sind seine Kinder.«

In der Tat, Savo ist wahrhaft ein Paradies. Auf der fruchtbaren Vulkanerde wachsen Tapioka, Taro, Bataten, Bananen, Nüsse und Papayas im Überfluss. Die Großfußhühner versorgen die Menschen täglich mit Eiern. Die Gewässer rund um die Insel wimmeln von Fischen. In den Bächen findet man Aale und Garnelen. Heißes Wasser zum Kochen, Waschen und Baden gibt es gratis.

Am Nachmittag verlassen wir die Insel. Die See glitzert und blendet wie Parobolspiegel. Kaum haben wir die Südspitze Savos umrundet, setzt der Motor aus.

»Probleme, Moses?«

»*No, bosso!*«

Während das Boot auf den Wellen twistet, schraubt Moses die Abdeckung vom Außenbordmotor ab. Er macht sich an der Benzinleitung zu schaffen, dann dreht er an der Leerlaufeinstellung. Der Motor bleibt stumm. Mit einem Mal sind die Delphine wieder da. Sie kreisen wie Torpedos ums Boot und stoßen schnatternde Laute aus. Als sie merken, dass wir ihnen nicht folgen können, ziehen sie wieder ab. Moses befestigt die Motorabdeckung, knetet die Handpumpe des Benzinschlauchs und reißt an der Startschnur. Der Motor springt sofort an.

»Delphine bringen Glück«, ruft er und geht auf Kurs. Eine Stunde später sind wir zurück in Tambea.

Im Reich des Delphin-Gottes

Fähren, die regelmäßig nach einem festen Fahrplan zwischen den größeren Inseln der Salomonen pendeln, gibt es nicht. Die Kopra-Dampfer und kleinen Küstenfrachtschiffe fahren ausschließlich nach Bedarf. Da bleibt dem modernen Reisenden, sofern er nicht unbegrenzt über Zeit (und Geld) verfügt, nur die Nutzung der lokalen Airline, um andere Inseln zu besuchen. Und so stehe ich an einem schwülheißen Morgen auf dem Henderson Airport und warte auf den Aufruf meines Fluges in die Western Province nach Ghizo. Diese Insel ist mit ihren 37 Quadratkilometern nicht gerade groß, doch mit ihrer Provinzhauptstadt Gizo (die ohne *h* geschrieben wird) ist sie das einzige bedeutende administrative und wirtschaftliche Zentrum der nördlichen Salomonen. Und sie ist ein Sprungbrett für Exkursionen zu den umliegenden Inseln.

Die Bezeichnung »Domestic Lounge« erscheint mir wie ein schlechter Scherz: An den dreckigen Wänden des Aufenthaltsraums blättert die Farbe ab, durch das marode Wellblechdach tropft der Regen. Auf den wackligen Holzbänken verteilt sich ein buntes, stimmgewaltiges Menschengewirr, das mit Selbstverständlichkeit Erdnussschalen und Betelspeichel auf den Zementboden spuckt, ausgesaugte Limonadendosen zertritt und zerknüllte Kartoffelchipstüten gedankenlos beiseite wischt wie tote Fliegen.

Die übervolle Twin Otter der Solomon Airlines startet gegen neun Uhr mit einstündiger Verspätung. Anders als bei anderen Fluggesellschaften fliegt man hier mit nur einem Piloten. Den Platz des Co-Piloten nimmt ein Passagier ein. Bei diesem Flug bin ich der Glückliche, der vorne in der »First Class« sitzen darf. Nachdem wir gestartet, dann in einer flachen Schleife über Savo Island nach Westen abgedreht und schließlich auf Reiseflughöhe geklettert sind, unterhalte ich mich mit dem neuseeländischen Piloten über Kopfhörer und Mikrophon. Nach etwa 45 Flugminuten überfliegen wir eine riesige Lagune. Eine Kette grüner Tupfen zieht sich bis zum flirrenden Horizont durch das Blau der Korallensee.

»Das ist die Marovo-Lagune«, knarzt die Stimme des Piloten im Kopfhörer, »für viele das achte Weltwunder der Natur. Sie soll bald als UNESCO-Welterbestätte gelistet werden.«

Michael »Mike« McKenzie, ein drahtiger sommersprossiger Typ Ende vierzig, fliegt seit mehr als zwanzig Jahren im Südpazifik. Es ist nicht immer ganz einfach, wie er sagt, doch es macht ihm Spaß, weil hier noch »richtig« geflogen wird – ohne Autopilot und gestresste Fluglotsen.

»Wir fliegen nur nach Sicht. Nie nachts. Bei extrem schlechtem Wetter – Sturm, Regen und so – fällt der Flug aus. Es macht schließlich wenig Sinn, wenn du auf einer Insel runtergehst, wo die Landebahn vom Dauerregen so weich ist, dass sich dein Vogel mit dem Fahrwerk bis zum Bauch eingräbt. Hier passiert eigentlich immer was. Wenn du morgens in Honiara startest, weißt du nie, ob du am Abend wieder zurück bist.«

»Was zum Beispiel kann passieren?«, hake ich nach.

»Ach, du kannst das Bugrad verlieren, kannst Motorausfall haben oder du kannst dort, wo du willst, nicht landen, weil irgendwelche Landeigner die Landebahn besetzen, oder …«

»Oder?«

»Du schmierst ab mit deiner Maschine oder krachst gegen einen Berg. Das ist vor ein paar Jahren geschehen. Unser Chefpilot, ein Australier, ein verdammt erfahrener Mann, stürzte über San Christobal ab, mitten über den Bergen. Eine Katastrophe – alle fünfzehn Insassen waren tot. Es hat tagelang gedauert, bis sie die Wrackteile im Dschungel überhaupt gefunden haben. Die Absturzursache wurde nie geklärt. Wie gesagt, man muss mit allem rechnen.«

Bis zur Landung sage ich nichts mehr, sondern schaue nur auf die vibrierenden Zeiger der Bordinstrumente vor mir und schiele gelegentlich zu den Tragflächen, ob nicht einer der beiden Motoren etwa Öl verliert. Als Mike über einer winzigen Insel hinuntergeht und die Maschine hart im Korallenkies aufsetzt, halte ich die Luft an. Schlingernd rollt das Flugzeug nach ein paar hundert Metern aus. Erleichtert atme ich durch und klettere flugs raus. Draußen in der warmen Brise würde ich am liebsten niederknien und es Papst Johannes Paul II. nachmachen und den Boden des kurzen Rollfelds von Nusa Tupe küssen.

Für das Gepäck zeigt sich niemand verantwortlich. Es wird nach dem Ausladen auf einen flachen, zweirädrigen Karren geworfen und zu einer offenen Hütte am Rand der Landepiste geschoben, wo sich die 18 Passagiere schließlich ihr Eigentum herausfischen. Ich weiß nicht, wohin, und folge daher einfach den Einheimischen im Gänsemarsch etwa 150 Meter durch sprödes Trockengras zu einem Bootssteg am Westrand der Insel. Das Gros der Reisenden steigt in wartende Langboote. Ich werfe Reisetasche und Kamerakoffer in die Barkasse von Solomon Airlines und hocke mich auf eine Holzplanke.

Mein Ziel, Gizo, liegt zwei Kilometer entfernt am Rand einer wunderschönen stillen Bucht. Die zehn Minuten Transferzeit reichen, um vom Seewind optimal geföhnt zu werden und ordentlich durchgetrocknet die gegenüberliegende Uferseite zu erreichen.

Ich komme in einer anderen Welt an. Gizo ist ein verschlafenes Provinznest, in dem man vor Jahrzehnten die Zeit angehalten und festgenagelt hat wie die kunterbunten Blechschilder an den chinesischen Kramläden entlang der Middenway Road. Die Bewohner sind hier so dunkelhäutig wie australische Aborigines. Vom Holzsteg, wo die Barkasse anlegt, sind es vielleicht dreißig gemächliche Schritte zum »Gizo Hotel«, einer gemütlichen Herberge mit kolonialem Touch, wo fast jeder absteigt, den es hierher verschlägt.

Die Hitze am frühen Nachmittag ist höllisch und raubt mir den Atem. Die extrem hohe Luftfeuchtigkeit stimuliert zum Nichtstun, zum Rumhängen unter dem riesigen Palmwedeldach der »Beachfront-Bar«. Ein Dutzend surrender Deckenventilatoren sorgen zumindest für den Hauch einer Brise. Ich döse vor mich hin, schlürfe Eistee und blinzle in das diffuse, von hohen Kasuarinen und Palmen gefilterte Sonnenlicht. Die staubige Straße ist autofrei und leer bis auf ein paar Menschen, die bedächtig vorbeischlurfen, ohne ein erkennbares Ziel zu haben, hin und wieder stehen bleiben, weil sie Bekannten begegnen und mit ihnen ein Schwätzchen halten. Erst als die Schatten länger werden und die Hitze leicht nachlässt, wird es lebendiger – draußen auf der Straße sowie drinnen in der »Beachfront-Bar«.

Taucher schieben sich an den Tresen. Mit ihren geöffneten und über die Hüften gestülpten nassen Neoprenanzügen hieven sie sich auf die Barhocker und bestellen kaltes Dosenbier. Ich höre sie von der unbeschreiblichen Unterwasserwelt der Korallenriffe schwelgen, von den versunkenen Schiffswracks, den submarinen Vulkanspitzen, die aus den endlosen blauen Tiefen der Korallensee fast bis zur Wasseroberfläche ragen, von Mako-Haien und Makrelenschwärmen.

»Hi, I'm Danny, Danny Kennedy.« Ein Typ mit sonnengebleichtem, struppig blondem Haar, Augen wie Eiswasser und einer Bierdose in der braunen Pranke hat sich neben mir in einen der Teak-Liegestühle fallen lassen. »Ich bin Tauchlehrer. Bist du hier zum Tauchen?«

»Eher nein«, antworte ich. »Mich interessiert mehr, was es über dem Wasser und an Land zu sehen gibt.«

»Wenn du Lust hast: Wir machen heute Abend eine Party oben in der ›Paradise Lodge‹. Komm einfach mit. Da lernst du 'n paar Leute kennen. Wird bestimmt lustig. Ich kann dich abholen, wenn du willst.«

Das klingt nach einem guten Plan, und so klettere ich eine Stunde später in Dannys roten Pick-up. Wir fahren die Hauptstraße hinunter, biegen an der Zollbaracke links ab, rumpeln eine schmale Schotterpiste hinauf zu einem Plateau und stoppen wenige Minuten später vor einem einsam gelegenen Winkelbungalow. Auf einem windschiefen Holzschild steht: »Paradise Lodge – all welcome!« Die Sonne sackt gerade hinter die zerklüfteten Krater von Vella Lavella, einer Vulkaninsel im Westen, und überzieht den Himmel mit einem Farbrausch in Rot und Gelb.

Auf der Party sind vier amerikanische Taucher aus Texas, zwei Deutsche, Klaus und Helga Schuster aus Bielefeld, Danny und seine Frau Kerry, eine rothaarige Australierin aus Adelaide, und die Gastgeber Gideon und Lata Mamaloni, ein rührendes älteres Ehepaar, die die Drei-Zimmer-Eco-Lodge betreiben. Die Party ist eher ein gemütliches Beisammensitzen: Die Männer belagern munter schwadronierend die Kühlbox mit Dosenbier, die drei Frauen kümmern sich ums Essen. Ein bisschen Smalltalk hier und dort, Lachen, Übertreibungen, Witze, noch ein Bier und Sashimi vom Gelbflossenthun – überaus frisch, zart und köstlich, das ultimative Highlight des Abends. Am Ende des Plauderabends habe ich vier neue Visitenkarten, vor allem aber die Adresse eines »Malaria-Mannes«, den ich besuchen möchte.

Am nächsten Tag stehe ich vor ihm. Wilson Hivu heißt der Malaria-Mann. Der 66-jährige, stämmige Melanesier mit schwarzer, glänzender Hautfarbe, rundem Bauch und einem ebenso runden, kahlen Schädel, steht im hüfttiefen Wasser und putzt gerade Seegurken, die er mit seinem Einbaum draußen in der Lagune gesammelt hat.

Danny Kennedy hat mich mit seinem Auto hierher nach Titiana gebracht, einem Dorf an der Südküste Ghizos.

»Wilson«, ruft er übers Wasser, »dieser *waetman* (Weiße) möchte sich das Dorf anschauen und etwas über *kastom* erfahren. Hast du Zeit?«

Statt einer Antwort schiebt der Alte sein Kanu zum Strand, wischt sich die nassen, vom Schleim der Seegurken verschmierten Hände an seinen speckigen Khaki-Shorts ab und schüttelt mir mit solcher Heftigkeit die Hand, als gelte es, mir die Schulter auszukugeln.

»Guten Morgen und willkommen in meinem Haus!«

Er drückt mich förmlich den Strand hinauf zu seiner geräumigen Bambushütte, die auf einer Plattform aus Korallenkies errichtet ist.

»Setz dich hier auf die Bank. Magst du was essen? Ich sterbe fast vor Hunger! Talivaka, bring uns was zu essen!«

Aus der Hütte taucht eine zierliche Frau auf. Sie trägt eine dunkelblaue Bluse und einen hellblauen Wickelrock aus Baumwolle mit aufgedruckten Hibiskusblüten. Ihre schwarzen Haare hat sie mit einem Kamm aus Schildpatt hochgesteckt.

»Das ist meine Frau Talivaka. Sie ist eine I-Kiribati, eine Gilbertesin aus Titiana.«

Talivaka stellt ein Tablett vor uns auf den Boden mit zwei Bechern Tee, Zucker und einem Teller mit frittierten Brotfruchtscheiben. Während Wilson sich über die Brotfrucht hermacht und ich einen sehr süßen Milchtee schlürfe, verabschiedet sich Danny Kennedy.

»Bis später. Bei Wilson bist du in guten Händen. Er wird sich um dich kümmern.«

»Komm ins Haus.« Wilson wischt sich mit dem Handrücken über Mund und Stoppelbart. »Ich muss dir was zeigen.«

Wilsons Strandbehausung ist ein mit Kuriositäten voll gestopftes Einraum-Museum: getrocknete Haifischhäute, Haigebisse, Muschelketten, Tritonshörner, geflochtene Bastkörbe, Fischreusen, vergilbte Kriegsfotos, bemalte Tapastreifen, alte Stichwaffen, allerlei Werkzeuge und Gerätschaften.

»Das da sind meine beiden Söhne.« Stolz deutet der alte Mann auf ein gerahmtes Farbfoto. »Sie haben beide studiert und leben in Honiara. Steven arbeitet als Manager bei der ANZ-Bank und Eddie ist Ingenieur bei Solomon Telecom.«

»Und was ist das hier?« Ich stehe vor einer Art Altar, auf dem ein merkwürdiger Schädel und einige Knochen liegen.

»Oh, das sind die Gebeine von Kezako, einem Delphin-Gott, den meine Vorfahren verehrt und angebetet haben. Er war ein sehr großer, mächtiger Gott, der unsere Insel vor Feinden beschützt hat.«

»Die Leute nennen dich den Malaria-Mann. Was heißt das? Was machst du?«, frage ich.

»Sie kommen zu mir, wenn sie Fieberanfälle haben. Ich gebe ihnen die spitzen, dunkelgrünen Blätter des Malariastrauchs zu kauen oder koche ihnen einen Tee. Ich habe ein Buch, in dem ich für Statistiken die Anzahl der Fälle und die Namen betroffener

Personen eintrage. Manchmal untersuche ich auch das Blut der Leute.«

Der alte Wilson ist überzeugt von der Allmacht der Natur. Aus ihr komme alles Leben und in ihr fände man auch alles, was man zum Leben braucht. Für ihn ist die Vergangenheit, die Welt der Ahnen, ebenso lebendig wie die Gegenwart. Westliche Einflüsse wie Radio, Handy, Zeitung, Kühlschrank, Cola und Dosenbier lehnt er strikt ab.

Nachdem er mir eingehend sein heiles Wohnambiente gezeigt und erklärt hat, führt er mich zum Kanu, wo sich in einer trüben Lake ein Haufen Schwarzer Seegurken stapelt.

»Bevor wir losgehen, muss ich noch die Seegurken putzen. Es wird nicht lange dauern. Du kannst ruhig zuschauen.«

Der Alte stapft ins Wasser zum Heck des Kanus und packt sich eine der schleimigen Dinger, die aussehen wie aufgepumpte Blutwürste. Ein Längsschnitt mit dem Messer, dann holt er mit einem kurzen Ruck die Eingeweide heraus. Anschließend zieht er die Seegurke ein paar Mal durchs seichte Meerwasser und wirft sie ins andere Ende des Kanus.

»Was machst du mit dem Zeug?«, frage ich.

»Wir trocknen die Seegurken zuerst in der Sonne, anschließend räuchern wir sie. Danach sortieren wir sie. Wenn wir genug beisammen haben, verkaufe ich sie an die chinesischen Kaufleute in Gizo.«

»Was zahlen sie dir denn dafür?«

»Für die Schwarzen Seegurken, von denen es in der Lagune Tausende gibt, zahlen die Chinesen mir zwanzig Solomon Islands Dollar pro Kilo. Für die hellen, die da mit den kleinen runden Tupfern (*Bohadschia argus*), geben sie mir dreißig. Es gibt aber nicht mehr viele in der Lagune.«

Ein gutes Geschäft, allerdings nicht für den armen Wilson, der wochenlang in den flachen Gewässern der Lagune nach Seegurken taucht, sie sammelt, putzt, trocknet und räuchert, bis er einige Kilos zusammen hat. Den Profit machen vielmehr die Chinesen aus Gizo, die die Seegurken von den Einheimischen kaufen und zu den Märkten nach Hongkong und Taiwan verfrachten. Dort sind die verschrumpelten Stachelhäuter eine begehrte Delikatesse mit angeblich aphrodisischer Wirkung, für die die Asiaten sechzig bis siebzig Euro zahlen – pro halbes Kilogramm.

Nachdem der Alte alle Seegurken geputzt hat, überlässt er es seiner Frau, sie auf einer Wellblechtafel in der Sonne zu trocknen.

Wir beide brechen auf, um seine gilbertesischen Verwandten zu besuchen. Sie stammen alle von der Insel Manra, im Osten Kiribatis. Als auf ihrer Heimatinsel nach mehreren Dürreperioden eine Hungersnot ausbrach, evakuierte die britische Regierung einen Teil der Bevölkerung. Und so gelangten zwischen 1955 und 1962 etwa sechshundert Gilbertesen auf die Insel Ghizo und fanden dort eine neue Heimat. Hier leben sie nach alten überlieferten mikronesischen Gesetzen und Traditionen, relativ isoliert von den übrigen Insulanern. Sie sprechen ihre eigene Sprache; in ihr heißt ihr Dorf Sisiana. Ihre Häuser sind filigrane luftige Bauten auf Stelzen mit Wänden und Dächern aus den Blättern der Schraubenpalme. Mitten im Dorf steht die *maneaba*, das große offene Versammlungshaus, ein Ort für Gottesdienst, Hochzeitsfeiern und Tagungen der Ältesten. Bis auf eine spielende Schar kleiner halbnackter Kinder und einiger Frauen, die im Schatten der *maneaba* Matten flechten, wirkt das Dorf wie ausgestorben.

»Wo sind die Leute?«, frage ich.

»Die Männer arbeiten in Gizo oder auf taiwanesischen Fischtrawlern, die Frauen verkaufen Matten, Körbe und Fächer auf dem Markt oder sind im Riff und suchen Kaurischnecken.«

»Sag mal, Wilson, du als traditionsbewusster und auf Ghizo aufgewachsener Melanesier, wie kommst du mit den Gilbertesen, mit ihrem Leben und ihrer Kultur zurecht?«

»Bestens. Durch Talivaka habe ich ihre Sprache gelernt. Die I-Kiribati sind alle sehr nett, fleißig und anständig. Probleme gibt es nur, wenn sie Heimweh nach Manra haben.«

»Wieso?«

»Dann singen und tanzen sie. Und trinken. Die Männer trinken Toddy, einen vergorenen Palmsaft, Gin, Rum und Bier. Das ist nicht gut. Dann werden sie aggressiv und fangen an zu streiten und zu kämpfen, bis Blut fließt.«

Am Westrand des Dorfs führt aus einem Bananenhain ein kaum sichtbarer Pfad in den dichten Regenwald. Wilson läuft mit seinem Gehstock aus Hartholz vorne weg, ich keuche hinterher. Der alte Mann ist fit wie ein Turnschuh. Hier und da zupft er ein paar Blätter ab, alles exzellente Heilmittel gegen Husten, Schnupfen, Liebeskummer oder eitrige Wunden, wie er erklärt.

»Hier, nimm das mal.« Er reicht mir dickes graugrünes Blatt. »Das ist von der Sandpapier-Pflanze. Damit bekommst du Holz so glatt wie einen Babypopo.«

Tatsächlich, das Blatt ist rau wie Haifischhaut. Wir gehen weiter und erreichen bald ein Plateau, das von Unterholz und Schlingpflanzen befreit ist und in dessen Mitte einige bemooste Banyanbäume stehen.

»Wir sind da. Das ist *Voruku*, der heilige Ort des Ghizo-Stammes«, doziert Wilson. »Der Platz war tabu für Frauen und Kinder. Nur Häuptlinge, auserwählte Krieger und Priester durften hier sein. Und das hier –«, Wilson klaubt etwas vom Boden auf, »diese Tonscherbe ist über dreitausend Jahre alt. Du kannst sie behalten, es gibt genug davon. Es muss mal ein Topf gewesen sein. Jedenfalls stammt sie nachweislich aus der Lapita-Kultur, also von den Vorfahren der Polynesier.«

Wir steigen über Reste umgestürzter Mauern aus Korallenplatten und gelangen zu einem Ensemble wuchtiger, zentnerschwerer Steine mit Kerben und Aushöhlungen. Wilson kniet sich nieder und tätschelt die Oberfläche.

»An diesen Steinen haben die Krieger ihre Äxte, Speerspitzen und Bohrer geschärft.«

»Richtige Bohrer? Was haben deine Leute damit gemacht?«

»Muschelgeld, *bakiha*. Aus den versteinerten Schalen der Riesenmuschel wurden runde Scheiben geschliffen, in die man mit dem Handbohrer ein rundes Loch gebohrt hat. *Bakiha* war sehr, sehr wertvoll. Nur die Chiefs besaßen es. Es verstärkte ihr *mana*. Mit *ba-*

kiha in den Händen konnten sie die Geister ihrer Ahnen anrufen und mit den Göttern reden.«

Und dann hockt sich Wilson auf den Boden, zieht zwei Rundstäbe und eine Art Geigenbogen aus seiner Umhängetasche und demonstriert mir, wie seine Leute früher mit diesem primitiven Werkzeug Löcher gebohrt haben. Innerhalb von zwanzig Minuten hat er ein fingerdickes Loch in ein Stück Holz gebohrt.

»Mit diesem Werkzeug«, schnauft er, »habe ich auch die Löcher in die Planken und Ausleger meines Kanus gebohrt. Ich kann auch leicht damit Feuer machen. Doch schneller geht es mit Streichhölzern. Hilf mir, trockenes Holz zu sammeln.«

Ich ziehe los, schaue mich um und zerre abgebrochene Äste und Zweige zu einem Banyanbaum, unter dem Wilson mit Streichhölzern und Rindenbast ein kleines Feuer entfacht hat. Gekonnt schichtet er die Äste kreisförmig auf und legt eine kopfgroße Brotfrucht in die zuckenden Flammen. Mit seiner Machete hackt er zwei meterlange Stücke aus einer armdicken Liane.

»Da, trink das. Wir nennen es Buschwasser.«

Er legt den Kopf zurück und lässt den Saft der Liane, der an der rotvioletten Schnittstelle austritt, in seinen offenen Mund tropfen. Ich mache es ihm nach und lasse die dicken Tropfen durstig in meinen ausgedörrten Schlund rinnen. Es schmeckt leicht säuerlich und angenehm frisch.

»Alles, was du zum Leben brauchst, findest du im Busch. Diese Lianen sind immer voller Regenwasser. Wenn du aber großen Durst hast: In der Nähe sind Quellen. Klettere einfach ein Stück den Hang hinunter.«

Ich folge dem Rat, finde die Quelle und trinke das klare kühle Wasser wie ein halbverdurstetes Kamel. Als ich wieder zur Feuerstelle komme, hat Wilson die schwarz angekokelte Brotfrucht bereits mit dem Messer halbiert. Der dampfenden, leicht klebrigen Frucht entströmt ein Geruch, der an Pellkartoffeln erinnert. So ähnlich schmeckt sie auch. Zum Dessert pflücken wir uns wilde Bananen und Tangerinen.

»Wenn du mehr Zeit hättest, könnten wir auf die Suche gehen nach *zipale*, süßem Buschhonig. Aber ich denke, wir brechen jetzt lieber auf und gehen weiter.«

Wilson führt mich ein Stück den Hügel hinauf zu einer Lichtung. Die Aussicht von hier oben ist gigantisch: Im Westen liegen die Inseln Simbo und Ranongga; im Norden die hohen Vulkankegel von Vella Lavella und im Osten Logha Island am Rand der Ghizo Lagune; dahinter, am fernen Horizont, erheben sich die Massive von Kolombangaras erloschenen Vulkanen, umnebelt von Wolkenbänken. Nach Süden blicken wir in die blaue Ewigkeit des Pazifischen Ozeans.

Wir wandern drei, vier Kilometer durch Tarofelder, Bananenhaine und offenes Buschland, bis wir auf einen verwilderten Friedhof stoßen. Wilson macht mich auf zwei verwitterte Grabsteine aufmerksam. Ich lese die Inschriften: »Gill of Gizo, Leslie Francis Gill, Mitglied des Britischen Empires, geboren am 8. Februar 1887 in Melbourne, Australien, gestorben am 13. März 1982. Er ruht hier, wo er hingehört, wo der Weg endet, am Rand der blauen Lagune.« Ein paar Schritte weiter steht ein grauer Basalt mit weißen Buchstaben: »Philip Muma Gavere, Häuptling des Kesi-Stammes, geboren 1872, gestorben in Ghizo am 8.November, 1972«.

»Na, fällt dir was auf?« Wilson schaut mich grinsend an.

»Hm, eigentlich nichts Besonderes, außer… außer, dass sie in hohem Alter gestorben sind.«

»Ganz genau. Chief Philip war hundert, als er starb. Dass die Leute so alt werden, liegt am guten Klima und der Ernährung aus Fisch, Fleisch, Wurzelgemüse, Obst und klarem Quellwasser. Dieses ungesunde westliche Zeug – Mehl, Zucker, Reis, Cornedbeef, Instant-Nudeln, Kaffee, Alkohol und Zigaretten – macht die Leute nur krank. Ich kann mir nicht vorstellen, dass meine Enkel, die mit Hamburger, Bagels, Donuts und Coca Cola aufwachsen, jemals so alt werden wie diese Männer da –«, er zeigt auf die Gräber, »ich glaube es einfach nicht.«

Es ist bereits Nachmittag, als mich Wilson wieder in Gizo abliefert. Die Zivilisation hat mich wieder.

Der Zauber des Inselhüpfens

Ich will weiter nach Munda, auf die Insel New Georgia. Und so packe ich ein paar Tage später meine Sachen. Die Barkasse von Solomon Airlines legt mittags um halb eins ab, durchschneidet mit elegantem Schwung die Bucht und nimmt Kurs auf Nusa Tupe, auch Coconut Crab Island genannt. Ich wuchte mein Gepäck zum Abflugschuppen, checke ein und werde auf einer gusseisernen Waage gewogen. Beim Warten döse ich etwas im Schatten einer Kasuarine, bis irgendwann ein wackliger Achtsitzer einschwebt, eine British Norman Islander. Sieben Passagiere steigen aus, japanische Rentner, deren Gesichter und Gewänder weiß wie der Schnee auf dem Fujiyama sind. Kameras klicken, Camcorder surren. Dann steigen sie wieder ein, alle sieben. Ich wende mich an den Piloten.

»Das ist doch der Flug nach Munda, oder?«

»Ja.«

»Prima, ich habe ein bestätigtes Ticket. Wo soll ich einsteigen?«

»Tut mir Leid, der Flieger ist voll. Die Japaner haben die Maschine gechartert. Wir fliegen nach Choiseul, dann zurück nach Hoaniara via Munda.«

»Aber das Büro in Gizo hat meinen Flug doch bestätigt.«

»Tja«, der Pilot zuckt die Schultern, »das mag ja stimmen. Aber die Maschine ist definitiv voll.«

»Und wann geht der nächste Flug nach Munda?«

»In drei Tagen. Die Twin Otter wird in Henderson gewartet. Das dauert. Und außer meiner Islander existiert kein anderes Flugzeug. Die 737, die wir noch haben, fliegt nur international. Tut mir echt Leid, aber ich muss jetzt los.«

Spricht's und klimmt in die enge Kanzel, zündet die Motoren und rollt von dannen. Die Japaner winken aus den Fenstern. Ich kann mir ein Zurückwinken gerade noch verkneifen.

Also fahre ich mit der Barkasse wieder zurück nach Gizo. Dewyne, der Manager vom »Ghizo Hotel«, macht mir ein Angebot.

»Für fünfhundert Solomon Dollar bringt dich unser Speed-Boot rüber nach Munda. Morgen früh.«

Das ist ziemlich viel Geld. Der Flug kostet nur 260 Dollar bis Honiara. Ich lehne dankend ab und schlendere rüber zum Steg, wo ein Dutzend Langboote vertäut sind und einheimische Fischer ihren Fang ausladen: Echter Bonito und Gelbflossenthun, Stachelmakrelen, Red Snapper, Zackenbarsche und Korallenforellen. Ich frage, ob mich einer mit seinem Boot nach Munda fahren kann. Das können sie alle. Jetzt heißt es um den Preis feilschen.

»Gibt es Probleme?« Danny Kennedy hängt seinen Oberkörper aus dem roten Pick-up, auf dem das Logo seiner Tauchbasis prangt. Ich gehe zu ihm rüber und erkläre ihm mein Dilemma.

»Das ist doch kein Problem. Wenn du willst, fährt dich George, einer meiner Tauchlehrer, mit unserem Boot nach Munda. Du musst allerdings die Kosten für den Treibstoff übernehmen. Sagen wir hundertachtzig Dollar. Passt das?«

Mit diesem großzügigen Angebot bin ich natürlich einverstanden. Eine Stunde später stehe ich in der Bugspitze eines Motorboots, das durch die weite Lagune jagt. Das Kielwasser zeichnet eine weiße Furche in die grünblau funkelnde Marmorfläche der See. George lehnt lässig an der Steuerkonsole und steuert das Boot mit der rechten Hand. Sein rotes Muskelshirt flattert wie eine tibetanische Gebetsfahne im Wind.

»Kennst du Kennedy?«, höre ich ihn brüllen.

»Meinst du Danny, deinen Boss?«, schreie ich zurück.

»Nein, den ehemaligen Präsidenten der USA. John F. Kennedy. Den hat es im Krieg auf Kasolo Island verschlagen. Da drüben.«

Wir düsen an einer flachen Koralleninsel vorbei, die kaum höher als zwei Meter aus dem Wasser ragt: ein paar Büsche, Palmen, Sand,

Steine – sonst nichts. Die Anekdote, die George über Kennedy zu erzählen weiß, hat er wahrscheinlich schon einige hundert Mal in aufmerksam lauschende Taucherohren geplappert:

»Kennedy war Leutnant auf dem Patrouillenboot *PT 109*, das am 2. August 1943 vom japanischen Zerstörer *Amagiri* gerammt und in zwei Teile zerschnitten wurde. Er und zehn Kameraden klammerten sich an das kieloben schwimmende Heckteil und trieben auf das Sagharughombe Reef. Von dort wateten die Männer bei Ebbe hinüber nach Plum Pudding Island, wie Kasolo auch genannt wird. Kennedy, ein verantwortungsvoller Kommandant, schwamm dann über Olasana nach Naru Island, wo er in einem gestrandeten japanischen Landungsboot Proviant und Trinkwasser fand. Nach vier Tagen entdeckten zwei Eingeborene die erschöpfte Schiffs-Crew. Mit ihrem Langboot paddelten sie Kennedy und seine Männer nach Quomu Island und weiter nach Patuparao. Von dort gelang es den Amerikanern und ihren salomonischen Rettern, zwei Tage später die US-Basis auf Lumbaria Island zu erreichen. Der Rest ist Geschichte: Hollywood drehte den Film ›PT 109‹ und Kennedy wurde 1961 Präsident der Vereinigten Staaten von Amerika.«

»Gute Geschichte, George«, bedanke ich mich.

Wir gleiten durch Gletscherblau und Saphirgrün dahin. Im Nachhinein bin ich den japanischen Senioren dankbar, denn das hier ist viel schöner, als in einer engen, dröhnenden Propellermaschine zu fliegen. Vor uns, im Osten, verschmelzen grauschwarze Gewitterwolken mit den Vulkankegeln von Kolombangara zu gigantischen Wolkengebilden, die wie Atompilze aussehen. Über den kleinen Inseln am Rand des Außenriffs glitzert zwar noch die Sonne, aber ich frage mich, wie lange noch. Das Wetter kann jetzt in der Zyklon-Saison Anfang Dezember rasch umschlagen. George blickt besorgt zum Himmel und lenkt das Boot zwischen die beiden Inseln Vonavona und Kohinggo. Unberührter immergrüner Urwald schiebt sich bis zur Wasserlinie. Schwarz-weiße Fregattvögel fliegen auf und übertönen mit ihrem lauten Krächzlauten das sonore Brummen des Außenborders. Die Inseln wachsen zusammen, das Meer trennt sie nur noch

In den abgelegenen Urwalddörfern auf Tanna gilt es als »political correct«, sich wie dieser junge Eingeborene aus Yakel mit einem Penisköcher aus Bastfasern zu bekleiden.

Oben: Schaurig schönes Spektakel – brodelnde Lava und Ascheregen im Krater des Mount Yasur.

L0 Männer bei einem Fruchtbarkeitstanz in Yakel.

Unten: Fangfrische Rifffische, die ausgenommen und klein gehackt im Nationalgericht *laplap* verkocht werden.

Auslegerkanu,
angefertigt aus dem Stamm
eines Mangobaums – hält
etwa acht bis zehn Jahre.

Die kleinen vorgelagerten Inseln im Nordosten Malekulas sind nur mit dem Kanu zu erreichen.

Kolonialer Charme – die Chung Wah Road in Honiaras Chinatown.

Orgie aus Farben und Gerüchen, der Markt in Port Vila.

Madang, hier die Haupteinkaufsstraße, ist eine der schönsten und idyllischsten Städte an der Ostküste Papua-Neuguineas.

Oben: Mit diesen Furcht erregenden Masken aus getrocknetem Ton konfrontierten einst die Asaro-Krieger ihre Feinde.

Links: Muschelketten und -schnüre bis zu sechs Metern Länge dienen auf den Salomonen als Brautpreis.

Aus Mangel an eigenem Grund und Boden bauen die »Wassermenschen« auf New Georgia ihre Stelzenhäuser auf Korallenbänken und in den Mangrovenkanälen.

wie ein Fluss. Wir fahren durch eine wunderbare Wasserlandschaft, wie am Oberlauf des Amazonas. Alles stimmt: nassgrüne Baumriesen, schwüle Luft, träges Wasser, Schreie exotischer Vögel. Was fehlt, sind rot bemalte Indios, die drohend Pfeile und Bogen schwingen, Bambushütten, vor denen Kautschuksammler Latex rühren und riesige Alligatoren, die auf Sandbänken ein Nickerchen halten.

George drosselt die Geschwindigkeit, denn er muss im Wasser driftendem Treibholz ausweichen. In den Mangroven putzen Eisvögel ihr bunt schillerndes Gefieder, Seeschwalben kreisen in der Luft, die grünen Hügel reflektieren ihre schrillen Schreie. Der sandige Meeresboden ist mit Beeten von Seegurken überzogen.

»Es wird bald regnen und stürmen. Wir werden es nicht bis Munda schaffen«, ruft mir George zu. »Ich werde dich in Lola absetzen und schleunigst zurückfahren, bevor mich der Tiefdruckausläufer erwischt.«

Ich nicke und zeige ihm den Daumen. George zirkelt das Boot um ein paar bewaldete Miniatur-Inseln, die wie giftgrüne Morcheln aus dem Wasser ragen, und zieht, als sich die Lagune in ein weites rundes Becken öffnet, eine Schleife nach Süden. Schließlich hält er auf eine kleine flache Insel zu, die rasch näher kommt. Auf einem ausgebleichten Holzsteg steht eine junge Frau in knallengen, knielangen Leggins und einem grellgelbem Bikini-Top und angelt mit einer Handleine.

»Das ist Lisa«, raunt mir George ins Ohr, als er den Motor stoppt und sich das Boot langsam auf den Steg zuschiebt, »Lisa Entrikin, ihr gehört die Insel.«

Lisa, schlank, attraktiv, Anfang dreißig, eine Haut wie Vollmilchschokolade, packt die Leine, die ihr George zuwirft, und belegt sie an einer Klampe. Als das Boot festliegt, steigen wir an Land. Mit wenigen Worten erklärt George Lisa die Situation. Sie nickt, lächelt charmant und reicht mir ihre Hand.

»Willkommen im schönen Lola. Du kannst gern hier bleiben.«

George springt ins Boot und reicht mir Koffer und Reisetasche heraus. Dann startet er den Motor. Lisa löst die Leinen und schleudert sie ins Boot, das schließlich im Rückwärtsgang um den Steg schwenkt.

»Mach's gut und lass dich mal wieder sehen ...« Der Rest seiner Worte geht im Aufbrüllen des Außenborders unter. George gibt Vollgas und zischt Richtung Sonnenuntergang davon.

»Zum Abendessen gibt es Bonito, Hornhecht oder Barsch, je nachdem, was wir fangen. Am Ende des Stegs, in der kleinen Bambushütte, findest du Angeln. Nimm dir eine und hilf mir beim Fischen. Stell am besten auch dein Gepäck dort unter, bevor der große Regen kommt.«

Die Fische springen wie toll, doch keiner beißt an. Lisa fischt mit ihrer Handleine, und ich ziehe einen silbrigen Blinker durchs Wasser. Im Nacken spüre ich die Sonne und Lisas mitleidigen Blick. Mit einem Mal legt sie ihr Angelzeug beiseite, läuft den Steg hinunter, ein Stück den Strand entlang, bricht von einem Strauch einen Zweig ab und trabt zurück. Aus dem Büschel feiner rotgrüner Blätter flicht sie einen dünnen Kranz, den sie mir umhängt.

»Die Blätter der Zipolo-Pflanze bringen Glück. Die Fischer haben sie stets an Bord, wenn sie hinausfahren zum Thunfischfang. Jetzt angle weiter, du wirst was fangen.«

Was für eine Frau ! Ich glaube ihr zwar kein Wort, werfe aber die Leine wieder aus, zwanzig, dreißig Meter weit, rolle ein, werfe aus, rolle ein, werfe aus. Nichts passiert.

»Du musst die Leine weiter nach links auswerfen«, ruft Lisa.

Ich nicke, reiße den Arm mit der Rute nach hinten und gleich wieder heftig nach vorn. Surrend rast die Schnur durch die Ringe. Der Blinker klatscht mit einem dumpfen »Plopp« aufs Wasser, versinkt und zerteilt die Oberfläche. Vergebens suche ich nach dem Schatten, der dem rotierenden Blinkerlöffel folgt.

»Bleib locker, nicht so verkrampft!«

Ich versuche locker zu sein, obwohl mir Arm und Handgelenk wehtun. Mit zuckenden Bewegungen schwenke ich die Rute, dass sich der Blinker unter Wasser wie ein verletzter Fisch aufführt, und warte darauf, dass sich die Schnur endlich anspannt. Plötzlich ein starker Ruck, die Rute krümmt sich, die Bremse schnarrt. Es hat einer angebissen. Nach fünf Minuten Kampf zappelt eine wild mit den Flossen schlagende Stachelmakrele auf den Planken des Bootsstegs. Lisas blitzschnell ausgeführter Karateschlag zwischen Kopf und Kiemen stellt den blaugrauen Fisch für immer ruhig.

»Mach weiter so. Ich bringe den Fisch in die Küche.«

Die Farbe der Lagune hat sich verändert und schimmert jetzt grau wie verätztes Zinkblech. Im Osten türmen sich dunkle Wolkenberge auf, hoch wie Kathedralen, die sich langsam nähern. Wie Schwämme legen sie sich über Inseln und Urwald und tauchen schweigend ins weiche Grau des Meeres ein. Es ist vollkommen still. Ein leichter Lufthauch kräuselt das Wasser. Jetzt kommt Wind auf und biegt die Palmen, schüttelt die Bäume und kühlt meine schwitzende Haut. Eine Böe fegt über den Strand, dann rauscht endlich der Regen herab, klatscht, tost und ohrfeigt die Lagune. Millionen Tropfen trommeln schwer wie Bleikugeln auf den Holzsteg. Schauer werfen sich wütend über die offene Hütte, als ich triefendnass die Angelrute an die Bambuswand hänge.

»Geht's dir gut?« Lisa steckt ihren Kopf durch die Tür. Ihr langes schwarzes Haar hat sie mit einem Knoten gebändigt. »Der Fisch ist fertig. Komm, wir müssen zum Haupthaus.«

Durch knöcheltiefe Pfützen renne ich hinter ihr her auf ein stattliches Stelzenhaus zu. Eine überdachte Veranda führt in einen großen gemütlichen Raum mit polierten Mahagoni-Dielen und Wänden aus gespleißtem Bambus und Pandanusgeflecht. Von der hohen Decke schaukeln Sturmlaternen und werfen warmes Licht auf einen rustikalen, mit weißen Frangipani und gelben Hibiskusblüten geschmückten Holztisch. Lisa serviert den fangfrischen Thunfisch gedünstet im Reisbett und Taroblätter in Kokoscreme. Dazu gibt es eiskaltes australisches Bier aus der Flasche. Das Leben kann so einfach sein.

Lisas Vater ist Brite, ihre Mutter eine hochrangige Eingeborene aus Munda, die ihr Lola Island vererbt hat. Joe, Lisas Mann, ein Amerikaner, weilt gerade in Honiara, um Baumaterial zu kaufen.

Die beiden haben vor, die fünfundzwanzig Hektar Wildnis der Insel in ein Öko-Resort zu verwandeln. Ihre Vision ist, Menschen aus den westlichen Industrieländern mit der unberührten Schönheit der Vonavona-Lagune von Stress und Workout-Syndromen zu heilen – Natur pur als Balsam für die strapazierte Stadtseele.

In Lisas Gesellschaft und bei anregender Unterhaltung in einer entspannten Atmosphäre vergeht die Zeit schnell. Es ist schon spät, als mich Lisa zu dem Gästehaus führt, wo ich übernachten soll, allein mit einer rußenden Petroleumlampe. Draußen reicht der unruhig flackernde Lichtkegel der Laterne nur drei Meter weit; dahinter wartet geduldig und lauernd die Finsternis der Nacht. Einer Nacht, die einen verschlucken will wie ein schwarzes Loch im Weltraum.

Tropische Nächte sind Hörspiele, Nährboden für Phantasien. Die Glocke des Moskitonetzes verwandelt sich zum Geisterschloss. Unbekannte, unheimliche Geräusche rauben mir den Schlaf. Zikaden zirpen, Wellen glucksen, die Brandung schwappt übers Riff. Laut klatschen die Flughäute Fliegender Hunde, wenn sie aus dem Guavenbaum abstreichen. Eulenklauen kratzen auf dem regennassen Blätterdach, Wildtauben gurren und heiser erklingt der Schrei eines Falken. Geckos schmatzen, Motten torkeln ins Licht der Laterne und verbrennen zischend in der Flamme. Leuchtkäfer katapultieren sich durch die Dunkelheit. Und dann dieses ewige Surren der Moskitos, die erst Ruhe geben, wenn sie Einstichstellen gefunden und sich mit Blut voll gesogen haben.

Doch auch die finsterste Nacht geht einmal zu Ende. Die Schwärze weicht feinem Violett und Rosa. Ein reiner Morgen bricht an. Die Luft ist kühl und feucht – ich trinke sie wie Mineralwasser. Regentropfen glitzern auf wilden Orchideen. Am Bootssteg springen wieder die Fische. Die Lagune liegt glatt und glänzend da wie ein zugefrorener See. Am Horizont dümpeln schwere weiße Wolken dahin. Außer Sally, der zotteligen Mischlingshündin, die an meinen Zehen leckt, ist niemand zu sehen zu dieser frühen Stunde.

Ich nehme mir eine Angel und versuche mein Glück. Ohne Erfolg. Wahrscheinlich beißen sie nur, wenn man die Blätter der Zipolo-Pflanze am Körper trägt. Gegen acht Uhr erscheint Lisa. Das Frühstück passt zum tropischen Ambiente: Ananasscheiben, fingerlange gelbe Bananen, Papayastreifen, Mangowürfel, Guaven-Marmelade, selbst gebackenes Brot, heißer schwarzer Tee und Lisas warme Stimme.

»Magst du dich ein bisschen gruseln und die Lagune kennen lernen?«

Ich nicke heftig, da ich gerade den Mund voll habe.

»Gut«, sagt sie mit süßem Lächeln, »mein Bruder Selwyn wird dich begleiten.«

»Fein!«, flunkere ich etwas enttäuscht. Doch Selwyn ist ein netter Typ, schlaksig, mit federndem Panthergang, einem Oberlippenbärtchen, kurzen gekrausten Haaren und einem offenen sympathischen Gesicht. Wir nehmen das Auslegerkanu, das mit einem 15-PS-Außenbordmotor angetrieben wird. Mit an Bord sind auch ein paar Sportangeln und eine Schachtel mit Blinkern, Spinnern und Kunststoffködern. Selwyn steuert die Südspitze der Vonavona-Insel an.

»Wir wollen nach Peraka, der Schädelinsel. Doch wenn wir sie betreten wollen, benötigen wir die Erlaubnis von Chief Eddie«, informiert er mich.

»Und wie bekommen wir seine Erlaubnis?«

»Gib ihm einfach zehn Dollar. Dann kann er sich neuen Tabak kaufen.«

Wir haben uns dem Ufer bis auf wenige Meter genähert. Unter den Palmen stehen ein paar flache Bambushütten. Im seichten Wasser vergnügen sich die Dorfkinder. Selwyn ruft ihnen ein paar Worte in einer fremden Sprache zu. Ein Junge, vielleicht zwölf Jahre alt, kommt zum Kanu geschwommen und zieht sich an der Bordwand hoch.

»Chief Eddie ist im Nachbardorf. Du kannst einfach dem Jungen das Geld geben. Er ist sein Sohn.«

Ich drücke dem Jungen eine Zehn-Dollar-Note in die nasse Hand. Er klemmt sie sich gleich zwischen seine perlweißen Zähne und schwimmt so zum Ufer zurück. Die anderen Kinder folgen ihm.

Kundu Point, Vonavonas Südspitze, dreht sich wie ein langer Haken in das Blassblau der Lagune. Eine Seemeile weiter, direkt am Pualoka Reef, trotzt eine felsige, sportplatzgroße Insel den an- und abrollenden Brechern der Korallensee: Peraka oder Skull Island, die Walhalla der Kopfjäger der Insel Rendova.

Selwyn zieht das Kanu in den Windschatten der Insel und befestigt die Bugleine an einem von Salzwasser zerfressenen Korallenstock, der aus dem flachen Wasser ragt. Statt Sandstrand finden sich hier nur Steine, Schotter und scharfkantige Felsen. Kein Vogel schreit, kein Schmetterling fliegt. Nicht ein einziger Einsiedlerkrebs krabbelt am Ufer. Peraka ist stumm, still, tot.

Wir quetschen uns durch dichtes Hartlaub-Gestrüpp zur Inselmitte, wo sich auf verwitterten grauen Altären aus Korallen bleiche Menschenschädel stapeln.

»Berühre nur ja keinen der Köpfe«, warnt mich Selwyn, »sie sind tabu.«

»Wo kommen die Schädel her?«

»Die Krieger von Rendova haben die Köpfe ihrer getöteten Feinde und Häuptlinge hierher gebracht, um diese zu ehren. Köpfe gelten als Zentrum spiritueller Kraft und als Sitz der Seele. Wir nennen sie *tututi*. Die Seele und deren Kraft wollten sich die Männer bei ihren Kriegszügen gegen andere Stämme aneignen. Je mehr Schädel ein Krieger besaß, desto mutiger und angesehener war er.«

Nur ein paar Schritte weiter ruht auf einem tonnenschweren Korallenbrocken ein aufrecht stehender, dreieckiger Sarg. Aus dem Halbschatten des morschen, hölzernen Schreins starren vier, fünf grün vermoderte Totenschädel. Ihre verrenkten Kiefer beißen auf gelbweiße Muschelringe, *bakihas*, die aus den versteinerten Schalen der Riesenmuschel geschliffen wurden – ähnliche Exemplare, wie sie mir Wilson Hiva auf Ghizo gezeigt hat.

»Diese Köpfe sind über dreihundert Jahre alt. Die anderen, die dort drüben liegen, höchstens sechzig.«

»Willst du damit etwa sagen, dass es um 1940 noch Kopfjagden gab?«, frage ich ungläubig.

Auf der Schädelinsel. Die Krieger von Rendova haben einst auf dem kleinen Eiland die Köpfe ihrer getöteten Feinde zusammengetragen.

»Haargenau. Die Salomonen sind groß. Es gibt viele, viele Inseln. Und die britischen Beamten und Polizisten konnten damals nicht überall sein. In Munda und Rendova leben ein paar alte Männer, die können dir mehr über die Kopfjagd erzählen – sie haben sie überlebt.«

Mich schaudert. Über diesem unheimlichen Ort im Dickicht scheint ein Bann zu liegen, eine spirituelle Kraft, die die Halsschlagader heftiger pochen lässt, die Pulsfrequenz erhöht und den Atem beschleunigt.

»Mana«, flüstert Selwyn. »Das sind die Geister der Toten!«

Eins weiß ich gewiss: Nicht für alles Geld der Welt würde ich auch nur eine Nacht auf dieser unglückseligen Insel verbringen. Als die Insel hinter unserem Kielwasser allmählich kleiner wird, fühle ich mich irgendwie erleichtert.

Wesentlich erfreulicher ist der Anblick von Nusa Aghana, einem Inselchen, das flach wie ein Fladen und kaum größer als ein Aldi-Parkplatz ist. Es ist bewachsen mit einigen Dutzend Kokospalmen, Fetau-Bäumen, Schraubenpalmen und wildem Hibiskus. Ein heller Sandstreifen trennt das Häufchen Land von der Lagune und ihren über einhundert Blauschattierungen. In sicherem Abstand vom Außenriff schmeißt Selwyn den selbst geschweißten Schirmanker ins kristallklare Wasser. Wir schwojen sechs Meter über einem Korallengarten und werfen die Angeln aus.

»Mit dem Blinker angeln ist die effektivste Art des Fischens. Da siehst du wenigstens den Fisch, den du fangen willst.«

Das gilt zumindest für Selwyn, der gerade seinen vierten Fisch ins wankende Kanu hievt, eine Blauflossenmakrele. Mit einem kurzen, schweren Knüppel schlägt er so lange auf den zappelnden Leib, bis dieser erschlafft und er mit einer Zange den Blinker aus dem Kiefer hebeln kann. Doch auch ich habe hier mehr Glück. Zwei Mal beißt einer bei mir an. Beim Ersten rucke, kurble und ziehe ich, gebe Leine und ziehe wieder an – doch nicht fest genug, der Fisch kommt wieder frei. Der nächste beißt drei Minuten später. Den will ich unbedingt – und es klappt. Ich ziehe einen Barrakuda ins Kanu. Selwyn tötet ihn mit dem Knüppel.

Beide sind wir erregt, verschwitzt und mit Blut besudelt. Jetzt bin ich auf den Geschmack gekommen. Als Nächstes fange ich eine Korallenforelle, ein purpurroter, mit kleinen blauen Punkten gesprenkelter Fisch. Selwyn erwischt einen Queenfisch, ein prächtiges Exemplar, das bestimmt acht Kilo wiegt.

Was sind das für Glücksmomente. Es zählt nur noch das Meer, das Kanu, der Gefährte, mit dem man hier draußen ist – weit weg vom Rest der Welt. Jetzt will ich nur noch den schwarzen Marlin fangen, wie Hemingway. Selwyn lacht.

»Für den Marlin brauchen wir ein größeres Boot, mehr Zeit und stärkere Angeln. Wenn wir zurück sind, kann dir meine Schwester unser Album mit den Fotos der Fische zeigen, die wir schon gefangen haben: Spanische Makrele, Hundezahn-Thunfisch, Wahoo, Dickkopf-Makrele und Marlin natürlich – ein über zwei Meter langes und hundertsiebzig Kilo schweres Exemplar.«

Aus der Blauflossenmakrele schneidet Lisa Filets. Es gibt sie gebraten zum Mittagessen, dazu Maniok-Fritten und Limetten. Sally, die Hündin, frisst den Kopf, die Katzen balgen sich um Schwanz und Flossen, und mit den Innereien füttert Selwyn die Fische am Bootssteg – ein perfekter Kreislauf des Lebens: fressen und gefressen werden. Pappvoll und zufrieden mit meinem Inseldasein, vertrödle ich herrliche Stunden in der Hängematte, bis die rosa Abendwolken am Horizont vorbeisegeln, die Sonne hinter den Inseln golden aufleuchtet und die Palmen zu Scherenschnitten im abflauenden Wind erstarren. Eine Ruhe legt sich über Lola, die an die Ewigkeit des Universums erinnert.

Die Nacht bringt wieder schwere Platzregen und quälende Schwärze. Der Morgen jedoch zaubert Regenbögen auf den Tautropfen.

»You can see clearly now, the rain is gone …«, singt Toto. Ja, der Blick wird klar. Und wäre die Erde eine Scheibe, hätten wir freie Sicht bis Australien und zur Antarktis.

In den Lagunen der Kopfjäger

Der Abschied von Lola und Lisa ist wie die Vertreibung aus dem Paradies. Selwyn fährt mich mit dem Speedboot nach Munda, um Katherine, die älteste Tochter seiner Schwester, von der Schule abzuholen – das Trimester ist zu Ende, die Weihnachtsferien beginnen. 35 Minuten später ist Lola Vergangenheit und in Munda beginnt eine neue, andere Gegenwart.

Munda, die größte Ortschaft New Georgias, ist eine Verschmelzung von sechs Dörfern entlang einer palmengesäumten flachen Küstenlinie, die man ohne zu flunkern mit dem Attribut »malerisch« beschreiben kann. Die Türen der Häuser und Hütten zeigen auf die Roviana-Lagune. Von den separaten Garküchen, Gärten und Latrinen sind es vielleicht hundert Schritte bis zu einer dreitausend Meter langen Betonlandebahn, die breit genug ist, dass zwei Jumbo-Jets parallel landen könnten. Sie wurde von den Japanern angelegt und 1943 von den Amerikanern vollendet und dürfte nach Henderson Airport die beste Landebahn auf den Salomonen sein.

Im Lambete, dem größten Dorf, legen die Kopra-Dampfer aus der Hauptstadt an. Hier gibt es eine Schule, ein Postamt, ein paar Läden, Kirchen, Lagerhallen aus Weltkriegs-Wellblech, Kopra-Trockenanlagen aus rostigen Benzinfässern und eine von Schlingpflanzen und Busch überwucherte Halde mit Militärschrott – Traktoren, Bulldozer, Flugzeugteile und Lkw-Wracks.

Übernachtungsmöglichkeiten gibt es ebenfalls. Ich finde ein Zimmer mit Aussicht auf die Lagune in der »Agnes Lodge«. Im Gästehaus der Methodistischen Kirche hätte ich auch absteigen können, billiger und biederer. Aber lieber zahle ich ein paar Dollar mehr und bin dafür frei – von Moskito-Attacken, Religionsunterricht und Gemeinschaftsdusche. Außerdem lässt sich von meiner kleinen Veranda aus prima das Treiben an dem Betonpier beobachten, wo gerade die *MV Hiliboe*, ein kleines Küstenmotorschiff, entladen wird. Das wird Stunden dauern und ist garantiert unterhaltsamer als eine Fernsehshow.

In den Tropen, das ist ein ungeschriebenes Gesetz, trifft man sich zur Stunde des Sonnenuntergangs stets dort, wo es kalte Getränke gibt – und das ist gewöhnlich eine luftige Bar. Auch in der »Agnes Lodge« gibt es eine. Ich hocke auf einem der wackligen Barstühle, die Ellbogen auf die derbe Baumscheibe des Tresens gestemmt, und schaue in den breiten muschelverzierten Spiegel, in dem die Farben der Lagune leuchten.

Zur heutigen blauen Stunde lungern vier Weiße an der Bar. Einer von ihnen ist Richard Anning, ein Engländer aus Manchester, der vor fünf Jahren in Munda hängen geblieben ist. In Zusammenarbeit mit der Lodge versucht er, Tauch- und Abenteuerexpeditionen zu organisieren.

»Seit dem verdammten Coup in der Hauptstadt, den Kämpfen zwischen der Malaita Eagle Force und der IFM (Isatabu Freedom Movement) 1999 und 2000 läuft das Geschäft noch schlechter als vorher«, mault der dünne Brite. »Wir sind dankbar für jeden Reisenden, der sich nach Munda verirrt.«

Wir plaudern, trinken ein paar Foster's und knabbern Erdnüsse und scharf gewürzte, dünne Kokosnuss-Streifen. Richard Anning bestätigt, dass wirklich noch einige alte Männer leben, die als Kinder die Gräuel der Kopfjäger-Attacken erlebt haben. Morgen soll ich einen von ihnen kennen lernen. Das ist mir glatt eine Runde wert.

Um neun Uhr morgens steige ich wieder in ein Boot, eine Piroge. Boote sind hier mangels Straßen das einzige Transportmittel für jedermann.

Am Motor sitzt Tevata, ein rundlicher Bursche mit buschigen Augenbrauen, buschigem Schnauzbart und einer Betelnuss in der

Backe. Zwischen uns sitzt Baie, ein rüstiger alter Mann mit flachsweißen Haaren, die von seinem Hinterkopf abstehen wie ein Heiligenschein. Seine braune Haut ist dünn, runzlig und so fein wie die getrockneten Blüten einer Bougainvillea.

Etwa fünf Kilometer südöstlich von Munda, am Rand des Riffs, das die Roviana-Lagune von der Salomonsee trennt, liegt unser Ziel Roviana, eine hufeisenförmige Insel. Wir wollen die Festungsruine der Kopfjäger besuchen. In einer kleinen Bucht ziehen wir die Piroge auf den gelben Sandstrand.

»Das Dorf ist auf der anderen Seite der Insel. Aber von hier ist der Aufstieg nach Nusa Roviana, der Festung, nicht ganz so steil. Außerdem ist Baie 82 und nicht mehr so schnell wie ein Rennpferd«, bemerkt Tevata, als wir aufbrechen.

Im silbergrauen Savannengras des roterdigen Hügels liegen Buschinseln verstreut, die mit Schraubenpalmen, Guaven- und Mangobäumen durchsetzt sind. Nachdem wir zehn Minuten den Hügel hinaufgegangen sind, beginnt der Urwald, die Heimat für Baumratten, Fruchttauben, Flughunde, Honigesser und Libellen

Steg bei Munda. Boote sind mangels Straßen das einzige Transportmittel, um zu anderen Orten der Insel New Georgia zu gelangen.

mit samtbraunen Flügeln. Ein kaum sichtbarer Pfad führt uns über krakenartiges Wurzelgeflecht, Felsen und Moose, vorbei an dickbäuchigen Regenbäumen, wuchernden Baumfarnen und den türhohen Brettwurzeln riesiger Kastanien. Schließlich gelangen wir an unser Ziel, eine Stelle, wo verwitterte Korallenschollen und unzählige zerbrochene Muscheln auf dem Boden liegen. Baie hockt sich schwer atmend auf einen Korallenblock. Schweiß und roter Speichel tropfen von seinem Kinn.

»Hier liegt der Eingang zu Nusa Roviana, der Festung von Chief Ingava«, berichtet der alte Mann mit abgekämpfter Stimme. »Überall waren Muschelreihen und Stolperschnüre ausgelegt, um die Wachposten zu warnen, falls sich nachts Feinde anschleichen sollten. Ingava und sein Stamm waren der Schrecken New Georgias, alle anderen Stämme fürchteten die blutrünstigen Kopfjäger. Ihr Totemtier war der Steinhund, er machte sie stark und mächtig. Nusa Rovianas Bewohner hatten in jahrelanger mühsamer Arbeit Tausende von Korallenblöcken und -platten auf diesen Hügel geschleppt und zu hohen Wällen und Mauern aufgetürmt, die an einigen Stellen bis zu dreißig Meter breit waren. Innerhalb der Festung befanden sich Häuser, Zisternen, Vorratslager, Gärten und ein Tanzplatz mit dem Altar und der Statue des Steinhundes.«

Wir stolpern über eingestürzte Mauern, Plattformen aus Korallenkies, umgestürzte Tabu-Steine und verwilderte Taro-Terrassen – mehr haben Urwald und Erdbeben nicht übrig gelassen. Baie kennt sich aus. In seinem langen Leben muss er schon oft diese Festung von Tod und Terror durchstreift haben. Mit schlafwandlerischer Sicherheit führt er uns durch das Dickicht zu einem Steinhaufen, über den Tonpfeifen, zerbrochenes Muschelgeld und vermoderte Knochen verstreut liegen. Obenauf thront der grün bemooste Kopf eines steinernen Hundes.

»Das ist er, der Steinhund«, flüstert er fast ehrfürchtig, als ob der Stein lebendig wäre, »das Totemtier von Ingavas Stamm. Man sagt, er hatte die Augen eines Adlers, und seine Ohren konnten die Paddelschläge der Kriegskanus hören, selbst wenn diese noch hundert

Kilometer entfernt waren. So hatten die Krieger Zeit, sich auf den Feind vorzubereiten. Mit dem Zauber des Steinhunds waren Ingavas Männer unbesiegbar.«

»Aber wieso ist dann alles hier zerstört?«, frage ich den alten Mann.

»Die Engländer haben 1892 ein Kanonenboot geschickt, die *HMS Royalist*, und viele, viele Soldaten. Jedes Dorf in der Roviana-Lagune wurde bombardiert, verbrannt und dem Erdboden gleichgemacht. Die Engländer eroberten auch Nusa Roviana, zerstörten die Festung und schlugen dem Steinhund den Kopf ab – vor den entsetzten Augen der gefangenen, in Ketten gelegten Stammeskrieger.«

»Baie, du bist 82, und Richard Anning hat mir gesagt, du hättest als Kind den Angriff von Kopfjägern auf dein Dorf überlebt. Demnach muss es ja in der Zeit zwischen 1920 und 1930 noch Expeditionen von Kopfjägern gegeben haben.«

»O ja.« Der Alte nickt energisch mit dem Kopf. »Eigentlich hatten sie die Gegend nie vollständig unter Kontrolle. Überfälle von Kopfjägern gab es bis 1940.«

Und dann erzählt er uns mit stockender, leiser Stimme die traurige Geschichte von der Vernichtung seines Dorfes:

»Die Engländer hatten bei ihren Strafexpeditionen die großen *tomokos*, die Kriegskanus, verbrannt. Doch es gab Stämme, die hatten ihre Kanus rechtzeitig im dichten Urwald versteckt. So ein Kanu war etwa fünfzehn Meter lang und wurde von fünfzig bis hundert Männern gepaddelt, die in Zweierreihen auf schmalen Holzplanken saßen. Obwohl ohne Ausleger, waren die mit weißen Kaurischnecken und Perlmuscheln dekorierten *tomokos* stabil und seetüchtig. Die schlanken Bug- und Heckspitzen ragten drei Meter aus dem Wasser und trugen das aus Holz geschnitzte Totemtier des Stammes.

Unser Dorf lag auf einer schmalen Halbinsel. Es war früh am Morgen, als die Kopfjäger kamen. Die Frauen hatten gerade die Feuer bei den Kochhäusern geschürt, andere badeten in der Lagune oder suchten dort nach essbaren Schnecken. Die meisten Männer schliefen noch. Ich half meiner Mutter Kokosnüsse zu sammeln. Plötzlich ein Schrei. Eine Frau in der Lagune zeigte nach Nordwesten, wo gerade ein Kriegskanu um die Landspitze bog. Jetzt schrien alle Frauen voller Angst und rannten aus dem Wasser. Die Männer taumelten schlaftrunken aus den Hütten. Kaum hatten sie das Kriegskanu gesichtet, das mit hoher Geschwindigkeit näher kam, sprangen sie zurück in die Hütten und tauchten Sekunden später mit ihren Speeren und Keulen wieder auf. Sie liefen zum Strand und formierten sich, bereit, das Dorf, ihre Frauen und Kinder mit ihrem Leben zu verteidigen.

Meine Mutter und ich lagen unter einem Mangobaum und sahen, wie das große Kriegskanu auf den Strand zuflog und sich in den Sand schob. Viele schwarze Männer mit weißer Brustbemalung sprangen heraus und liefen mit gellenden Schreien, ihre langen Speere und Keulen schwingend, den Strand hinauf. Unsere Männer kämpften tapfer, unsere Frauen warfen Steine auf die Feinde. Es sah aus, als würden wir siegen. Doch dann brach aus dem nahen Wald eine weitere Gruppe feindlicher Krieger hervor. Jetzt saßen wir in der Falle. Meine Mutter schob mich hinauf in den Mangobaum und befahl mir, in die Spitze zu klettern und mich dort zu verstecken. Ich habe es getan. Ich bin so hoch geklettert, wie ich konnte, und habe mich in eine Astgabel gekauert. Sehen konnte ich nicht viel; ich hörte nur Schreie, Stöhnen, Schnaufen, Schluchzen. Irgendwann wurde es stiller. Ich vernahm fremde Stimmen und roch Feuer, Rauch, Blut und verbranntes Fleisch. Ich hatte eine Riesenangst. Ich klammerte mich fest an den Baum und weinte. Am Nachmittag hörte ich eine leise Stimme in unserer Sprache. Langsam kletterte ich nach unten. Eine Frau beugte sich in der Nähe meines Baums über einen leblosen Körper. Ich kannte sie. Es war Kobu, die älteste Schwester meiner Mutter. Sie nahm meine Hand und zog mich in den nahen Wald, wo wir uns bis zum nächsten Morgen versteckten.

Unser Dorf war zerstört, die Hütten verbrannt. Überall lagen Tote – Männer ohne Kopf. Auf ihren Körpern saßen Fliegen.

Kobu schlug einige Kokosnüsse auf. Wir aßen das Fleisch. Danach gingen wir zum Strand, fanden ein kleines Kanu und paddelten durch die Lagune, bis wir am Nachmittag nach Munda kamen, wo wir Schutz fanden in der methodistischen Mission. Meine Mutter und meinen Vater sollte ich nie wieder sehen. Später erfuhren wir, dass die Kopfjäger aus Vella Lavella kamen und von ihren Chiefs Gau und Kavi angeführt wurden. Sie hatten alle Männer unseres Dorfes getötet und ihre Köpfe mitgenommen. Ein Teil der Frauen und Kinder konnte fliehen, die meisten aber wurden nach Vella Lavella verschleppt.«

An dieser Stelle schließt Baie die Geschichte seiner verlorenen Kindheit. Er braucht jetzt etwas zum Kauen. Da er selbst keine Zähne mehr hat, zerbeißt Tevata für ihn eine Betelnuss, zerkaut sie zu einem Brei und spuckt ihn in die Hand des alten Mannes. Der schleckt den Betelnussbrei auf, stopft mit dem Daumen Blatt und Kalkprise hinterher und mummelt genussvoll auf seinen Gaumenleisten, bis ihm rote Speichelfäden aus den Mundwinkeln rinnen. Als wir wieder im Boot sitzen und ich die Tragik von Baies Geschichte begriffen und einigermaßen verdaut habe, wende ich mich erneut an den alten Mann.

»Weiß man, was mit den Frauen und Kindern geschehen ist?«

»Nein, aber ich denke, sie wurden versklavt. Das war so üblich. Den Kindern von versklavten Frauen ging es gut. Sie hatten sogar Recht auf das gemeinsame Stammesland.«

»Wurden die Gefangenen auch gegessen?«, frage ich zögernd.

»Nur die Männer. Ihre abgeschlagenen Köpfe warfen die Vella-Lavella-Leute in ein Freudenfeuer, das nach der Rückkehr einer erfolgreichen Kopfjagd am Strand angezündet wurde. Die Krieger tanzten um das Feuer und sangen Lieder von Mut und Tapferkeit. War alles Fleisch verbrannt, legte man die Köpfe in Körbe aus Palmenblättern und befestigte diese an langen Stangen, die am Strand aufgestellt wurden. Später kamen die Köpfe in die Schädel-Häuser. Die lagen versteckt im Busch, damit sie die englischen Soldaten oder die Missionare nicht finden konnten.«

»Warum waren die Kopfjäger von Vella Lavella besonders gefürchtet?«

»Ich weiß es nicht genau. Aber sie sind anders, sie sprechen eine eigene Sprache. Die Männer sind größer und haben eine dunklere Haut als wir. Wo sie auftauchten, brachten sie Tod und Verderben. Auf Santa Isbabel und Choiseul haben sie ganze Küstenabschnitte entvölkert. Sie waren grausam, kannten kein Erbarmen. Und hätte es den großen Krieg (den Zweiten Weltkrieg) nicht gegeben, wer weiß, vielleicht würden sie heute noch auf die Kopfjagd gehen.«

Wir fahren zurück nach Munda. Während Tevata den alten Baie in sein Dorf begleitet, setze ich mich am Strand in den Schatten eines Fischgiftbaums und schaue über die weite Lagune von Roviana. Ein Aussicht, die in jeden Urlaubsprospekt passt: heitere Sonne über heiteren Tropeninseln. Wer mag bei solch einem Anblick trübe Gedanken entwickeln und an die Grausamkeiten der Vergangenheit denken? Baies Augen haben sehr viel Schreckliches gesehen, doch ich glaube, er hat das alles verarbeitet, abgeschlossen und den Ausflug ins letzte Jahrhundert sogar auf seine Weise genossen.

Wie lebendig und bewegt die Vergangenheit war, zeigt sich am Abend. Am Strand vor der Lodge brennen Fackeln. Es soll ein hoher Regierungsbeamter aus Honiara in Munda sein, der mit den lokalen Chiefs Verhandlungen führt, weil ein japanisches Konsortium am Mount Bau tropisches Edelholz schlagen will. Davon profitieren werden nicht die einheimischen Landbesitzer, sondern nur ein paar geschmierte Beamte in der Regierung und die japanischen Exporteure. Aber das ist eine andere Geschichte.

Eine »Bamboo Band« spielt Musik für die Gäste. Eine Gruppe von etwa zehn Leuten packt sich am Buffet die Teller voll mit Papageienfisch, Hähnchenkeulen, Taro in Kokoscreme, Karottensalat und Langustenschwänzen. Die Männer trinken Bier aus der Dose, die Frauen australischen Chardonnay.

»Worauf warten denn alle so gespannt?«, frage ich.

»Auf die Kopfjäger«, schmunzelt Richard und prostet mir zu.

Mit einem Mal sind sie aus dem Schatten der Nacht aufgetaucht: eine Schar wilder nackter Kerle, schwarz wie Ebenholz, die Körper grell bemalt mit weißen Streifen – ein laut heulendes, schreiendes, stampfendes Menschenknäuel. Schweißglänzende Arme schwenken Speere, Schilde und Äxte. Rasseln aus Walnussschalen scheppern an ihren Fußknöcheln. Ihr struppiges Kraushaar ist geschmückt mit Stirnbändern, an denen flache Muschelscheiben baumeln. Jetzt bilden sie eine geschlossene Phalanx und springen unter tierischem Geheul mit angelegten Speeren auf die Gäste zu, die vor Schreck erstarren. Die tödlichen Speerspitzen stoppen nur eine Armlänge entfernt von uns. Ein Jauchzer, und die Waffen senken sich. Ein breites, triumphierendes Grinsen in den Gesichtern der Tänzer aus Munda entblößt strahlend weiße Raubtierzähne und vom Betelnusskauen geschwärztes Zahnfleisch. Die Scheinattacke ist zu Ende.

Als die Tänzer kichernd zusammenstehen, nutze ich die Gelegenheit, mir ihr Waffenarsenal genauer anzuschauen. Die Schilde sind aus leichtem Holz, etwa vierzig Zentimeter breit und einen Meter lang, und mit weißgelben grafischen Mustern bemalt. Die über zwei Meter langen Speere sind aus Eisenholz. Als ich mit dem Zeigefinger über die weiße, messerscharfe Spitze fahre, steht plötzlich wie aus dem Nichts einer der Kriegstänzer neben mir.

»Woraus ist die Spitze?«, frage ich.

Er schaut mich eindringlich an, grinst, bückt sich und tippt auf sein Schienbein.

»Schienbein? Die Speerspitze ist aus einem Schienbeinknochen? Von einem Menschen?«

Ein Kopfnicken bejaht meine Frage. Schon ist er wieder weg und gesellt sich zu seinen Kumpanen. Während ich noch einmal zweifelnd die Speere fixiere, höre ich die Burschen laut lachen. Aber wo liegt die Pointe? Ist die Speerspitze nun wirklich aus dem Schienbein eines Mannes oder haben sich die Tänzer mit einem unwissenden *waetmani* nur einen kleinen Scherz erlaubt?

Mangrovenkanäle und Meerengen

Die Touristikexperten der Salomonen gehen davon aus, dass die meisten ausländischen Besucher kommen, um die Schlachtfelder des Zweiten Weltkriegs zu besichtigen. Deshalb gelten Kriegsrelikte wie zerschossene Panzer, abgestürzte Kampfflieger oder verrottete Flugabwehrkanonen als Top-Attraktionen. Auch hier interessiert mich der Weltkriegsschrott nicht sonderlich, doch profitiere ich von der Neugier eines japanischen Pärchens, das im Busch auf Spurensuche gehen will. Sie haben bei Richard Anning eine Bootsexkursion nach Kohinggo Island gebucht. Der Brite lädt mich ein mitzukommen – gratis.

Mittwochmorgen. Die Flut schiebt glucksend flache Wellen den Strand hinauf. Im Blau der Lagune schimmern silbrige, auf Hochglanz polierte Schlieren. Die beiden Japaner cremen ihre blassen Gesichter mit Sun Blocker ein und tupfen rosa Zinksalbe auf Nase und Lippen. Yumi und Akira Yabuki aus Osaka, beide 26 und seit einem Jahr verheiratet, arbeiten als Informatiker bei *Mitsumi Electric*.

Richard umzirkelt Munda Point, einen Landzipfel, der mit seiner dünnen und langen Form wie ein Blinddarm aussieht. Hier rostet eine dicke Öl-Pipeline langsam vor sich. Wir tuckern dicht an der Palmenküste entlang.

»Dort«, Richard deutet zum Ufer, »sind Höhlen, in denen sich japanische Soldaten versteckten, als die Amerikaner die Insel eroberten. Die Letzten sah man 1965. Erst als der japanische Botschafter aus Honiara einflog und ihnen mittels Megaphon erklärte, dass der Krieg vorüber sei, haben sie die Höhlen verlassen.«

Zwei kompakte Canon-Digitalkameras scannen und knipsen das

Ufer, zwei junge japanische Gesichter leuchten vor Aufregung. Richard hält auf die Mangroven zu, drosselt die Geschwindigkeit auf Schritttempo und lenkt das Alu-Boot in einen engen Kanal. Die Schraube des Außenborders schrammt über den sandigen Meeresgrund und wirbelt brackiges, braunes Wasser auf.

»Wir müssen paddeln, bis wir wieder tieferes Wasser erreichen.«

Er stoppt den Motor, klappt ihn hoch, dass der Antriebsschaft aus dem Wasser ragt, und greift sich eins der Stechpaddel. Ich nehme das andere. Das Astgewirr der Mangroven wölbt sich über uns wie eine Tunnelröhre und filtert das grelle Sonnenlicht. Kein Geräusch ist zu hören, außer dem Gluckern der eintauchenden Paddel. Nipapalmen erheben sich aus dem Morast des Ufers, dort, wo das trübe dunkle Wasser weniger Meersalz enthält. Schlickspringer huschen über nasse Stelzwurzeln. Auf einem dicken knorrigen Wurzelarm sonnt sich ein Sumpfwaran. Er ist mindestens einen Meter lang und glotzt uns mit seinen kalten gelben Pupillen an.

»Schmeckt wie Hühnchen«, flüstert Richard.

Von den Lichtblitzen japanischer Kameras gestört, verschwindet die Echse mit blitzschneller Bewegung im Labyrinth der Stelzwurzeln.

»Gibt es hier Krokodile?«, erkundigt sich die kleine Yumi schüchtern.

»Die gibt es«, antwortet Richard, »schöne, gefräßige Salzwasser-Krokodile. Erst letzte Woche hat eines dieser Biester eine alte Frau erwischt, die im Mangrovenwald Krabben gesammelt hat. Das war hier ganz in der Nähe. Das *Salty* (Salzwasserkrokodil) riss ihr ein Bein ab. Sie verblutete.«

Mit spitzem Aufschrei schlägt Yumi ihre Hand vor den geschminkten Mund.

Ohne weitere Fragen gelangen wir zu einer badeweihergroßen Brackwasser-Lagune. Hier ist das Wasser tief genug, dass wir mit dem Motor weiterfahren können. Aus der Lagune führt ein weiterer Kanal heraus, der nach etwa einem Kilometer in eine äußerst schmale Meerenge mündet. An dieser Stelle schiebt sich die Süd-

New Georgia – malerische Buchten und Lagunen prägen diese Südseeinsel.

spitze von Kohinggo auf weniger als dreißig Meter an das Mangrovendickicht von New Georgia heran. In der rasch fließenden Gezeitenströmung pendeln Pirogen, voll besetzt mit Menschen, die entweder nach Munda unterwegs sind oder wie wir Richtung Norden gleiten. Diamond Narrows nennt sich die enge Passage zwischen den beiden Inseln. Im kristallklaren Wasser blinken bunte Korallenstöcke, die fast bis in die Stelzenhäuser der Insulaner wachsen. Holzbohlen oder Schotterdämme verbinden die über dem Wasser thronenden Hütten mit den Garküchen am Ufer, die auf Plattformen aus Steinen und Korallenkies errichtet sind. Im Wasser planschen Kinder; an Leinen, die zwischen Kokospalmen gespannt sind, flattert Wäsche. Doch die Idylle trügt, wie Richard berichtet.

»In den Hütten leben Flüchtlinge aus Malaita. Da sie keinen Anspruch auf Land haben, hausen sie illegal auf winzigen Rodungen, eingequetscht zwischen sumpfigen Kanälen und undurchdringlichen Mangrovenwäldern. Wassermenschen werden sie von den Leuten aus Munda genannt. Sie leben ausschließlich vom Fischfang.«

Die Meerenge geht weiter nördlich über in den Hathorn Sound, einen trichterförmigen Einschnitt mit Verbindung zur Salomonsee. Jetzt ist es vorbei mit dem sanften Dahingleiten. Eine steife Brise bläst uns ins Gesicht. Das Alu-Boot stampft auf kurzen Wellen, was Yumi überhaupt nicht gefällt. Bevor es ihr noch schlecht wird, gehen wir in Noro an einem Betonpier längsseits, vertäuen das Boot und klettern an Land.

Noro ist eine boomende Stadt, eine aus dem Boden gestampfte Industrieansiedlung mit einem geschützt liegenden Hafen. Hier ankern Trawler aus Taiwan, Korea und Japan. In einer stinkenden Fischfabrik verarbeiten über vierhundert Einheimische Tausende von Tonnen fangfrischen Thunfisch. Vor zehn Jahren gab es hier nichts, nur Busch, Mangroven, ein paar Hütten und einen Wellblechschuppen, in dem Koprasäcke vergammelten. Dann suchte die Regierung im fernen Honiara einen geeigneten Ort für die wachsenden asiatischen Fischfangflotten und die Frachtschiffe, auf die man all die kostbaren tropischen Baumriesen verladen konnte, die ausländische Firmen in den Regenwäldern New Georgias roden. Die Wahl fiel auf Noro.

Erst baute man eine Hafenanlage und Lagerhallen, dann eine Fischfabrik und Unterkünfte für die Arbeiter. Chinesische Händler eröffneten Geschäfte. Die Bevölkerung wuchs. Jetzt gibt es zwei Banken, ein Postamt und eine Polizeistation, regelmäßige Strom- und Wasserversorgung, Bars und Bingohallen, Schnellrestaurants, Straßen und einen Haufen schäbiger Hütten, in denen mehr als dreitausend Zugereiste leben. Und täglich werden es mehr, die kommen, um Arbeit, Abwechselung und Abenteuer zu finden. Auf Noros staubiger Hauptstraße bewegt sich ein Menschenauflauf wie zur Zeit des Goldrauschs im Zentrum von Dawson City.

Wir sitzen in »Ping Ho's Café« auf wackligen Stahlrohr-Stühlchen. An der Decke ächzt ein Ventilator, der Bewegung in die stickige Luft zu bringen versucht. Yumi und Akira schlürfen Nudelsuppe, Richard trinkt Tee, ich Mineralwasser.

»Noro ist ein heißes Pflaster«, spricht Richard über den Rand seiner Teetasse hinweg, »ein bisschen Bingo, Glücksrad, Lotto und Black Jack wie in Las Vegas, ein bisschen Kahlschlagwahn im Regenwald wie in Brasilien und Nutten und Neonlicht-Kaschemmen wie in Soho oder Bangkok. Das Geld sitzt locker. So mancher lässt hier seine gesamte Heuer, für die er auf einem der miefigen Trawler schwer malocht hat. Das Geld wird versoffen, verspielt oder im Bordell ausgegeben. In zwei, drei Tagen hauen die Matrosen Tausende von Dollars auf den Kopf. Damit ist die gesparte Kohle für den Brautkauf futsch. Total abgebrannt heuern sie wieder an und fahren ein weiteres Jahr raus zum Thunfischfang. Wenn sie wieder zurück in Noro sind, geht das Ganze von vorn los. Ein Teufelskreis.«

Wir wollen weiter. Yumi fühlt sich wieder besser. Richard erklärt ihr zwar, dass die See rau sein wird. Sie sagt aber nur »hai, hai« und will unbedingt dabei sein. Also steigen wir alle ins Boot, legen ab und schippern vorbei an Trawlern und auf Reede ankernden Frachtern, hinaus in den Kula Gulf.

Hier draußen herrschen andere Bedingungen als in der riffgeschützten Lagune. Auf den meterhohen Wellenkämmen der Salomonsee vollführt unsere leichte Alu-Schüssel Bocksprünge wie ein Wildpferd beim Rodeo. Wind und Wellen stehen direkt gegen uns. Durchtränkt vom Spritzwasser, klammert sich jeder an seinem Sitz und der Bordwand fest und versucht, sich den unkontrollierten Bewegungen des rollenden, schlingernden, stampfenden Bootes anzupassen.

»Wie weit ist es noch, Richard?«, frage ich.

»Nicht mehr weit, noch zwei Meilen«, ruft er zurück, macht sich am Außenbordmotor zu schaffen und versucht, die schräg laufenden Wellen so gefühlvoll wie möglich zu nehmen. Akira lächelt, spreizt Daumen und kleinen Finger zum Hang-Lose-Zeichen. Yumi ist das Lächeln vergangen, sie hängt über der Bordkante und übergibt sich.

In sicherem Abstand zu den Saikarasa Islands, einer Kette winziger Koralleninseln, schwanken wir wie Besoffene in östliche Richtung. Richard peilt eine Rinne im Riff an, dreht auf volle Geschwindigkeit und reißt das Boot abrupt in eine 90-Grad-Kurve. Von einer Welle getragen schießen wir über einen Korallensockel zwischen zwei hohen Sandbänken hindurch in das schillernde Oval einer opalisierenden Lagune. Auf einer Nehrung liegt unter schaukelnden Kokospalmen eine Ansammlung ärmlicher Hütten. Eine Horde weißblonder nackter Kinder winkt und ruft.

Langsam gleiten wir ans Ende der Lagune, wo ein kleiner Fluss eine Lücke in den Mangrovenmantel gespült hat. Knirschend schrammt der Alu-Kiel in den grauen Schlick. Fünf Schritte bis zum Uferrand, dann spüren wir festen, soliden Untergrund unter unseren Füßen – ein gutes Gefühl. Während wir uns im Fluss Schweiß, Salz und Erbrochenes vom Körper waschen, schöpft Richard Wasser aus der Bilge.

»Die Japaner hatten hier auf den Saikarasa Islands eine Geschützbatterie installiert, um die Einfahrt in den Hathorn Sound zu kontrollieren. An Land war eine Garnison, die nach heftigen Kämpfen Mitte September 1943 von US-Marines überrannt wurde.«

Das sind Informationen, die Akira und Yumi hören wollen, deswegen sind sie hierher gekommen. Visuelle Eindrücke sammeln können sie nach einem dreißig Minuten Fußmarsch durch den Busch zu einer flachen Anhöhe. Dort klettern sie in einen von Kugeln durchsiebten Sherman-Panzer und posieren kichernd vor dem langen Geschützrohr einer Flugabwehrkanone.

Auf dem Rückmarsch probieren wir knallrote, glasige Malay-Äpfel, die zu Hunderten wie Kirschen an niedrigen, buschigen Bäumen wachsen. Unser Boot hat Gesellschaft bekommen von einem Einbaum. Im Fluss kniet eine junge Frau und schrubbt mit einer Wurzelbürste Wäsche. Als sie uns sieht, zieht sie hastig ihr Lendentuch hoch und bedeckt ihre entblößten Brüste.

Für uns ist Zeit für ein Mittagessen. Richard schleppt die Kühlbox ans Ufer und verteilt Sandwiches, Papaya-Orangen-Salat, gebratene Hühnerkeulen, Kürbisgemüse, Fruchtsaft, Diät-Cola und Mineralwasser. Akira und Yumi schmausen gut gelaunt und genießen Richards Kriegsepisoden. Ich interessiere mich mehr für die Frau. Ich gehe rüber zum Fluss und biete ihr mein Lunchpaket an. Ohne Zögern greift sie zu, lächelt und verschlingt schmatzend die Schinken-Käse-Sandwiches, anschließend Kürbis und Hühnerkeule. Sie scheint hungrig zu sein. Nach dem Essen strahlt sie zufrieden.

»*Tang iu*«, danke, sagt sie in Pidgin.

»Bitte! Wie heißt du?«, frage ich auf Englisch.

»Marie. Ich lebe in Tahitu«, antwortet sie und zeigt auf das Dorf am Ende der Lagune. Sie scheint ein unkompliziertes Wesen zu sein und plappert munter drauflos. Ich erfahre, dass sie 28 ist, zwei kleine Kinder hat und bei ihrer Tante wohnt. Ihr Mann arbeitet in Noro und kommt selten nach Hause. Außer ihr leben etwa fünfzig Leute im Dorf.

»Husband no good, always drunk, mi no money, little food.«

Während sie redet, schrubbt sie weiter ihre Wäsche. Jeden Tag, sagt sie, paddelt sie hierher. Es gibt auch einen Bach näher am Dorf, aber der Fluss gefällt ihr besser, weil sie da allein sein kann. Als ich gerade Fotos von ihr mache, höre ich Richard rufen:

»Wir müssen los, sonst haben wir Probleme, sicher übers Riff zu kommen.«

Als wir wieder im ruhigen Fahrwasser von Diamond Narrows treiben, erklärt mir Richard, dass die Leute von Tahitu aus ihrem Heimatdorf vertriebene Anhänger der Christian Fellowship Church sind, einer Splittergruppe der Methodistischen Kirche.

»Sie leben ziemlich isoliert dort. Die meisten Männer arbeiten in Noro. Am Wochenende fahren sie nach Tahitu zu ihren Familien. Vielen gefällt es allerdings besser in Noro. Sie spielen, saufen und halten sich dort Freundinnen. Marie ist ein typischer Fall. Sie muss kämpfen, um sich und ihre beiden Kinder durchzubringen, und sie ist froh, wenn sie von ihrem Mann Muma ein paar Dollar erhält und nicht verprügelt wird bei seinen sporadischen Besuchen.«

Aus der Distanz betrachtet, aus einem vorbeitreibenden Boot, sieht man nur malerische Buchten, Palmenreihen, weiße Strände und prachtvolle Sonnenuntergänge – vordergründige Schönheit eben. Armut und Elend dahinter bleiben in den meisten Fällen verborgen. Oder wollen nicht gesehen werden, um die Illusion des Tropenparadieses, die wir ja fast alle in uns tragen wie einen Schatz, nicht zu zerstören. Es erinnert ein bisschen an das, was Antoine de Saint-Exupéry in seinem fabelhaften Büchlein »Der kleine Prinz« beschreibt, wo es heißt: »Das Wesentliche ist für die Augen unsichtbar.« Es wäre sichtbar, das Elend, wenn wir es sehen wollten, doch wir wollen nicht. Wir wollen eine heile Welt, die Plattitüden und Versprechungen der bunten Prospekte.

Unser Halbtagstrip hat Spuren hinterlassen. Akira und Yumi sind sonnenverbrannt und salzverkrustet, doch glücklich, dass sie Kriegsrelikte fotografieren und anfassen konnten. Mich erinnert eine blutende Fleischwunde am rechten Fuß an die Exkursion, die von einem Fehltritt auf einem Korallenstock herrührt, als ich Marie in ihrem Einbaum vor der Mangrovenkulisse fotografierte. Ein kambodschanischer Arzt im Buschhospital von Munda hat die Wunde mit vier Stichen vernäht. Meinen Fuß in einige Lagen Mull gewickelt, fliege ich zwei Tage später zurück nach Honiara.

Papua-Neuguinea – Abenteuerspielplatz der Südsee

PAPUA-
NEUGUINEA
Kavieng
Tabar
Lihir
Neuirland
Malom
Silom
Bismarcksee
Rabaul
Kokopo
Neubritannien
Wewak
Angoram
Manam
Sepik
Kamindimbit
Karkar
Madang
Hochland
Mt. Wilhelm
Mount
Hagen
Kundiawa
Goroka
Neu-
britannien
Huon-
Halbinsel
Lae
Neuguinea
Salomon-
see
Papuagolf
Port Moresby
N
0
100
200 km

Ein Huli-Krieger in Berlin

Willys Gesicht ist gelb geschminkt. Seine Knollennase leuchtet rot wie die Nebelschlussleuchte eines Autos. Er könnte ein Zirkusclown sein, wenn da nicht der schwarze Haarputz mit einer Krone aus langen bunten Federn wäre. Willy ist ein Huli, Angehöriger eines Stammes, der am Oberlauf des Sepik im Hochland von Papua-Neuguinea lebt. Doch solche Einzelheiten interessieren wahrscheinlich die wenigsten der hunderttausend Besucher, die sich gerade auf der weltgrößten Tourismusbörse, der ITB, auf dem Messegelände unter dem Berliner Funkturm über neue Urlaubsziele informieren. Zumindest aber ist der bullige Huli-Krieger eine der meist fotografierten Messeattraktionen. Geduldig wie die Wache vor dem Buckingham Palace in London erträgt er während dieser fünf Tage von zehn bis achtzehn Uhr das Blitzlichtgewitter von Medien und Messebesuchern. Nach Feierabend genehmigt er sich dann gerne noch einen Drink an der Hotelbar, bevor er sein Zimmer aufsucht und sich abschminkt.

Dort an der Theke, bei Bier und Buletten, erzählte er mir von seiner Heimat, seinen Leuten, von der herben, wilden majestätischen Schönheit des Hochlandes und von den *Cloudlings*, den Menschen, die mit den Köpfen in den Wolken leben. Beim Abschied lud er mich ein, ihn dort einmal zu besuchen, und ich spürte, dass es ernst gemeint war. Also habe ich es getan, habe mich auf die Suche gemacht nach Willy, dem Huli.

Port Moresby, die ungeliebte Hauptstadt

Es mögen zwar viele Wege nach Rom führen, doch nur einer führt von Deutschland nach Papua-Neuguinea. Wer nach über zwanzig Flugstunden im australischen Brisbane landet, hat bereits eine harte Prüfung hinter sich und ist noch lange nicht am Ziel. Zumindest aber hat man, während man die akribischen Kontrollen von Einwanderungsbehörde, Zoll und Gesundheitspolizei durchleidet, ausreichend Zeit, dem platt gesessenen Hintern wieder zu seiner Urform zu verhelfen, sich zu recken und zu strecken und den surrenden, wie mit Beton ausgegossenen Kopf frei zu schütteln.

Die Wartezeit für den Weiterflug zieht sich wie eine Haushaltsdebatte im Plenarsaal des Berliner Reichstags. Dann sitze ich endlich in dem Airbus A-310 der Air Niugini, dem ein aufgeplusterter Paradiesvogel am Leitwerk eine gewisse Eleganz verleihen soll. Der Flieger ist erfreulich leer. Eine Flugbegleiterin so schwarz wie Japanlack und mit neonrot geschminkten Lippen reicht Orangensaft im Plastikbecher. Der ruhige, monotone Flug über endloses Meeresblau verleitet mich zu einem Nickerchen, das allerdings abrupt endet, als sich die sympathische Saftverteilerin ungewollt auf meinem Schoß wieder findet – wir haben heftige Turbulenzen. Sie jongliert mit einem leeren Tablett in der Luft.

»Oh, das tut mir so Leid, Sir!«

Ihr roter Mund verzieht sich zu einem gequälten Alles-meine-Schuld-Lächeln, derweil ein farbenfröhlicher Mix aus Apfel-, Orangen- und Tomatensaft, angereichert mit Mineralwasser und Eiswürfeln, langsam durch meine Kleidung sickert. Ich bin zu verblüfft und zu langsam, um zu protestieren, als sich die Dame aus der unbequemen Position befreit, zur Bordküche hastet und wenige Minuten später mit einem nassen Handtuch versucht, die Spuren des Malheurs zu beseitigen. Eine zwecklose Mission; Hose und Hemd bleiben buntfleckig und bestens durchfeuchtet.

Ich fülle ein Formular aus, das mir bescheinigt, dass ich Anspruch auf eine neue Garderobe habe, falls sich die Flecken durch eine chemische Reinigung nicht entfernen lassen. Und so lande ich, saftverkleckert und klebrig, am Nachmittag auf dem Jackson International Airport von Port Moresby, der Hauptstadt Papua-Neuguineas.

Im Gegensatz zu den strengen Einreisekontrollen in Brisbane begnügen sich die Beamten hier mit einem lässigen Abstempeln des Reisepasses und einem flüchtigen Blick aufs Gepäck. In der Ankunftshalle findet sich ein Bankschalter, wo man sein Geld in die Landeswährung Kina wechseln kann. Automatische Glastüren führen nach draußen – hinein in eine blendende Sonne und eine stickige Hitze, die brutal vom Weißgrau der breiten Betongehsteige und Zufahrtsstraßen reflektiert wird. Die Glastüren hinter mir schließen sich. Direkt vor mir stehen Menschen mit dunklen Gesichtern, dunkler Haut und kurioser Kleidung. Doch niemand schenkt mir Beachtung. Ich schiebe meinen quietschenden Gepäckwagen in den Schatten des flachen Gebäudes und beobachte, wie die ankommenden Mitpassagiere von ihren Freunden und Angehörigen begrüßt und umarmt werden. Mitgebrachtes Gepäck, Tüten und Taschen mit Andenken aus Australien – meist Alkoholika, Zigaretten und Trikots der Brisbane Broncos, dem favorisierten Rugby-Team aller Papuas –, werden auf klapprige Pickups verladen oder in monströse Jeeps gestopft. In eines der gut ein Dutzend wartenden Taxis vor dem Terminal steigt kaum jemand ein.

»Wo möchten Sie denn hin?«

Ich drehe mich um und erkenne die Stewardess. In ihrer Begleitung befindet sich ein schlanker Papua in der makellos sauberen Uniform eines Zollbeamten.

»Ehrlich gesagt, ich weiß es nicht«, gebe ich zur Antwort, »aber ich denke, ich werde mich von einem Taxifahrer zu irgendeinem Hotel in der Stadt fahren lassen.«

Das sei keine gute Idee, wie mir die beiden erklären; wenn schon mit dem Taxi fahren, dann nur in einem hoteleigenen, dessen Fahrer ein Schild mit dem Namen des erwarteten Gastes präsentieren kann.

»Warum darf man die anderen Taxis nicht benutzen?«, frage ich.

»Das ist zu gefährlich, besonders für Weiße. Erstens gibt es keine Taximeter und die Fahrer fordern Preise von 40, 50 Kina, obwohl die Fahrt in die City nur 15, maximal 20 Kina kostet.« (50 Kina entsprachen Anfang 2000 rund 18 Euro.)

»Und zweitens?«

»... wird man Sie sehr wahrscheinlich irgendwo hinfahren, mit einer Waffe bedrohen, ausrauben, eventuell verprügeln und aus dem Wagen werfen. Selbst wir setzen uns nur in ein Taxi, dessen Fahrer wir kennen und der wie wir ein Motu ist«, erklärt der Zollbeamte.

»Sie sollten mit uns kommen!«, sagt die Flugbegleiterin, der es noch immer peinlich ist, dass sie mir die Säfte drübergeschüttet hat.

Ich nehme die Einladung an und folge dem Pärchen zu einem Parkplatz, wo wir das Gepäck in einen koreanischen Wagen laden, der an den Türen Signet und Schriftzug der Hafenbehörde trägt. Ein Dienstwagen. Der Mann vom Zoll heißt Peter Warisi. Sara, seine Frau, fliegt seit drei Jahren als Flugbegleiterin für Air Niugini. Ihre Eltern stammen von Buka, einer Insel, die mit Bougainville und einigen verstreuten Atollen den Archipel der Provinz Nordsalomonen bildet. Daher auch ihre außergewöhnlich dunkle Hautfarbe, die typisch für die Ethnien der Salomonen ist.

Vom Airport führt der 1997 eröffnete Sir Hubert Murray Highway, eine vierspurige Schnellstraße, durch verstepptes, sonnenverbranntes Ödland zu einem riesigen Verkehrskreisel, an dessen Rändern sich etliche vergammelte, slumähnliche Behausungen ballen. Das mit Dreck und Plastikmüll übersäte Terrain ist eine Mischung aus Markt, Minibus-Sammelplatz und Menschengewusel.

»Das da wird ›Gordons Market‹ genannt. Es ist einer der größten und geschäftigsten Märkte des Landes und hat jeden Tag geöffnet. Ein idealer Ort, um PMVs zu wechseln.«

»PMVs? Was ist das?«

»Die Abkürzung für Public Motor Vehicle. So nennen wir alle Pick-ups, Minibusse und Laster, die Leute und Gepäck befördern. Wo immer eine Straße ist, findest du garantiert auch ein PMV. Das ist die beste und billigste Art, bei uns zu reisen, denn öffentliche Verkehrsmittel wie in Australien oder Europa gibt es hier nicht.«

Durch eine weite, in die Hügelkette gesprengte Schneise führt der Highway über eine Kuppe direkt zur Port Moresby Bay, die im grellen Gegenlicht glänzt. Links dominiert der Paga Hill, ein zernarbter, gelbbrauner Tafelberg, der die kleine Halbinsel nach Westen abschließt. Hier liegen Werften, Containerhafen und Hochhäuser. An den Flanken des Burns Peak zur rechten Seite leuchten zahlreiche prächtige Anwesen in der Sonne.

»Hier wohnen die ganz Armen«, lacht Peter, »der japanische Konsul, der australische Hochkommissar, unser Präsident und viele Minister, Banker und Polit-Banditen.«

Wir stoppen an einem Strand, an dem etliche Autos parken. Von hier führen zehn, zwölf ewig lange Holzstege in ein verzweigtes, völlig verschachteltes Dorf, dessen Häuser auf Stelzen über dem trüben Wasser der Bucht schweben.

»Willkommen in Hanuabada, dem wahrscheinlich ältesten Dorf, das du in Papua-Neuguinea finden kannst. Hier leben wir.«

Peter verteilt unser Gepäck unter einem Haufen Kinder, die ihn und Sara johlend begrüßen und mich ein bisschen misstrauisch anstarren. Die »Dorfstraße«, auf der wir uns bewegen, ist ein etwa drei Meter breiter Steg aus Brettern unterschiedlichster Farben, Längen und Breiten. Wie ein Parcours führt er an rostigen Waschmaschinen, Wasserleitungen, Eimern, Benzinfässern, Außenbordmotoren, Reusen, Fischnetzen und Dosenschrott vorbei. Von ihm aus gelangt man über Bohlen und Planken zu den Häusern: kunterbunte, luftige, aus Wellblech, Sperrholz und Balken gezimmerte Hütten. Alle besitzen eine kleine Veranda, von der aus wacklige Leitern ins Wasser führen. Auf den Dächern finden sich Satellitenschüsseln oder selbst gebastelte Antennen. Junge Frauen in ausgebleichten Blusen und Wickelröcken hängen Wäsche auf oder baden ihre Babys in Plastikschüsseln. Männer hacken Holz, reparieren Fahrräder oder flicken Netze. Ein Geflecht aus Stromkabeln hängt lose über unseren Köpfen.

Irgendwann balancieren wir über eine leicht federnde Holzplanke in eine kubische Hütte mit einem Flachdach aus Wellblech, wo wir von Peters Familie herzlich begrüßt werden. Ich zähle nicht mit, doch ich denke, ich schüttle etwa 25 Hände, Kinder eingeschlossen.

»Meine Familie«, sagt der Hausherr stolz. »Uns gehören drei Häuser in Hanuabada.«

Möbel scheint es keine zu geben. Die einzige Ausnahme: ein poliertes Brett auf zwei Holzklötzen, auf dem neben einem Telefon und einem Kassettenradio eine aufgeschlagene Bibel liegt. Nachdem ich Schuhe und Socken ausgezogen habe, sitze ich schwitzend im Kreis der Familie und versuche, der Konversation in Motu zu lauschen. Während zwei jüngere Frauen große Tabletts mit Essen anschleppen und auf den Bastmatten in der Mitte abstellen, erzählt Peter von seinen Leuten. Sara hat sich inzwischen ihrer Uniform entledigt und trägt einen Wickelrock und ein verwaschenes T-Shirt mit dem Aufdruck »Sydney 2000«.

Peter klärt mich über die Herkunft seiner Familie auf:

»Wir, die Motu, sind Seefahrer, die seit Tausenden von Jahren die Südküste bevölkern. Das Land zum Siedeln erhielten wir von den Koitabu, die mit dem unfruchtbaren Land nichts anzufangen wussten. Mit unseren *lakatois,* das sind große Doppelrumpfkanus mit Mattensegeln, haben wir Handelsware transportiert. Keramiktöpfe, Muscheln und Fisch wurde bei den Stämmen rund um den Golf von Papua gegen Sago, Süßkartoffeln und Baumstämme für den Kanubau getauscht. Hanuabada, was in unserer Sprache ›großes Dorf‹ bedeutet, ist über zweihundertfünfzig Jahre alt und war schon hier, als die ersten Europäer die Bucht erkundeten. Das war der englische Kapitän John Moresby im Jahr 1873. So entstand in unserer unmittelbaren Nachbarschaft Port Moresby, der einzige gute Hafen zwischen unserer Südküste und Australien.

Bis in die 1970er und 80er Jahre hatten wir keine Probleme mit der Stadt, aber jetzt wächst sie immer weiter und immer schneller. Sie schnürt uns langsam ab. Jetzt wollen sie sogar direkt neben unserem Dorf Erde aufschütten, um dort Supermärkte, Wohnblocks, eine Tankstelle, Restaurants und Kinos zu errichten. Das wäre eine Katastrophe für uns, vielleicht sogar das Ende unseres Dorfes. Selbst unsere zehn gewählten Moto-Koitabu im Kabinett, die bislang mit ihrem Veto das Bauvorhaben aufhalten konnten, werden irgendwann korrupt, wie so viele andere, die sich mit australischen Dollars schmieren lassen. Ich sehe für uns keine Zukunft mehr. Aber jetzt lass uns essen.«

Zwanzig Hände langen in Schüsseln und Teller und schieben sich kalten, breiigen Reis, Cornedbeef, Mutton Flaps – das vor Fett triefende Bauchfleisch australischer Schafe –, ein undefinierbares grünes Blattgemüse in Salzlake, Kochbananen und geräucherten Fisch in fröhliche Münder. Dazu gibt es süßen Tee und Wasser, dem ein Schuss Sirup eine grellrote Farbe verliehen hat. Vom Stimmengemurmel und genussvollen Schmatzen eingelullt, kann ich mich vor Müdigkeit kaum mehr aufrecht halten, geschweige mich auf Gespräche konzentrieren. Dankbar folge ich daher Saras Aufforderung, sie in den kleinen Nebenraum zu begleiten, wo sie mir meinen Schlafplatz zeigt: eine Bastmatte, ein Laken und ein unförmiges Kissen. Sie löscht das Licht und wünscht mir eine gute Nacht. Ich entkleide mich bis auf die Unterhose, wickle mich in das dünne Laken und schlafe sofort ein.

Im fahlen Morgengrauen stehe ich das erste Mal auf, steige vorsichtig über ein paar friedlich schnarchende Mitschläfer hinweg, finde die Veranda und hangle mich an einer Leiter ins düstere, kalte Wasser. Niemand zu sehen, weder Mensch noch Tier. Als sich die ersten Schläfer regen, liege ich längst wieder ins Laken eingerollt auf meiner Matte, zähle die juckenden Moskitostiche und warte auf den neuen Tag.

Nach dem Frühstück, das aus Milchkaffee, Dosen-Spaghetti-

Sandwiches, in der rußgeschwärzten Pfanne angebräuntem Weißbrot und Zimtkuchen bestand, fotografiere ich meine Gastgeber vor ihrem Haus und fahre dann mit Peter ins Zentrum Port Moresbys, wo er mich an der Steamships Arcade in der Champion Parade absetzt. Sein Dienst bei der Zollbehörde beginnt um acht Uhr, meine Regeneration eine halbe Stunde später unter der heißen, dampfenden Dusche von Zimmer 753 im siebten Stock des »Port Moresby Travellodge«.

Zwei Tage halte ich mich in der Stadt auf. Zwei Tage zu viel, denn Port Moresby ist kein Ort, wo man länger bleibt als unbedingt notwendig. Die ungeliebte Hauptstadt, eine Kapitale der Gewalt, vegetiert isoliert vom Rest der Insel wie ein Eitergeschwür in einer selbst geschaffenen Quarantäne dahin. Zu den wenigen Glanzpunkten zählt die Enklave der Reichen am Westhang des Burns Peak, die ich gestern auf dem Weg vom Flughafen schon gesehen habe. Hier liegen abgeschirmt hinter hohen stacheldrahtbewehrten Mauern die Villen der superreichen einheimischen Elite und der weißen Geschäftsleute, die sich von Sicherheitsdiensten, scharfen Wachhunden und Videokameras beschützen lassen. Daneben stechen die Hafenkräne und die klimatisierten Glaspaläste der Banken, Behörden und Botschaften rund um Douglas, Musgrave und Mary Street hervor. Der traurige Rest ist ein amöbenhaft wucherndes städtebauliches Drama, das durch einen steten Zustrom von der Landbevölkerung aus dem Hochland genährt wird, die von der vagen Hoffnung hergetrieben wird, sich in diesem Chaos eine zivilisierte, an westlichen Vorbildern orientierte Zukunft aufbauen zu können. Doch die meisten der Zuwanderer enden als illegale Landbesetzer in Buden aus Wohlstandsmüll, die sich schneller als Metastasen ausbreiten und zu entsetzlichen Stadtteilen mutieren, die Namen tragen wie Six Mile, Three Mile und Two Mile. Oder sie landen desillusioniert auf der Straße und erliegen der Melancholie des Losers oder dem Alkohol oder beidem.

Dieses soziale Umfeld fördert die Bereitschaft zu Gewalt und Überfällen. Viele der Abgestürzten in »Big Smoke«, wie Port Moresby bei den Hochlandbewohnern heißt, bilden Straßengangs, die von den Regierungsorganen als »Rascals« bezeichnet werden. Doch der Terminus ist eher irreführend, denn im anglophonen Sprachgebrauch bedeutet er unter anderem so viel wie »Schlingel« oder »schlitzohriger Gauner«. Fakt aber ist, dass die Rascals nicht harmlos sind, sondern echte Kriminelle – Diebe, Einbrecher, Vergewaltiger, brutale Schläger oder hinterhältige Mörder. Schießereien mit der Polizei gehören zur Tagesordnung. Ostermontag, an meinem zweiten Tag in der Hauptstadt, geriet ein Arzt mit seinen zwei Töchtern, beide Teenager, in den Hinterhalt einer Gang. Er bekam einen Beinschuss ab, eine Tochter wurde vergewaltigt, nachdem man ihr zuvor einen Finger abgehackt hatte, die andere verschwand auf Nimmerwiedersehen.

Die Gefängnisse der Stadt, Relikte aus der Kolonialzeit, sind hoffnungslos überfüllt mit Häftlingen. Massenausbrüche sind an der Tagesordnung, ebenso wie der Einsatz von Tränengas bei Krawallen in Sportstadien. Es dürfte auch keine Untertreibung sein, Port Moresby als die Pazifik-Metropole für Vergewaltigung zu bezeichnen. In Häusern und Wohnungen findet man Badezimmer, die mit soliden Stahltüren und massiv vergitterten Fenstern gesichert sind und in denen sich Frauen und Mädchen bei Heiminvasionen durch Rascals verschanzen, um einer Massenvergewaltigung zu entgehen.

Während meines kurzen Aufenthalts habe ich mit vielen Weißen geredet. Jeder war schon einmal Opfer oder kannte Opfer von Rascal-Attacken, jeder hatte schon einmal bewaffnete Überfälle erlebt oder Verletzungen erlitten, als man sein Auto mit Steinbrocken bewarf. Im Hochland sind Straßenblockaden mit umgestürzten Bäumen oder quer zur Fahrbahn geparkten Lastwagen ein probates Mittel, um Reisende zu stoppen und auszuplündern.

Meine eigenen Erfahrungen bestätigen dieses traurige Bild: Einmal wurde ich in der Bar des »Gateway Hotels« Zeuge einer üblen Prügelei zwischen betrunkenen Papuas und dem Service-Personal. Auf der Strecke blieben ein paar zerbrochene Stühle, etliche zerschlagene Flaschen und Gläser. Die Beteiligten trugen blutige Nasen und Schnittverletzungen davon.

Eine andere Episode ereignete sich im Gedränge des Koki Market: Drei bärtige Typen, die nach Schweiß und billigem Fusel stanken, schoben mich zwischen zwei Buden, wo sie mich fest hielten. Erst drohten sie an, mir mit einem Messer die Kehle durchzuschneiden, und dann klauten sie all mein Bargeld, etwa zweihundert Kina – mehr hatte ich nicht in der Tasche – und rissen mir meine Uhr vom Handgelenk.

Wie paralysiert lehne ich anschließend an der Bretterwand. Die drei Typen sind verschwunden, aufgesogen von der Menschenmasse, die sich lethargisch, schmuddelig und Betelnuss kauend an den Marktständen entlang schiebt. Es ist geschehen, man hat mich beraubt, urplötzlich, am helllichten Tag – mitten unter Menschen, die es gesehen haben und es geschehen ließen, ohne zu reagieren. Warum sollten sie auch? Die Täter waren ja *wantoks* (von *one talk*) Verwandte, Melanesier wie sie, die die gleiche Sprache sprechen, der gleichen Kultur angehören. Und ich, wer bin ich? Nur ein Yuropin, ein Europäer, der besser bei seinen *wantoks* bleiben sollte. Außerdem, Yuropin haben alle Geld, und wir, die Grassroots, die mit der Erde verwurzelten, die indigenen Melanesier brauchen Geld. Warum es nicht einfach nehmen?

Ich bin eher wütend als erschrocken. Dem geraubten Geld trauere ich weniger nach; es ist eher eine menschliche Enttäuschung – und das Ende einer bislang glücklichen Serie: Nie zuvor, egal in welcher Ecke der Erde, hat man mich überfallen oder ausgeraubt, weder in Rio de Janeiro noch in Los Angeles, weder in Bangkok noch in Bogota. Andere, denen ich begegnet bin, hat es öfter getroffen: sie wurden beklaut, man stibitzte ihre Brieftasche, man riss ihnen die Handtasche von der Schulter, sie erwachten in ihrem Hotelzimmer und alles, sogar die Unterhose, war verschwunden, entwendet von einer Prostituierten, in die man sich abends an irgendeiner Bar verguckt hatte.

Doch lamentieren nützt nichts. Immerhin habe ich noch fünfzig Toea in der Tasche, also etwa einen halben Kina, das reicht für die Fahrt zurück mit einem PMV.

In Port Moresby sind alle PMV nummeriert und fahren feste

Routen ab. Minibus Nr. 7 ist zwar prallvoll, doch findet sich noch ein heruntergeklappter Notsitz für mich. Darüber bin ich froh, denn an den Fensterplätzen, so luftig sie auch sein mögen, läuft man Gefahr, dass man in die Schusslinie mitfahrender Betelnusskauer gerät, die nach draußen ausspucken. Lieber mittendrin und schwitzen, als am Fenster angespuckt zu werden!

Im Bus spricht mich ein junger Mann an, der sich als Timothy vorstellt. Er ist Student und steigt wie ich in Erima aus. Von hier sind es zu Fuß etwa drei Kilometer bis zum Flughafen. Timothy hält es für notwendig, mich ein Stück zu begleiten, bis ich in Sicherheit bin. Während wir nebeneinander einen ausgetretenen Pfad neben der dicht befahrenen Hauptstraße entlang schlendern, plaudert der junge Student munter drauflos. Er hasst Australier, weil sie, wie er sagt, das Land ausplündern und die Korruption fördern, um lokale Politiker leichter manipulieren zu können. Ich frage mich insgeheim, ob er mir das auch erzählen würde, wenn ich nicht Deutscher, sondern Australier wäre? Dann wechselt er das Thema. Letztes Jahr, weiß Timothy zu berichten, hätten Polizei und Sicherheitskräfte bei einer Demonstration vier Studenten erschossen. Einfach so, wie er sagt. In Sichtweite des Flughafens dreht er um, wünscht mir Glück und Gottes Segen und geht seines Weges. Ich trotte weiter, vorbei am alten Flughafenterminal und den Reparaturhallen von Air Niugini. Überall auf der Straße liegt Dreck, Müll und der rotbraun getrocknete Betelauswurf.

Als ich endlich wieder in meinem sicheren Hotelzimmer sitze, beschließe ich nach meinem zweiten Bier, die Stadt unverzüglich zu verlassen. Einzige Möglichkeit, dem Moloch zu entgehen, ist das Flugzeug. Was für ein Paradoxon: Port Moresby, Kapitale und Wirtschaftszentrum, hat keinerlei Verbindungen zu den anderen Städten Papua-Neuguineas. Alle Ausfallstraßen sind Sackgassen und enden im Nichts, sei es vor den steil abfallenden Gebirgszügen des Owen-Stanley-Gebirges oder vor den sumpfigen Niederungen der östlichen Golfprovinzen mit den moskitoverseuchten Flussdeltas des Fly Rivers, des Turama und des Kikori.

Horrorgeschichten in Lae

Aus den zwei Bier sind fünf geworden. Entsprechend mies fühle ich mich am nächsten Morgen: Mein Gesicht ist aufgedunsen, ich spüre einen unangenehmen, faden Geschmack im Mund und bin ziemlich antriebslos. Weder Tee noch Dusche helfen mir, selbst der Sprung in den Pool bleibt ohne Erfolg. Lustlos mümmle ich an einem Croissant meines Continental Breakfast. Um elf Uhr bin ich im Inlandsterminal, um halb zwölf wuchte ich mein Gepäck auf die Waage und reiche einer stämmigen Angestellten von Air Niugini mein Ticket.

Ein kurzer Blick durch eine verwegen gestylte Brille, dann gibt sie mir das Ticket zurück.

»Sie kommen zu spät!«

In ihrer Stimme schwingt ein leicht überheblicher Unterton.

»Zu spät? Das glaube ich nicht. Im Ticket steht 12.05 Uhr Abflug nach Lae.«

»Mag sein«, antwortet sie und stemmt ihren Oberkörper über den Schalter, »aber heute sind wir früher geflogen. Und wären Sie eher hier gewesen, säßen Sie jetzt im Flieger.«

»Aber … aber …« Mir fehlen die Argumente.

»Kommen sie um fünfzehn Uhr wieder zu mir. Da geht noch ein Flug nach Lae.«

Heute scheint nicht mein Tag zu sein. Ich mache nachrückenden Passagieren Platz und zerre meine Reisetasche auf einen Gepäcktrolley. Um der abgestandenen heißen Luft zu entfliehen, schiebe ich das Wägelchen vom Inlandsterminal zum zweihundert Meter entfernten internationalen Terminal. Dort kühlt eine Klimaanlage die leere Halle auf angenehm erträgliche Temperaturen. Die endlose

Wartezeit verkürze ich mit Tagträumen und Dösen, den Nacken auf der Rückenlehne ruhend, die Beine ausgestreckt auf der Reisetasche. Herrlich …

Neue Probleme tauchen erst wieder beim Nachmittags-Check-In auf – die Dame ist weg. Am Schalter steht nun ein untersetztes Männlein mit hoher Stirn und einer sehr platten Nase. Ihm ist keine füllige Kollegin bekannt, die mir einen Flug nach Lae versprochen haben soll. Die Maschine ist ohnehin voll, doch großmütig setzt er mich auf die Warteliste.

Ich habe Glück und finde mich gegen 15.25 Uhr auf Platz 10C an Bord einer Fokker F28-1000 wieder. Mir ist, als würde ich diesen wie Kirschtomaten leuchtenden Mund im Gang schräg hinter mir kennen. Richtig, es ist Sara. Sie lächelt und winkt. Ich freue mich.

Kaum hat der Flieger seine Reiseflughöhe erreicht, servieren sie und ihre zwei Kolleginnen Kekse und Tee.

»Keinen Orangensaft heute?«, frage ich.

»Nein, nein, nein, heute nicht. Es gibt nur Tee und Kekse«, säuselt sie nonchalant zurück. »Das macht nicht so viele Flecken.«

Kurz bevor die Maschine landet, kritzelt mir Sara mit dem Kugelschreiber etwas auf eine Tüte.

»Wenn du in Lae bist, solltest du dort übernachten. Das ist eine gute Adresse. Wir fliegen übrigens mit der Maschine weiter nach Manus. Man sieht sich …«

Nadzab Airport ist einer der modernsten des Landes. Einziges Manko: Er liegt ziemlich weit von Lae entfernt. Der Minibus von »Morobe Tours« braucht fast eine Stunde, bis er die Randbezirke von Papua-Neuguineas zweitgrößter Stadt erreicht. Als mich der Fahrer vor der »Klinkii Lodge«, einer sauberen bescheidenen Herberge am Nordrand des Lae Golf Course aussteigen lässt, legen sich bereits die langen Schatten der Tropennacht über die laute Stadt am Huon Golf, die auf geschichtsträchtigem Grund steht. Bereits vor über vierzigtausend Jahren siedelten in den flachen, fruchtbaren Küstenregionen austronesische Stämme, deren soziale Strukturen sich erst mit der Ankunft der ersten Europäer änderten.

Auslöser war das expandierende deutsche Kaiserreich mit der Errichtung des Marinestützpunkts Finschhafen. Die Invasion australischer Truppen im Jahr 1914 beendete das kurze koloniale Engagement der wilhelminischen Regierung. Prospektoren fanden 1921 Goldvorkommen in Wau, nur fünfzig Kilometer von Lae entfernt. Die Stadt wuchs, war während der japanischen Okkupation eine bedeutende Militärbasis und wurde durch alliierte Luft- und Bombenangriffe völlig zerstört. Doch mit dem Bau einer Straße in das Hochland und mit der Entwicklung dieser Region zum bedeutenden Wirtschaftsfaktor entstand sie aufs Neue wie ein Phönix aus der Asche.

Lae boomte und wuchs ungestüm in den 1980er und 1990er Jahren. Heute ist es – neben Port Moresby – der bedeutendste Hafen und die größte Industrieregion. Die zweifellos hässliche und schmutzige Erscheinung der Stadt lässt sich auch nicht durch ihren reizvollen botanischen Garten und die Universität samt prächtigem Regenwaldhabitat, einem dreitausend Quadratmeter umfassenden Gewächshaus, verschleiern. Ein Rascal-Problem wie das in Port Moresby trägt dazu bei, dass sich fremde Besucher in der Stadt eher unwohl fühlen und sich nach Einbruch der Dunkelheit nicht mehr allein auf die Straße trauen. Aber hier begegne ich Madeleine Robinson, einer reizenden alten Dame, die über ihr Domizil, die »Klinkii Lodge«, herrscht, wie einst Queen Emma – die legendäre amerikanisch-samoanische Gründerin eines Handels- und Plantagenimperiums – über ihren Prunkpalast in Gunantambu.

Madeleine Robinson ist eine Fundgrube für spannende Erzählungen und Anekdoten. Von ihr erfahre ich die unglaubliche Geschichte der Kukukuku, die sie abends auf der Veranda bei einer Kanne Tee zum Besten gibt:

»Unter all den Stämmen dieser faszinierenden, unkultivierten Insel sind die Kukukuku die unheimlichsten, gefährlichsten und grausamsten. Dieser Stamm lebt seit Hunderten von Jahren in den abgelegenen Gebirgstälern des Owen-Stanley-Gebirges zwischen Bulolo und Aseki, eben da, wo man seit 1906 überall nach Goldvorkommen sucht. Es war einer deiner Landsleute, ein gewisser Helmuth Baum, der im Gebiet der Kukukuku Gold vermutete. Die Kukukuku marschierten eines schönen Tages in sein Camp und boten dem überraschten Goldschürfer Yams und Süßkartoffeln an. Als Baum ihnen den Rücken zuwandte, erschlugen sie ihn und acht seiner Männer, Papuas von der Küste. Der Rest floh in den Busch und berichtete später dem Patrouillen-Offizier J. K. McCarthy von dem Gemetzel. Der stellte eine Strafexpedition zusammen, die den blutrünstigen Kukukuku zusetzte. Mehr als sechzig Jahre lang jedenfalls hat dieser Stamm stets für Schlagzeilen gesorgt: Überfälle, Kannibalismus und Brandstiftung.«

»Das klingt ja grauenhaft«, unterbreche ich den Redefluss der alten Dame.

»Ist es auch. Für uns besonders abstoßend sind jedoch ihre geräucherten Toten«, fährt Madeleine fort. »Starb ein Chief oder Krieger, wurden zunächst die Eingeweide entfernt. Der Leichnam lag dabei auf einem Holzgestell, unter das sich die Witwe kauern musste, um mit ihrem Leib austretende Sekrete aufzufangen, die nicht auf den Boden tropfen durften. Anschließend steckte man den Toten in einen Bambuskäfig, der in einer eigens errichteten Hütte über stark qualmende Feuer gehängt wurde. Vorher bestrich man den Verstorbenen mit einer Schicht Ocker, was böse Geister fern halten sollte. Nach einer Woche wurde die Leiche angestochen, damit die letzten Körperflüssigkeiten abfließen konnten. Und nach einer weiteren Woche im Rauch schleppte die Witwe den Körper ihres Ehemannes auf dem Rücken einen Berg hinauf, wo ihn Mitglieder der Trauergesellschaft in Hockstellung unter einer Felsenklippe platzierten. Von dort durfte die Leiche für den Rest ihrer Existenz auf das tausend Meter tiefer liegende Dorf herabblicken.

Erst neulich war der australische Produzent Rick Anderton mit einer Filmcrew in den Bergen, um die Toten der Kukukuku – es gibt da oben noch Hunderte solcher Mumien – zu filmen. Neuerdings haben sie ihre Technik geändert. Stirbt ein Familienmitglied, egal ob Mann, Frau oder Kind, schneidet man ihm eine Hand oder einen

Finger ab und räuchert sie über dem Feuer. Das wird bei den Clan-Frauen als Schmuck sehr geschätzt und soll vor dem bösen Blick schützen. Niedlich, nicht war?«

Da wir gerade so nett zusammensitzen, erzähle ich ihr von Willy, dem Huli, und dass ich ins Hochland reisen will. Das findet Madeleine gut, warnt mich aber auch gleichzeitig. »Die Huli leben im Tari Tal. Sie haben seit 1935 Kontakt mit Weißen. Du kannst hinfliegen, wenn du willst. Air Niugini fliegt regelmäßig nach Tari. Bob und Pam Bates haben dort ein Eco-Resort, das sich ›Ambua Lodge‹ nennt, ein wirklich entzückendes Fleckchen, etwa vierzig Minuten vom Tari Airfield entfernt.«

»Aber ich will nicht fliegen«, entgegne ich. »Ich will vielmehr den Highlands Highway nehmen …«

»Bis Tari?«, unterbricht mich Madeleine. »Du musst verrückt sein! Weißt du nicht, was da los ist? Ich denke, du bist Journalist. Liest du denn keine Zeitung? Seit drei Jahren herrscht rund um Mendi Krieg. Konkurrierende Bigmen und ihre Stämme kämpfen um die politische Vorherrschaft. Niemand wagt sich mehr mit dem Auto in das südliche Hochland. Gut, bis Mount Hagen ist es einigermaßen sicher. Aber weiter geht es nur im Armee-Konvoi.«

»Ist es wirklich so schlimm?«

»Hast du eine Ahnung! Mehr als hundert tote Stammeskrieger gab es seit Ausbruch der Rivalitäten, über die Verletzten liegen kaum Angaben vor. Die beschießen sich nicht mehr mit Pfeil und Bogen, sondern haben automatische Waffen, die aus Irian Jaya eingeschmuggelt werden und die sie mit Marihuana bezahlen. Das Zeug wächst im Hochland schneller als Gras. Die Typen sind besser ausgerüstet als unsere eigene Armee. Man kann es sich kaum vorstellen – bemalte Krieger mit Sturmgewehren und Kalaschnikows. Und ausgerechnet da willst du hin?«

Nach Madeleines Ausführungen ziehe ich mich erst mal auf mein Zimmer zurück, um die Idee mit dem Hochland-Trip noch einmal zu überschlafen.

Highway to Hell

Ich stehe an der Straße und zerfließe wie eine gestrandete Qualle in der Kalahari, obwohl das Blätterdach eines Regenbaums über mir die sengende Sonne abschirmt, zwischen den Beinen meine Reisetasche, deren dicke Staubkruste mehr und mehr von meinen Schweißbächen fortgeschwemmt wird.

Was hatte Madeleine Robinson noch auf mich eingeredet! »Du bist verrückt«, warnte sie mich, »niemand reist per Anhalter ins Hochland, das ist viel zu gefährlich. Man wird dich überfallen und ausrauben. Nimm wenigstens ein PMV, das ist sicherer und auch interessanter.«

Doch ich wollte einen Hardcore-Trip. Vielleicht reizte mich die Gefahr. Außerdem wollte ich reisen und keinen Urlaub machen. Und eine Reise sollte eigentlich wie eine Münze sein, die man hochwirft – Kopf oder Zahl, man weiß nie, welche Seite oben liegt. Wenn man also eine Reise beginnt, mit dem ersten entschlossenen Schritt in eine beliebige Richtung der Windrose, weiß man niemals, wohin sie führt, wo man landet und wie alles enden wird.

»Jeder mache, was er will!«, konterte ich mit einem Rabelais-Zitat und bat die resolute Dame, mich zum Ende der Stadt zu fahren, was sie auch bereitwillig tat.

»Ich habe dich gewarnt. Trotzdem – ich wünsche dir Glück. Melde dich, wenn du wieder in Lae bist.« Mit diesen Worten verabschiedete sich Madeleine von mir. Dann wendete sie und fuhr zurück. Das war vor zwei Stunden.

Vielleicht hätte ich auf sie hören sollen. Dutzende Fahrzeuge haben meinen ausgestreckten Daumen passiert, ohne anzuhalten.

Jetzt ist es halb elf. Der Asphalt wird bereits weich und klebrig. Da nähert sich von Osten mit mäßigem Tempo und leicht schlingernd ein grauer Wagen. Der alte Pick-up mit Schräglage rollt an mir vorbei und kommt etwa dreißig Meter weiter vorne zum Stehen. Dann steigt der Fahrer aus und tritt schimpfend gegen den rechten Hinterreifen, der sich abgewickelt hat wie eine Lakritzschnecke. Jetzt zetert der Fahrer lautstark mit einer Frau, die ihren Oberkörper aus dem offenen Seitenfenster hängt. Ich packe meine Tasche und renne hin.

»Brauchen Sie Hilfe?«, frage ich den melanesischen Fahrer.

»*Yes, brata* (brother), *yu helpim plis.*«

Zwei Frauen steigen aus der Fahrerkabine. Die eine, rund mit schwarzem Wuschelhaar und einem roten Kleid, kaut Betelnuss; die andere, dünn, faltig und mit grauen Haaren, trägt eine Schlabberbluse über einem blauen Hüfttuch. Von der Ladefläche klettert eine Zwanzigjährige in engen Jeans und poppigem T-Shirt und blickt fragend in die Runde.

Eine eifrige Suche nach Werkzeug beginnt. Unter der Sitzbank finden sich ein rostiger Radmutterschlüssel und ein Schraubendreher mit abgebrochenem Griff. Der Reservereifen liegt hinten auf der Ladepritsche. Er ist schon glatt wie ein Karamellbonbon. Einen Wagenheber gibt es nicht. Was nun?

Die beiden älteren Frauen stellen sich zusammen mit dem ununterbrochen vor sich hin brabbelnden Fahrer an den Straßenrand und versuchen gestikulierend, eines der vorbeirauschenden Fahrzeuge anzuhalten. Im Schatten des schiefen Pick-ups hockt das Mädchen, kaut auf einem Stück Zuckerrohr und mustert mich mit verstohlenem Blick.

Etwa eine Viertelstunde später stoppt ein zerbeulter Lastwagen, beladen mit rotbraunen Holzbalken, die frisch aus dem Sägewerk kommen. Zwei kräftige Kerle steigen aus. Beide tragen verfilzte Bärte. Man palavert, raucht ein paar Selbstgedrehte und begutachtet die Fragmente des Reifens. Schließlich klettert einer der Bärtigen auf den Lastwagen, zerrt ein langes Kantholz aus dem Bretterstapel und reicht es seinem Kumpel.

»*Yu ken do evryting with a four-by-two*«, prahlt er zuversichtlich in einem Pidginenglisch-Mix, schiebt einen Hohlblockziegel unter die Achse und den Drei-Meter-Balken als Hebel hinterher. Zu sechst schaffen wir es, den Wagen anzuheben. Der Reifenwechsel ist dann Chefsache. Trotz abgenutzten Radmutterschlüssels schafft es der cholerische Melanesier, die Felge samt zerfleddertem Gummi gegen den Ersatzreifen zu tauschen, eine Arbeit, die er ziemlich ordentlich macht. Schließlich wischt er seine schmutzigen Hände an Hemd und Hose ab und wendet sich an mich.

»*We go Goroka. Yu kam.*«

Nun habe ich meine Mitfahrgelegenheit. Ich klettere zu der jungen Frau auf die Ladefläche und setze mich auf meine Reisetasche. Der Holztransporter fährt weiter nach Lae, wir starten unsere Fahrt nach Nordwesten, Richtung Goroka.

Bis zum Nadzab Airport, der 1991 anlässlich der Südpazifikspiele eröffnet wurde, ist der Highlands Highway recht passabel asphaltiert und führt durch ein breites flaches Tal. Links wälzen sich die trägen Fluten des Markham Richtung Huon-Golf, rechts erstreckt sich die Sarawaget-Kette, deren hohe zerfurchte Kalksteingipfel in weißen Wolkenbänken stecken. Nur wenige Kilometer weiter gleicht die Fahrbahndecke mehr einem Emmentaler Käse als einer Schnellstraße, mit Schlaglöchern so tief und zahlreich wie Meteoriteneinschläge. Abruptes Abstoppen, unkontrollierte Lenkmanöver, Einsacken, Anfahren, Beschleunigen – das Autofahren wird zum Alptraum, zum Härtetest für Mensch und Material.

Nach fünfzig Kilometern weiß ich den Namen der jungen Frau, mit der ich auf der Ladefläche durchgerüttelt werde: Nane. Sie redet nicht viel. Entweder ist sie unglaublich schüchtern, oder sie traut sich nicht mit mir zu plaudern, weil ich ein Fremder bin oder weil es die Stammesetikette nicht erlaubt. Als wir bei Kaiapit von der Asphaltstraße abbiegen und eine Schotterpiste entlang holpern, schaue ich sie fragend an.

»*We go baim pik!*«, (wir gehen ein Schwein kaufen), kichert sie und dehnt katzenhaft ihre vom langen Sitzen verkrampften Arme und Beine.

Wir fahren durch ein weites Schwemmland mit Trockengras und Geröllinseln, das landschaftlich wenig reizvoll ist, dann halten wir vor einer Art Scheune mit den Dimensionen einer U-Boot-Werft, aus der ein übler, beißender Geruch dringt – Ammoniak, Schweinedung. Durch ein offenes Schiebetor fällt der Blick auf unzählige fette Säue, Ferkel und ein paar Eber, die fast alle faul im Dreck liegen oder mit ihren Rüsseln die Tröge durchwühlen. Während sich die Frauen in den Schatten der Scheune kauern, verhandelt unser Fahrer mit einem Chinesen, wahrscheinlich dem Besitzer der Schweinezucht. Sie gehen von einem Koben zum anderen und begutachten die Borstentiere. Nach kurzem Palaver scheinen sie sich handelseinig zu werden. Der Fahrer blafft die rundliche Frau an, die sich erhebt, zum Wagen geht und mit einem bunten Beutel zurückkommt, dem sie einige Geldscheine entnimmt. So wie sich der Melanesier benimmt, kann es sich nur um den Ehemann dieser unglückseligen Frau handeln. Ungehalten grabscht er ihr das Geld aus den Fingern und zählt dem Chinesen laut in die Hand: 100, 200, 300 Kina. Der Handel scheint perfekt zu sein.

Wenig später schieben, stoßen und ziehen vier kräftige Männer in Latzhosen und Gummistiefel zwei kolossale Schweine zum Wagen. Die erbärmlich quiekenden Tiere werden umgekippt, an den Läufen zusammengebunden und mit Hilfe der drei Frauen auf die Ladefläche gewuchtet. Eine Sauarbeit!

Jetzt wird es eng. Nane hockt auf dem kaputten Reifen, ich auf meiner Reisetasche, die beiden fetten Säue liegen schnaufend auf dem Boden und quietschen kläglich bei jeder Schaukelbewegung des Pick-ups. In ihrer Angst koten, urinieren und erbrechen sie sich, dass der Blechboden bald vor Unrat trieft und es zu stinken beginnt.

Wir können uns wenigstens an der Fahrerkabine oder an den Ladeklappen festhalten, um die Schlinger- und Holperbewegungen des Toyotas einigermaßen auffangen zu können. Doch die armen Schweine mit ihren gefesselten Läufen rutschen hilflos auf dem

Blechboden hin und her. Rücken sie uns zu nah, stoßen wir sie mit den Füßen wieder zurück in den hinteren Bereich der Ladefläche.

In einem Palmenhain halten wir an. Die Melanesier sammeln herabgefallene Palmwedel und befestigen sie mit Kokosschnüren rund um die Ladefläche, damit es die Säue schattiger haben. Um Flüssigkeitsverlust vorzubeugen, sprenkelt Nane ab sofort aus einem Plastikkanister Wasser auf die empfindliche Schweinehaut, was zur Folge hat, dass wir beide bald in einer schwappenden Lache aus Exkrementen, Wasser und Schweiß hocken. Die Säue stört das kaum, Nane scheinbar auch nicht, aber ich beginne langsam zu stinken. Dennoch versuche ich, die Mitfahrgelegenheit noch positiv zu sehen – besser schlecht gefahren als gut gelaufen.

Es ist bereits vier Uhr nachmittags, als wir die Highway-Kreuzung erreichen. Geradeaus führt die Straße ins Ramu River Valley und weiter zum Küstenort Madang. Wir biegen links ab.

Malagui, so heißt der Fahrer, bewegt den Schalthebel wie einen Rührstab und legt die Gänge so hart ein, dass Motor und Getriebe vor Schmerz aufheulen und die Zahnkränze Mitleid erregend knirschen. Die ersten Kehren hinauf zum Kassam Pass meistert er noch im zweiten Gang. Als es steiler wird, versucht er runterzuschalten. Doch es gelingt ihm nicht, den ersten Gang einzulegen. Ich sehe, wie er an der Schaltung herumfuhrwerkt und heftig auf die Bremse tritt, als wir in Zeitlupe rückwärts rollen. Dann zieht er die Handbremse mit einem Ruck bis zum Anschlag. Kaum erkennbare Wirkung. Das Heck des Pick-ups schrammt bereits an der Leitplanke. Dahinter gähnt der Abgrund.

Mit einem Satz springe ich seitlich von der Ladefläche herunter, reiße ein paar Palmwedel mit und hetze quer über die Straße. Die Frauen kreischen in Panik. Im Straßengraben liegen jede Menge Geröll und Gesteinsbrocken. Ich klaube einen Stein auf, renne damit zum Wagen und werfe ihn unter das rechte Hinterrad. Ich halte die Luft an und sende ein Stoßgebet zum Himmel. Ein Knarzen, ein Wippen, und die Kiste steht. Während Malagui mit beiden Füßen das Bremspedal durchs Bodenblech zu drücken versucht, klettern die Frauen aus der Fahrerkabine und schieben rasch weitere Steine hinter die Reifen. Sichtbarem Aufatmen folgt gestenreiches Geplapper, als Malagui den Motor abstellt und die Fronthaube öffnet.

»*Yu get in, push klats* (clutch), *put in first gear*«, (steig ein, drück die Kupplung und tu den ersten Gang rein), gibt er mir zu verstehen. Mit einem Blick auf die blockierten Reifen steige ich behutsam hinters Lenkrad und stapfe aufs Kupplungspedal. Mit einem kurzen Eisenrohr hämmert der Melanesier gegen das Schaltgestänge. Auf sein Zeichen versuche ich den ersten Gang einzulegen – und es funktioniert.

»*Nau we ken go!*«

Ich wechsle mit dem verschmutzten Malagui den Platz und geselle mich zu den Frauen. Er startet den Motor, wir schieben an, und langsam ruckelt die Kiste im ersten Gang los. Alle laufen hinterher. Ein Wahnsinn, wir müssen in den fahrenden Wagen einsteigen. Die beiden Frauen werfen sich ins Fahrerhaus, Nane und ich hechten synchron über die Heckklappe, hangeln uns über die vor Schreck laut quiekenden, zappelnden Säue nach vorne und ziehen uns schließlich am Dach der Fahrerkabine hoch.

»*Yu orait* (allright)?«, brüllt Malagui nach hinten.

Als Antwort haue ich mit der flachen Hand aufs Blechdach und sacke mit dem Rücken in Fahrtrichtung auf meine Reisetasche.

Im Schneckentempo quält sich das Auto die steilen Serpentinen hinauf. Die Aussicht jedoch ist grandios: im Osten die weite Ebene des Markham-Tals; im Norden das Finisterre-Gebirge mit dem 3765 Meter hohen Mount Finisterrae. Nur erahnen lassen sich die braun verwitterten Massive von Mount Tabletop (3384 m) und Mount Michael (3647 m) im Süden; Wolkenbänke, die im Glanz der untergehenden Tropensonne goldene Ränder tragen, verbergen die Sicht auf das Massiv.

Nane lächelt. Sie ist mit ihren 23 Jahren ein sympathisches, ziemlich attraktives Mädchen: zimtbraune Haut, gerade Nase, fröhliche schwarze Augen, hohe Wangenknochen, volle, sinnliche Lippen, struppiges schulterlanges Haar wie die schwarz gefärbte Mähne eines

Löwen. Auf der Stirn trägt sie ein schwarzblaues Tattoo, ein kleines zartes Sonnensymbol, vielleicht ein Clan-Zeichen. Ihre Figur hat etwas Renoirhaftes. Seit dem Zwischenfall am Kassam Pass ist sie gesprächiger und lockerer geworden. Nun scheint sie in mir irgendwie einen Kumpel zu sehen, verbunden in einer Art Mensch-Schwein-Schicksalsgemeinschaft. Wieder einmal stemmen wir uns gemeinsam mit den Füßen gegen die rutschenden Säue.

»*Yu rich, yu planti kina?*«

Ob ich reich bin, viel Geld habe, will sie wissen. Worauf ist sie aus?

»Nein, ich bin nicht reich«, antworte ich, »aber ich habe ausreichend Geld, um reisen zu können.«

»*Gut, yu laik baim meri? Yu baim mi. Mi gut meri.*«

Ich bin verblüfft. Sie fragt, ob ich mir eine Frau kaufen wolle, und dass ich sie kaufen sollte, denn sie wäre eine gute Frau. Und dann erklärt sie mir, wie einfach der »Brautkauf« sein könnte. Alles, was ich zu tun hätte, wäre Brautschmuck in Form einer Kette aus Eberzähnen oder Perlmuttmuscheln sowie zwei feiste Schweine zu kaufen. Das würde als Brautpreis reichen. Ihre Leute würden ein Fest organisieren und eine Trauungszeremonie durchführen – und danach wären wir verheiratet und sie könnte mit mir offiziell zusammenziehen. Ein Leben in Lae würde ihr sehr gefallen, da gibt es viele Geschäfte, Discos, Restaurants, da ist immer was los. Doch viel lieber würde sie in Port Moresby oder Brisbane wohnen.

»*Yumi go Austrelia. Nambawan country.*«

Um sie nicht zu kränken, gebe ich ihr zu verstehen, dass ich ihr Angebot sehr zu schätzen weiß und darüber nachdenken werde. Mit dieser Antwort scheint sie zufrieden zu sein und schenkt mir ein süßes, kokettes Lächeln.

Als wir endlich die Passhöhe erklimmen und uns durch rollende Grashügel gen Westen schrauben, setzt die Dämmerung ein, kurz, schnell und undramatisch. Mit ihr kommen Dunkelheit und Kälte. Kein Wunder, wir bewegen uns immerhin in Höhen über tausendfünfhundert Meter. Die holprige Fahrt wird zum Blindflug, denn die

Lichtausbeute der Scheinwerfer ist kaum stärker als die einer kleinen Taschenlampe.

Nane reibt zitternd ihre Arme und Beine. Ich krame Hemden, Handtuch, Sweatshirt und eine Goretex-Windjacke aus der Reisetasche und helfe ihr beim Anziehen. Dankesworte murmelnd, presst sie ihren frierenden Körper an mich. Wir kuscheln uns unter der flatternden Windjacke eng zusammen und teilen den letzten meiner Müsliriegel. Die Haut an ihrem Hals ist warm und riecht angenehm nach getrocknetem Schweiß und parfümiertem Kokosnussöl. Die Schweine schnarchen leise. Nane summt eine unbekannte Melodie. Millionen Sterne funkeln. Der Pick-up schaukelt und schlingert durch die Schwärze der Nacht. Von mir aus kann die Fahrt so weitergehen.

Doch sie endet gegen zehn Uhr vor einem von Neonröhren hell erleuchteten, flachen Haus, das von einer hohen Krotonhecke umgeben ist. Eine alte Frau und drei, vier Kinder treten heraus.

»*Tis mi haus and mi pikinini* (Kinder)«, stellt mir Malagui den Rest seiner Familie vor. »*Yu stay.*«

Aber zuerst müssen die Schweine abgeladen werden. Männer wie Frauen helfen mit. Wir schieben die lärmenden Säue, von vielen Händen abgestützt, über zwei stabile, an die geöffnete Ladeklappe gestellte Holzbalken ins feuchte Gras. Malagui durchschneidet die Fußfesseln, und seine Kinder zerren die Tiere johlend an Halsstricken in einen Bretterverschlag. Der Reihe nach waschen wir uns unter einem Wasserhahn neben dem Haus. Drinnen, in einem großen Raum, liegen Pandanusmatten auf dem Boden. Ich setze mich unschlüssig auf den zugewiesen Platz zwischen dem Hausherrn und Nane. Wenig später servieren Malaguis Mutter und seine Frau Erigere das Essen: Kochbananen in Sud aus spinatgrünen Blättern, kalten Reis mit Cornedbeef, Schiffszwieback und Milo, ein kakaohaltiges Aufgussgetränk. Um mich herum ein babylonisches Geschnatter und Geschmatze kauender Münder, das hin und wieder von lautem Kichern und Händeklatschen unterbrochen wird.

Nach dem Essen werden die Schlafplätze verteilt. Hausherr und

Frau ziehen sich hinter einen Vorhang zurück, Oma und Kinder gehen ins Nebenzimmer. Nane – sie ist die Tochter von Malaguis in Lae lebender Schwester – und ich sollen in einer Nische schlafen, wo Erigere zwei Bastmatten ausgerollt hat.

Die Lichter sind gelöscht. Es ist stockfinster im Haus. Ich bin eigentlich hundemüde, doch als ich Nanes heißen Atem an meinem Ohr und ihre Hand unmissverständlich auf meinem Bauch spüre, bin ich wieder hellwach.

»*Yumi pusim*«, flüstert sie und leckt mir den Hals, »*yu want fuck mi?*«

Die Versuchung ist groß, doch was wären die Folgen? Noch wichtiger, wie reagiert ihre Familie? Ich drehe mich mit einem heftigen Ruck zu ihr, küsse flüchtig ihren Mund und wispere: »Ich kann nicht, ich bin verheiratet.«

Doch das scheint für sie kein Problem zu sein. Nane ist ziemlich entschlossen, denn sie richtet sich bald darauf auf und zieht T-Shirt und BH aus.

»*Nane, we have big problem*«, flüstere ich, und überlege mir eine Ausrede. »*Mi sick, very sick. Yumi fuck, yu very sick too. Yumi stop making love.*«

Die Lüge scheint zu wirken. Nane glaubt meiner Vortäuschung einer Geschlechtskrankheit.

»*Yu go hospitel see dokta. Yu orait, no more sick, yumi fuck!*«, antwortet sie.

Dann dreht sie sich auf die andere Seite, und schon bald verkünden regelmäßige Atemzüge, dass sie eingeschlafen ist. Hoffentlich habe ich Nane jetzt nicht gekränkt oder in ihrem Stolz und Selbstwertgefühl verletzt. Ich hauche meiner dunkelhäutigen Venus einen letzten Kuss auf die Schulter und wende ihr den Rücken zu. Bald wird es hell werden …

Sing-Sing im Land der Chimbus

Goroka ist ein typisches Hochlandstädtchen. In den 50er Jahren des letzten Jahrhunderts noch ein winziger Handelsposten, siedelten sich hier nach dem Bau eines Flugfelds rund um die Landebahn mehr und mehr Menschen an. Häuser und Geschäfte schossen aus dem Boden. Die Höhenlage (1600 m) mit dem frühlingshaften Klima erwies sich als ideal für den Anbau von Tee, Kakao und Kaffee. Unweit des zentralen Markts, in der McNicholl Street, befinden sich einige prachtvolle Anwesen im Queensland-Stil, kolonial anmutende Holzhäuser mit luftigen Veranden inmitten üppiger Gärten. Was auffällt: Hier sind kaum Mauern oder rasierklingenscharfe Drahtverhaue und Sicherheitsdienste wie in Lae oder Port Moresby. Im Gegensatz zu den Großstädten ist die Verbrechensrate in Goroka relativ gering. Die Kriminalität beschränkt sich vorwiegend auf Taschendiebstahl und Schlägereien in alkoholisiertem Zustand.

Noch vor siebzig Jahren war die Welt der Hochlandbewohner rund um Goroka völlig in Ordnung. Die Eingeborenen glaubten, dass sie die einzigen existierenden Menschen der Welt wären. Diese Vorstellung wurde jäh zerstört durch das Auftauchen des weißen Mannes. Der Patrouillen-Offizier Mick Leahy, seine beiden Brüder James und Daniel und ein Tross von einheimischen Trägern waren aufgebrochen, die unbekannte wilde Bergregion zu erforschen und nach Goldfeldern zu suchen. Umso überraschter waren sie, in diesem menschenleer geglaubten Hochland auf kriegerische Stämme zu stoßen. Für beide Seiten muss dieser erste Kontakt wie eine Begegnung mit Außerirdischen gewesen sein, ein wirklicher Kulturschock.

Während die Australier ihr Camp aufschlugen, hockten Hunderte von Ureinwohnern in sicherer Entfernung und beobachteten jede Bewegung. Was waren das für sonderbare Wesen? Wo kamen sie her? Vom Himmel? Aus dem Wasser? Aus der Erde? Die Bergpapuas waren völlig verunsichert. Als sich einige neugierig dem Camp näherten, wurden sie erschossen.

»Wir haben sie nicht getötet, weil sie uns daran hindern wollten, nach Gold zu suchen«, erklärte Mick Leahy bei seiner Rückkehr. »Wir hatten nur einen Grund zu schießen: unsere Haut zu verteidigen. Hätten wir sie nicht getötet, hätten sie uns und alle unsere Träger umgebracht.«

Es gab merkwürdige Vorfälle in diesen ersten Tagen der Begegnung. Anfänglich hielten die Bergpapuas die Weißen für die Geister ihrer verstorbenen Ahnen. Einige fürchteten, von Leahy und seinen Leuten verspeist zu werden. Jede Bewegung der fremden weißen Eindringlinge wurde verfolgt. Als einer der Leahys im Gebüsch seine Notdurft verrichtete, schlich sich einer der Krieger näher. Er konnte nicht glauben, was er sah. Der Geistermann hatte menschliche Züge!

»Seht her, was ich habe«, rief er und streckte seinen Leuten einen Haufen Exkremente entgegen, »diese weißen Männer mögen einen andere Haut haben und mächtige Zauberer sein, aber das stinkt genau wie bei uns.«

Das war 1933. Seitdem hat sich einiges geändert, gottlob auch die fixe Idee, dass Weiße Wesen sind, die Wunder vollbringen.

Ein traumhafter sonniger Vormittag. Ich sitze auf der Terasse des »Bird«, wie die Einheimischen liebevoll ihr Vorzeige-Hotel »Bird of Paradise« nennen, schlürfe Earl Grey und lasse in Gedanken den Tag an mir vorüberziehen. Die Nacht war kurz gewesen. Mit dem Hahnenschrei im Morgengrauen wurde es lebendig im Haus meiner Gastgeber. Nane schälte sich aus ihrem Laken, zog sich an, gab mir einen kumpelhaften Klaps auf den Rücken und tapste nach draußen, um ihrer Tante im Kochhaus zu helfen. Hunde kläfften, Hühner gackerten, Schweine grunzten. Ich benutzte das Plumpsklo und wusch mir unter dem Wasserhahn Gesicht und Hände. Zum Frühstück gab es Milo mit viel Zucker, Zwieback mit Marmelade und labbriges Weißbrot mit Dosen-Spaghetti.

Als Malagui gegen sieben Uhr die Kinder zur Schule fahren wollte, nutzte ich die Gunst der Stunde, schloss mich ihm an und verabschiedete mich von den Frauen. Nane kritzelte mir auf einen Zettel ihren vollständigen Namen und eine Postfachadresse.

»*Yu kam bek, rait?*«

»Right, I come back.«

Ich versprach wieder zu kommen, sobald meine geplante Reise zum Sepik zu Ende sein würde, schenkte ihr mein Sweatshirt und schob mich, ihr ein letztes Lächeln zuwerfend, zu den Kindern in den Wagen. Wir fuhren davon und ließen die zum Abschied winkende Nane samt Familie zurück. Vor dem »Hot Bread Kitchen« in Gorokas Elisabeth Street ließ mich Malagui aussteigen und drückte mir zum Abschied fest die Hand.

»*Gut luck. Mount Hagen no good, plenti bad fellows. Yu mas kam bek. We wait. Nane will wait. She good gel* (girl)«, waren seine letzten, wohl gemeinten Worte, bevor er Gas gab und der Pick-up unter Ausstoß eines schwarzen Dieselwölkchens vorwärts hüpfte.

Nichts geht über ein gutes Tässchen Tee. Danach sieht die Welt stets freundlicher aus. Der Tag schreit förmlich nach neuen Taten. Ich zahle, schultere die Reisetasche und marschiere zur Kundiawa Road, die nach wenigen hundert Metern in den Highlands Highway Richtung Mount Hagen übergeht. Ein paar PMVs stoppen und wollen mich mitnehmen – für 30 Kina. Ich winke ab. Ein Laster, der mit Betonröhren beladen ist, hält mit pfeifenden Luftdruckbremsen gut zehn Meter hinter meinem ausgestreckten Daumen. Der Fahrer, ein graubärtiger Glatzkopf, hängt sich aus der Tür.

»You need a lift?«, schallt mir eine Bass-Stimme entgegen. Ich ergreife seine braune Pranke, lasse mich in die Kabine ziehen und sacke in den zerschlissenen Sitz neben dem Trucker. Am Rückspiegel baumeln Rosenkränze und Babyschnuller.

»Ich bin Rocky, Rocky Mukuwa. Und wer bist du?«

Bereitwillig nenne ich meinen Namen. Rocky arbeitet für das Public Works Department in Mount Hagen und ist mit einer Ladung Drainage-Rohre unterwegs nach Mendi, wo der Highlands Highway verbreitert und asphaltiert werden soll. Das löchrige Asphaltband senkt sich hinter Goroka ins Becken des Asaro River.

Asaro, ein unspektakuläres Dorf, ist Ziel vieler Touristenbusse, denn die Hochlandbewohner haben erkannt, wie leicht man mit ein bisschen Show gutes Geld verdienen kann. Die Männer beschmieren ihre nackten Körper mit grauem Flussschlamm und stülpen sich kugelförmige Masken aus getrockneter Schlammpaste über die Köpfe. In dieser spukgleichen Vermummung tanzen sie, Bogen und Pfeile schwingend, einige Minuten vor kulturhungrigen Abenteuertouristen herum, die für Performance und Fotoerlaubnis 30 bis 40 Kina berappen.

Der historische Bezug der Asaro Mud Men, wie die Schlammtänzer werbestrategisch heißen, geht auf eine Stammesfehde zurück, bei der die Asaro-Krieger leider den Kürzeren gezogen haben. Bei ihrem Rachefeldzug aber hatten sie die geniale Idee, sich in Schlammpackungen zu präsentieren. Ihre Gegner sahen darin böse Geister und nahmen Reißaus.

Rocky lenkt den Transporter souverän die Spitzkehren hinauf zum 2450 Meter hohen Daulo-Pass. Die Luft hier oben ist angenehm frisch. Von der Passhöhe blickt man endlos weit über das wellige Hochland, die Heimat der Chimbus. Die Chimbus (auch Simbus) genießen den Ruf einer kriegerischen Nation und stellen den zweitgrößten Stammesverband in Papua-Neuguinea. Trotz aller westlichen Einflüsse haben sich ihre Traditionen nicht wesentlich verändert. In den abgelegeneren Dörfern leben die Männer in lang gezogenen Männerhäusern. Frauen, Kinder und Schweine, der wertvollste Besitz eines echten Chimbu-Kriegers, hausen derweil in individuellen Rundhütten. Als wir ein Dorf passieren, das oberhalb einer Haarnadelkurve auf einer Buschrodung liegt, bitte ich Rocky, mich aussteigen zu lassen.

»Bist du sicher, dass du weißt, was du tust?«, fragt er verwundert, als er abbremst und runterschaltet. »Mit den Chimbus ist nicht zu spaßen.«

Spaßen will ich auch nicht, aber mich ein wenig umschauen und natürlich ein paar Fotos machen. Während der Truck weiterrollt, steige ich den Hang hinauf zu dem Dorf mit seinen kleinen Hütten, die sich um einen Platz aus festgestampfter brauner Erde gruppieren. Die geflochtenen Bambuswände der Rundhütten haben keine Fenster, lediglich eine schmale Türöffnung, die so niedrig ist, dass man nur gebückt ins Innere gelangen kann. Eukalyptusbäume und Kasuarinen beschatten die Ansiedlung. Einige nackte Kinder mit aufgeblähten Bäuchen tauchen auf und betrachten mich neugierig. Ich verteile Kugelschreiber, Bleistifte, Schulhefte, Bonbons, Kekse und Lutscher, die ich in einem Supermarkt in Goroka gekauft habe. Jetzt zeigen sich ein paar ältere Frauen und Männer. Ein schmächtiger, sehniger Mann mit speckiger Schirmmütze ist der Bigman, der Dorfchef. Niemand spricht Englisch, aber alle Pidgin und natürlich den eigenen Dialekt – Chimbu.

Alles, was ich noch an Gastgeschenken habe, packe ich aus: billige Wickeltücher aus Baumwolle, Tabak, Zigarettenpapier, zwei Packungen Kundu-Cracker und fünf Dosen australisches Cornedbeef, das, wie ich erfahren habe, als Delikatesse gilt. Der Bigman blickt zufrieden drein und klopft mir auf die Schulter. Ich frage ihn in Pidgin:

»*Inap mi kisim poto?*«, was aussagen soll, dass ich ihn, seine Leute und das Dorf fotografieren will. Er nickt.

»*Yes, gut, yu go kisim poto.*«

Ich knipse zuerst die Kinder, dann die Frauen. Vor einer Hütte sehe ich zwei junge Frauen sitzen. Beide stillen. Die eine ihr Baby, die andere – ich kann es kaum glauben – ein Ferkelchen!

Hinter dem Dorf, wo der Busch beginnt, sind Koben für Schweine und Holzverschläge für Kasuare, emuartige Laufvögel, ein weiterer Status für Reichtum. Natürlich lässt es sich der Bigman nicht nehmen, sich im Kreis seiner Familie in vollem Ornat und mit all seinen Waffen zu zeigen: Bogen, Pfeile, Speer und Streitaxt. Um den Hals trägt er eine halbmondförmige Kina-Muschel, die aus einer Goldlippen-Perlauster geschliffen wurde, und quer durch seine Nase hat er Eberzähne gesteckt.

»*Hamas* (how much)?«, frage ich den Alten und deute auf sein Waffenarsenal.

»*Ten Kina.*«

Nur zehn Kina. Das klingt nach einem guten Geschäft. Ich nicke, krame eine Zehn-Kina-Note aus meiner Hosentasche und gebe sie ihm. Er legt die Waffen vorsichtig auf den Boden. Ich nehme nur den Bogen und drei Pfeile – den Speer würde ich ohnehin nie heil ins Flugzeug bringen. Wenn ich noch bei Tageslicht Mount Hagen erreichen will, muss ich jetzt unbedingt weiter ziehen.

»*Tenkyu, bigpela bigman, lukim yu bihain.*« (Vielen Dank, großer Chef, auf Wiedersehen.)

Mit Bogen und Pfeilen in der Hand, die Reisetasche geschultert, verabschiede ich mich von den Chimbus und trotte den Hang hinunter zur Straße. Irgendwie ein gutes Gefühl, in einem Land, wo ein Mann ohne Waffen nackt ist, diese Attribute der Männlichkeit mit sich zu führen. Ich folge dem Trampelpfad entlang des Highways und stoße nach etwa einer halben Stunde Fußmarsch auf eine alte Frau, die im Schatten einiger Pinienbäume auf einem Holzgestell Bananen und Zuckerrohr zum Verkauf anbietet. Für eine Kina-Münze gibt sie mir zwei Hände voll fingerlanger Bananen. Ich stopfe gerade die fünfte in meinen Mund, als ein chromblitzender Range Rover hält. Weiße Bananen-Käufer.

Der Fahrer, Laszlo Horvath, ein ungarischer Arzt aus Budapest, arbeitet im Buschkrankenhaus von Tari, seine Frau Margret stammt aus Brisbane. Ihre beiden melanesischen Begleiter sind Missionsschüler aus Madang. Die vier sind auf dem Weg nach Mount Hagen. Sie nehmen mich mit auf ihre Sight-Seeing-Tour durchs Chimbu-Land.

»Wir wollen nach Banz. Dort soll es ein Sing-Sing geben.«

Banz liegt etwas abseits des Highways. Es fährt sich gut im komfortablen, bestens gefederten und gepolsterten Range Rover. Wir rauschen mit singenden Pneus durch das Provinzstädtchen Kundiwa ins Tal des Wahgi River. Richtung Norden erhebt sich wie ein versteinerter Zyklop das gigantische Massiv des Mt. Wilhelm, mit 4509 Metern höchster erreichbarer Punkt der Insel. Bergfexe, die das Glück haben, an einem klaren Tag das Gipfelkreuz zu erreichen, kommen in den seltenen Genuss, von dort oben die Nord- und Südküste Papua-Neuguineas zu sehen.

In Minj verlassen wir den Highway und rauschen mit einer Staubfahne im Schlepptau über eine Schotterpiste. Hinter einer Biegung muss Laszlo scharf bremsen. Direkt vor uns gibt es einen Menschenauflauf.

»Ich denke, wir sind da«, sagt er.

Wir bahnen uns einen Weg durch die Menge. Die staubige Straße ist Tanzplatz für zwei scheinbar rivalisierende Chimbu-Gruppen. Jede wird angeführt durch Formationen von Männern, die bis an die Zähne bewaffnet und in voller Kriegsmontur sind: mit rotschwarzer Gesichtsbemalung, einem wippenden Kopfputz aus Paradiesvogelfedern, Raubvogelklauen und Fellstücken. Selbst Frauen tragen Bogen und Pfeile und springen wie die Männer schreiend und singend auf und ab.

Ein Spektakel ohnegleichen spielt sich vor uns ab, ein Rausch aus Farben, Stimmen und Gerüchen. Eine unbekannte, vibrierende Spannung liegt in der Luft, hervorgerufen durch ekstatischen Singsang, Stampfen, Springen und Trommelschlagen. Diese Dynamik wirkt ansteckend und reißt mich mit. Eingekeilt in die Menschenmenge, muss ich einfach mithüpfen.

Gefährlich sieht es aus, wenn die Männer aufeinander zupreschen und dabei ihre langen Speere vorstoßen. Es sieht aus, als ob sie sich gegenseitig gleich durchbohren.

»Lass sie ein paar Kartons SPL (South Pacific Lager) trinken, und du erlebst ein Massaker«, raunt mir der Ungar zu. »Weshalb glaubst du wohl, hat die Regierung für die Provinzen Chimbu und Western Highlands ein Alkoholverbot verhängt?«

»Und«, frage ich zurück, »hat es was genützt?«

»Ja, es hat was gebracht. Außer in den Hotels gibt es nirgendwo

Alkohol zu kaufen. Aber jetzt besorgen sich die Hochländer Bier und Schnaps illegal über Umwege oder heimlich von Schwarzbrennern.«

»Glaubst du, dass es hier eskalieren könnte und es zu Gewalttätigkeiten kommt?«

»Kann sein, ich sehe nirgendwo Polizei. Vielleicht ist es besser weiterzufahren. Außerdem wird es bald dunkel.«

Die Menge scheint angewachsen zu sein, und sie wird immer ekstatischer. Es dauert fast eine Ewigkeit, bis wir uns zum Auto durchgeschlagen haben. Wir warten noch eine halbe Stunde auf die beiden Missionsschüler, vergebens.

»Was meinst du Margret, sollen wir weiter warten?«

»Lass uns nach Mount Hagen fahren«, lauten Margrets klare Instruktionen. »Die Burschen sind a) Einheimische, b) erwachsen und c) sind wir schließlich nicht für sie verantwortlich. Wir haben sie lediglich ein Stück mitgenommen.«

Als wir Mount Hagen endlich gegen Viertel vor sieben erreichen, ist es bereits finstere Nacht. Die Horvaths, die morgen weiter nach Tari fahren wollen, setzen mich vor dem »Highlander Hotel« ab. Sie selbst werden bei einem befreundeten australischen Arzt-Ehepaar übernachten. Was ich jetzt brauche, sind ein gutes Bett, eine heiße Dusche, um Staub und Schweinegeruch endgültig fortzuschwemmen, ein kaltes Bier und ein ordentlicher Happen zu essen. Ich bekomme alles, was ich brauche.

Waren es vor hundert Jahren die Soldaten des deutschen Kaisers Wilhelm II., die im Hochland Flagge zeigten, sind es am heutigen Abend ein Trupp Touristen aus Nordrhein-Westfalen, die im Rahmen einer organisierten »Entdeckungs«-Reise dem Rest der Gäste deutsche Dominanz demonstrieren, wenn auch nur an der Hotelbar, die sie fest im Griff haben – lautstark, gewichtig, besserwisserisch. Genau das, was ich nicht brauche.

Ich hake die fixe Idee, Willy, den Huli, zu besuchen endgültig ab – die Region rund um Tari ist einfach zu unberechenbar und gefährlich – und fliege stattdessen nach Madang.

Die Lagunen von Madang

Früher Morgen. Um mich herum üppige Natur, die vom Regen nur so schillert und strahlt. Mächtige Kasuarien und Regenbäume, in denen wie übergroße Fichtenzapfen Flughunde in der sanften Seebrise schaukeln, spiegeln sich im stillen Wasser der Dallmann-Passage. Von den vorgelagerten Inseln Kranket und Biliau flitzen vollbesetzte Banana-Boats – schmale, lange offene Boote aus Fiberglas – Richtung Madangs Binnenhafen. Eine blasse, von Wolken vernebelte Sonne trocknet die Pfützen der nächtlichen Regenschauer. Im Nordosten kratzt die Vulkanspitze von Karkar Island am Himmelsgrau und ziert sich mit einem Kragen aus zerrupften Wolkenbatzen. Windschiefe Palmen und vermooste Barringtonias reihen sich entlang des Yamilon Drive, dazwischen stehen die arroganten flachen Bungalows der weißen Elite, umgeben von gepflegten Gärten und manikürten Rasenflächen. Dunkelgrünes Wasser schwappt monoton gegen verschönerte Uferbänke aus Beton- und Kieselmauern.

Vom Motorenlärm aufgeschreckt, fliegen die Flughunde in Formationen davon wie Starenschwärme, die sich zum Südflug versammeln. Die Luft ist schwer von Feuchtigkeit, Blütenduft, faulenden Früchten, Salzgeschmack, dampfender Erde und Betelpriem, der rotbraune Flecken im Boden hinterlässt. Die Bäume scheinen von den ruhigen alten Zeiten zu träumen, als es noch keine dröhnenden Außenborder gab, als Pirogen mit Mattensegeln aus Pandanus die Lagunen kreuzten. Aus der Palette undefinierbarer Grüntöne stechen die Afrikanischen Tulpenbäume mit ihren mohnblumenroten Blütenständen hervor wie chinesische Lampions. Kinder angeln mit der Handleine nach einem Fisch-Snack.

Es ist Sonntag, der wichtigste Tag der Woche. Statt mit Kopra oder Baumstämmen sind die Laster und Pick-ups heute mit ordentlich gekleideten Menschen beladen, einer gläubigen Fracht für die Missionskirchen und Gebetshäuser. Wie die Perlen eines Rosenkranzes schwimmen Kleininseln am Rand der Lagune, so niedrig, so winzig, dass die Bäume, so glaubt man, aus der graugrünen See wachsen. Das Tauchboot des »Madang Resorts« hat mich auf Pig Island ausgesetzt, einer dieser unbewohnten Mini-Eilande am Außenriff.

Hier kämpft die Natur um die besten Plätze – und die sind oben. Da heißt es Strategien zu entwickeln. Und so recken sich Brotfruchtbäume auf ungewöhnlich schlanken Stämmen in die Höhe und entfalten ihre Kronen über dem Geflecht der Schraubenpalmen. Andere Bäume werden zu »Umfallern«: Während sich starke Wurzelarme in den fruchtbaren schwarzen Boden krallen, wuchert der Stamm horizontal knapp über der Meeresoberfläche und schafft sich so Platz für freien unbedrängten Wuchs Richtung Himmel. Das Stelzenverhau der Pandanen ist undurchdringlich wie Palisaden.

Nur indem ich durchs Wasser wate, kann ich die Insel umrunden. Natürlich ist es angenehm, sich im seichten Wasser zu tollen, das zur Zeit frei von Seeläusen ist, jenen lästigen, klitzekleinen schwarzen Insekten, die je nach Strömung oder Saison in der Lagune treiben und bei Hautkontakt unangenehm jucken und kratzen. Welch zwangloses Gefühl, an einem der verborgenen gelben oder weißgrauen Strände zu dösen, sich zwischen Treibholz zu räkeln, das an sonnengebleichte Walfischrippen erinnert.

Während über der Küste der Himmel noch immer blaue Flecken zeigt, rauscht über dem Festland bereits der Regen in grauen Wolkenvorhängen nieder. Als das Tauchboot mich abholt und zurück nach Madang bringt, hat der Tiefdruckausläufer auch die Inseln erreicht. Böen rütteln das Boot, Regenfluten ertränken meine gute Laune und schwemmen den Schweiß aus meinem verschwitzten Gesicht.

Zwei Stunden später ist die Regenfront weitergezogen. Dampfend heiß strahlt die Sonne und puscht die Luftfeuchtigkeit locker über die 90-Prozent-Marke. Selbst sonntags herrscht emsiges Treiben auf dem Markt im Zentrum Madangs. Lastwagen und Transporter entladen Früchte und Gemüse, aus Minibussen strömen Menschen. Gleich nebenan liegt ein flacher quadratischer Hügel, wo man zwischen Müll und zerfetzten Plastiktüten die Gräber jener unglücklichen deutschen Soldaten und Kolonialbeamten findet, die in den Jahren 1884 bis 1899 von Malaria und Sumpffieber hinweggerafft wurden – in treuem Dienst für Kaiser und Vaterland.

Die hohe Anzahl von Toten wäre nicht notwendig gewesen, hätte man die Aussagen des russischen Forschers Nikolai Nikolajewitsch Miklouchо-Maclay ernst genommen. Er war der erste Europäer, der längere Zeit – 1871/72 – unter den Stämmen an der Astrolabe Bai lebte und vor der malariaverseuchten Region warnte. Selbst Otto Finsch, der für die Annexion von Deutsch-Neuguinea verantwortliche Naturforscher, wusste von der Gefährlichkeit der Malaria. Dass ausgerechnet er die Rai Küste wählte, um hier die ersten Stützpunkte zu errichten, zeugt von unglaublicher Ignoranz der Behörden und einer naiven Unterschätzung tropischer Krankheiten. Es waren weder kriegerische Stämme, noch Hitze, extrem hohe Luftfeuchtigkeit, Sümpfe oder undurchdringlicher Dschungel, die den Kolonisten das Leben schwer machten, sondern vielmehr die bleiche Kälte, Schüttelfrost und das brennende Fieber, alles Symptome der Malaria und ihrer nicht weniger tödlichen Begleiter Influenza, Ruhr, Beriberi und Pocken. Nicht verschweigen sollte man auch die anderen Attribute einer in die Wildnis vordringenden Kultur: Gonorrhöe, Syphilis, Tabakkonsum und Alkoholismus. So wurde Deutsch-Neuguinea im Heimatland schnell als Fieberkolonie berühmt und berüchtigt.

Um mehr zu erfahren über die »glorreiche« deutsche Vergangenheit, klettere ich in einen der vor dem Marktplatz wartenden Minibusse und fahre für 40 Toea zum Madang Museum. Hier finde ich sie, die einstigen hohen Herren aus längst vergangenen Tagen, auf vergilbten Fotografien und Kopien: den Kronprinzen Friedrich-Wilhelm, Sohn von Kaiser Wilhelm I., nach dem Madang damals benannt wurde; Dr. Wilhelm Hahl aus dem niederbayerischen Eggenfelden, Gouverneur von Deutsch-Neuguinea von 1902–1914; Kurt von Hagen, Administrator und Entdecker des Hochlands, der am 14. 8. 1897 von zwei entflohenen Sträflingen erschossen wurde. Daneben Auguste Hertzer, Krankenschwester in Bogadjim (bei Madang); Dr. Hermann Runge und Dr. Otto Dempwolff, beide Ärzte in Madang, sowie Karl von Lauterbach, Botaniker und erster Europäer, der den Ramu erforschte. Was müssen sie geflucht, geschwitzt und gelitten haben, die fleißigen Pflanzer und braven Beamten aus Berlin, Bamberg und Bielefeld, in ihren Baumwollanzügen, gestärkten Hemden und steifen Hüten.

Die übrigen Exponate des Museums sind Masken, Trommeln, Gerätschaften, Baströcke, Brautschmuck und Waffen aus der Sepik-Region. Diese Artefakte wollte ein gewisser Wolfgang Nelke aus Berlin, ehemaliger wissenschaftlicher Assistent, während der Eipo-Expedition (1984), die in Irian Jaya unter Führung des bekannten Verhaltensforschers Irenäus Eibl-Eibesfeldt stattfand, vor einigen Jahren außer Landes schmuggeln. Sie wurden schließlich vom Zoll in Port Moresby konfisziert. Durch Intervention von Sir Peter Barter, Ex-Minister und Parlamentarier aus Madang, landete die Kollektion im eigens geschaffenen Museum an der Modilon Road.

Außerhalb des Museums wachsen einige Kasuarien, prallvoll mit Flughunden, die wie Kokons an den kahlen Ästen baumeln und gelegentlich mit den Flughäuten kreischend um sich schlagen. Weil sich ihre stark durchbluteten, dunklen Schwingen in der tropischen Hitze kräftig aufheizen, versuchen die Tiere zuerst, sich mit einem oder beiden Flügeln Kühlung zuzufächeln. Hilft das nicht, urinieren die Flughunde über ihre Flughäute. Die entstehende Verdunstungskälte sorgt dann für den gewünschten Kühleffekt. Deshalb sollte man sich tagsüber niemals unmittelbar unter einem ihrer Schlafbäume aufhalten.

Das hat mir Koni erklärt, ein Einheimischer, der mit mir auf den nächsten Minibus Richtung Ramu Highway wartet. Er stammt aus Bilbil, einem etwa zehn Kilometer südlich von Madang gelegenen Ort. Da ich nichts anderes vorhabe, folge ich seiner Einladung ins Dorf, das zwanzig Gehminuten von den Granattrichtern und Bombenkratern – anders kann man die Schlaglöcher nicht bezeichnen – des Highways an der Astrolabe Bay liegt.

Bilbil ist ein bedeutendes Dorf, wo die Frauen noch töpfern wie zu den Zeiten der Lapita-Kulturen. Mit ihren geschickten Händen und mit Hilfe von Holzschlegeln formen sie aus einem Tonklumpen kürbisgroße Kochgefäße, die später in offenen Feuern gebrannt werden.

Koni nimmt mich mit in sein Elternhaus und stellt mich seinem Vater Tee Naneg vor, Chief und Holzschnitzer in Personalunion. Der alte Mann bearbeitet mit Vorliebe in sich verschlungene Seepferdchen aus einem Stück Hartholz.

»Wieso Seepferdchen?«, frage ich.

»Es ist unser Clan-Symbol, ein Totem. Früher, bevor ihr Weißen uns entdeckt habt, zierten hölzerne Seepferde die Bugspitzen unserer *laloikas*. Diese großen Doppelrumpfkanus waren mit Mattensegeln ausgestattet. Mit ihnen haben wir die Tontöpfe bis hinauf nach Wewak und zur Huon-Halbinsel transportiert und gegen Süßkartoffeln, Yams und Klingen aus Obisidian für unsere Äxte eingetauscht.«

Mitten im Dorf, zwischen Strand und Urwald findet sich ein weiter Platz, wo sich nach und nach Männer und Frauen einfinden und zu einer Tanzgruppe formieren.

»Fast jeden Sonntag versammelt sich hier die Tanzgruppe unseres Dorfes. Unter Leitung von Kubei«, sagt Koni und deutet auf einen hageren alten Mann, »übt sie das traditionelle Sing-Sing. Jedes Jahr fährt die Gruppe zu den Highland Shows nach Goroka und Mount Hagen. Du hast Glück. Heute erwarten wir einige ausländische Besucher aus dem ›Madang Resort‹, deshalb haben sich unsere Leute Gesichter und Körper bemalt.«

Frauen und Mädchen tragen Muschelketten und Baströcke aus den Fasern der Sago-Palme. Brüste, Arme und Schultern sind mit weißen Streifen und Tupfern dekoriert. Die Männer haben ihre Gesichter grellrot geschminkt. Kränze aus Pandanus und weißen Federn wippen auf ihren Köpfen. Eberzähne und Bänder, verziert mit unzähligen Hundezähnen und schwarzen und weißen Ornamenten, schmücken ihre entblößten Oberkörper. Als die Touristengruppe – neun Amerikaner – per Minibus eintrifft, stellen sich die Tänzer in Positur und lassen sich geduldig fotografieren und filmen.

Auf ein Zeichen Kubeis treten die Männer vor. Ein jeder schwingt eine sanduhrförmige Holztrommel vor der Hüfte, auf die er mit der flachen Hand schlägt. Die Frauen stimmen einen monotonen Gesang an. Im Gegensatz zu den Chimbus des Hochlands trägt niemand Waffen. Auch die Tänze sind friedlicher und heiterer. Mich erinnern sie an Reigen, Sirtaki oder Menuett.

»Woher haben die Tänzer die Farben?«, wende ich mich an meinen Begleiter Koni.

»Für das Rot, *fiar*, vermischen wir den gemahlenen Samen des Moriko-Baums mit Kokosöl. Die weiße Farbe, *ruo*, erhalten wir aus pulverisiertem Muschelkalk. Schwarz, *sed*, entsteht aus Holzkohle. Das sind Farben, die fast alle Stämme rund um die Astrolabe Bay lieben. Die gleichen Farben übrigens wie auf der deutschen Flagge, die am 20. November 1884 offiziell auf der Flag Peninsula (heute Madang) gehisst wurde, als das deutsche Kriegsschiff *Elisabeth* in der Bucht ankerte und man alles Land zum kaiserlich-deutschen Protektorat erklärte. Deshalb haben unsere Leute damals laut gejubelt. Sie sahen es als gutes Omen und riefen ›*ujan-ujan*‹ (sehr gut).«

»Woher weißt du das alles?« Koni lacht lauthals.

»Ich bin Lehrer und unterrichte Geschichte, Englisch und Sport an der Missionsschule in Madang.«

Als die Männer pausieren und die Frauen einen Schreittanz vorführen, zieht er mich zu einem muskulösen Burschen, dem ein Brustschmuck aus weißen Kaurischnecken, Hunde- und Eberzähnen um den Hals baumelt.

»Das ist Keki, mein Bruder. Schau dir seine Kundu-Trommel an. Sie ist mit Iguana-Haut bespannt. Durch die mit Harz aufgeklebten Lehmnoppen können die Männer beim Schlagen unterschiedliche Töne erzeugen.«

Mich faszinieren mehr die Hundezähne. Es sind alles Reißzähne. Rechnet man vier solcher Zähne pro Hund, müssen einige hundert ihr Leben gelassen haben, um Kekis breite Brust zu zieren.

Bilbil ist ein erstaunlicher Ort. Gewiss machen sich auch hier mittlerweile die unrühmlichen Anzeichen der Zivilisation breit, doch was können diese Leute dafür? Das Unheil »westlicher Kultur« verdanken sie ausschließlich dem deutschen Kolonisierungswahn.

»Euch Ureinwohner wird man aus dem sorglosen Genuss eines paradiesischen Lebens reißen, man wird euch lehren, Kleider zu tragen und Wünsche zu hegen«, formulierte es bereits 1875 der Südseehändler Eduard Hernsheim, der selbst Anhänger von Rousseaus Theorie vom »edlen Wilden« war und von der Entdeckung des Paradieses träumte. Doch der Wilde wähnte sich gar nicht im Paradies, er wollte Europäisierung und Akkulturation, er wollte vom Umgang mit den Weißen profitieren.

Das merkte bereits Maclay, der am 29. Mai 1872 als Gast des Chiefs von Gorendo in einer Hütte übernachtete. Um Mitternacht weckte ihn ein Geräusch. Jemand legte sich neben ihn. Er streckte seine Hand aus und fühlte einen Körper. Es war eine junge nackte Frau. Maclay kombinierte richtig, dass man ihn mittels dieser Verführung ans Dorf Gorendo binden wollte. Er schickte die Frau fort.

1884 schwärmte Otto Finsch von einem »Archipel der zufriedenen Menschen«, als er mit dem Dampfer *Samoa* die Astrolabe Bay erkundete. Er war mit Sicherheit auch in Gorendo und Bilbil. Zufrieden sind die Menschen noch immer; ob es ihnen aber jetzt, nach einhundert Jahren wechselnder Kolonialherrschaft, besser geht, wage ich zu bezweifeln.

Dass unsere Urgroßväter hier aber auch Großartiges geleistet haben, steht außer Frage. Madang war eine sumpfige Halbinsel mit keinerlei einheimischen Dorfgemeinschaften im Umkreis von zehn Kilometern. Durch deutschen Fleiß und Starrsinn entwickelte sie sich zu einer blühenden Stadt und gilt heute als einer der friedlichsten, prosperierendsten Orte in Papua-Neuguinea mit einer bestens funktionierenden touristischen Infrastruktur. Auf mich jedenfalls übte Madang mit seinem Charme und seiner wohltuenden Lässigkeit einen gewissen Reiz aus.

In der Bismarcksee

Auf dem Pier der »Lutheran Shipping Company« stapeln sich Kartons, Kisten, Mehlsäcke, Körbe mit Kokosnüssen, Süßkartoffeln und Taroknollen. Daneben, gut verschnürt und in Palmblätter gewickelt, Ferkel, Hühner und schwarzgefiederte Enten. Dazwischen lagern fröhlich schwatzende Melanesier, die geduldig auf das Eintreffen des Küstendampfers warten. Viele haben sogar die Nacht hier verbracht. Gegen halb neun läuft die *Tavi* ein und macht am Pier fest. Kaum hat die Besatzung die Gangway ausgelegt, kommt Bewegung in die Wartenden. Alle drängen sich rücksichtslos aufs Schiff, um den besten Platz unter dem aufgespannten Sonnensegel des Vorschiffs zu ergattern. Die Kommandos des Kapitäns verschallen ungehört im lauten Durcheinander. Resigniert zuckt er die Schultern, verschwindet im Kartenhaus und überlässt es der Crew, Ordnung ins Chaos zu bringen.

Mit dem erhabenen Gefühl, eine Kabine gebucht zu haben, begebe ich mich an Bord. Ein Matrose in einem ölverschmierten orangefarbenen Overall bringt mich zum Oberdeck. Gleich hinter Brücke und Kartenhaus, an Backbord, liegt eine winzige Kabine, kaum größer als eine Besenkammer, die bis unter die Decke mit Kartons voll gestapelt ist – South Pacific Lager in Dosen. Lediglich die schmale Koje und ein Miniatur-Tisch unter dem Bullauge sind zugänglich.

»Gestatten, Steve, Steve Ashley. Ich bin der Kapitän dieses Luxus-Liners. In einer halben Stunde laufen wir aus. Wenn es dir in der Kabine zu eng wird, kannst du gern das Zeug leer saufen – so viel du willst.«

Mit wohlwollendem Grinsen steht der Kapitän hinter mir.

»Danke, Sir, ich denke, ich habe genug Platz.«

Allein bei dem Gedanken, dieses grässliche Chemieerzeugnis noch einmal trinken zu müssen, bohrt sich mir ein stechender Schmerz in die Hirnrinde. Die Brauerei in Port Moresby möge mir verzeihen – bei aller Sympathie: South Pacific Lager ist eine bleichblonde Tinktur mit scheußlichen Nebenwirkungen: dumpfer Kopfschmerz, pelzige, dehydrierte Zunge, fader Nachgeschmack, Blähungen und Durchfall.

Die *Tavi* gleitet aus dem Hafen und rauscht durch die Dallmann-Passage zwischen Stadt und Kranket Island hinaus in die glitzernde See. Gegen Mittag liegt die Vulkaninsel Karkar an Steuerbord. Einst vom englischen Seeräuber William Dampier heimgesucht, später von katholischen und lutherischen Missionaren in seltener Eintracht zum einzig wahren Glauben erzogen, produzieren die braven Insulaner heute mehr Kopra als sonst irgendwo in Papua-Neuguinea. Nach heftigen Eruptionen 1974 und 1979 scheint sich der Mount Kanangio beruhigt zu haben, doch seit den katastrophalen Ausbrüchen von Tavurvur und Vulcan, bei der Rabaul, die bis dato schönste Stadt Melanesiens, 1994 unter Lava und Asche verschwand, messen Wissenschaftler kritisch jedes Rumoren des schlummernden Riesen, um die Bevölkerung rechtzeitig bei einer drohenden Eruption evakuieren zu können.

Zur Tea Time, gerade als ich den vollgesogenen Teebeutel aus der Tasse ziehe, geht die Sonne langsam hinter dem perfekten Kegel des Manam unter und lässt die aufgepfropfte Wolke am Kraterrand blutrot schimmern. Die Nacht kommt übers Wasser und breitet sich scheinbar undurchdringlich aus wie eine Totendecke.

Unter dem Sonnensegel des Vorschiffs wird es lebendig. Stimmen werden laut, reden überschwänglich durcheinander. Der Kapitän lässt die Maschine drosseln, und mit halber Kraft nimmt die *Tavi* Kurs auf Manam. Lichter flackern dort, wo die Küste liegen muss.

Es ist bereits nach Mitternacht, als die Maschinen stoppen. Stille, bis auf das Knarren der Kabinentür. Das Schiff rollt gemächlich in der langen Dünung der Bismarcksee. In meiner schmalen Koje verkeilt, warte ich auf den Schlaf und den neuen Morgen.

Gegen fünf Uhr erwache ich in völliger Dunkelheit und taste mich nach draußen. Im Grau des aufkeimenden Tages driften wir vor der Küste Manams. Schwere Regenschauer prasseln auf die Persenning, unter der sich die melanesischen Passagiere zusammendrängen. Vielleicht zwei, drei Kilometer entfernt liegt die verschwommene Kontur der Küste. Ein Vibrieren geht durchs Schiff, als mit einem dumpfen Dröhnen das Dieselaggregat gestartet wird. Mit halber Fahrt schiebt sich die *Tavi* auf die dunkle Landmasse zu.

Etwa zweihundert Meter vom Ufer entfernt lässt Kapitän Ashley beidrehen und das Schiff mit langsamer Fahrt parallel zu Küste fahren. Eine melancholische Stimmung: tief hängende, düstere Wolken und ein dichter Dunstschleier schaffen die Impression einer bevorstehenden Vulkaneruption. Farbnuancen in Bleigrau, das Baumdickicht dunkelgrün, der Strand leer und schwarz. Keine Spur einer Ansiedlung. Wir nähern uns einer flachen Bucht. Am Strand liegen Auslegerkanus, ein Dutzend winkender Menschen wartet. Der Kapitän gibt Befehl, beide Buganker auszubringen und die Maschine zu stoppen. Immer mehr Menschen sammeln sich am Strand.

An der Reling drängen sich die Passagiere. Die Crew der *Tavi* lässt das Beiboot zu Wasser und hängt ein Fallreep außenbords, über das sogleich drei Matrosen in das auf und ab tanzende Langboot klettern. Einer wirft den Außenborder an, die beiden anderen belegen die Leinen. Auf dem Vorschiff herrscht große Unruhe: Gepäckstücke, Kartons und zusammengerollte Matten werden steuerbords geschleppt und über die Reling ins Beiboot geworfen, wo sie von den Männern geschickt aufgefangen und verstaut werden. Es folgen die Bündel mit Ferkeln, Hühnern und Enten, anschließend, unter ausgelassenem Lachen und Jauchzen, etwa zwei Dutzend Erwachsene und Kinder.

»Ein munteres Völkchen, nicht wahr?« Der Kapitän hat sich zu mir gesellt.

»Dabei leben sie auf einer tickenden Zeitbombe. Beim Ausbruch des Manam im Februar 1997 haben Lava und Ascheregen ein ganzes Dorf ausgelöscht. Über dreißig Tote gab's damals. Der Bursche kann jederzeit wieder explodieren. Da ... schau!«

Ein hellroter Schimmer zeigt sich an der Vulkanspitze, als die Wolkendecke für eine Sekundenlänge aufreißt.

»Manchmal leuchtet die Kraterspitze in der Nacht wie der Feuerschein eines Lagerfeuers. Das sieht richtig unheimlich aus. Die Leute behaupten, dass im Zentrum des Vulkans eine Göttin lebt. Sie nennen sie Saria und verehren sie wie eine Heilige.«

»Wo liegt das Dorf dieser Leute?«, will ich wissen.

»Vielleicht hundertfünfzig Meter landeinwärts, hinter dem Spalier der Palmen. Es heißt Zogari und hat etwa sechshundert Einwohner. Wenn du Lust hast, kannst du von Bord gehen und dich umsehen. Wir werden ein paar Stunden hier ankern.«

Mit der Morgenbrise wird es heller. Der Regen geht in ein leichtes Nieseln über. Als das Beiboot zum zweiten Mal übersetzt, bin ich mit an Bord.

Landgang: Ich kann das unsagbare Gefühl des Entdeckers, wenn er unbekannten jungfräulichen Boden betritt, in diesem Fall den regennassen anthrazitschwarzen Lavastrand von Manams Südostküste, nachvollziehen. Sogleich bin ich von unzähligen Menschen umringt, schüttele Dutzende von Händen und nenne x-mal meinen Namen. Fast niemand hier spricht Englisch. Ein Mann, Kogea Odade, muss als Dolmetscher fungieren.

»Sie wollen dir ihr Dorf zeigen. Geh nur mit. Es wird dir nichts geschehen.«

Ein glitschiger Pfad durch triefende Palmen, Pandanus und den leuchtenden Gelb-Grün-Mix von Krotonbüschen führt zu einer terrassierten Lichtung im Urwald. Einfache Hütten mit Bambuswänden und braunen Dächern aus Palmblättern, gebaut auf festgestampftem Lehmboden, reihen sich hangaufwärts. Nackte braune Kinder hüpfen in den Regenpfützen herum. Ein alter Mann reicht mir eine Kokosnuss, die er mit einem langen degenartigen Messer aufschlägt, ein kleiner Junge drückt mir eine Karambole in die Hand. Als ich ihm einen Kugelschreiber schenke, rast er johlend davon – die Kindermeute hinter ihm her.

Die Leute sind ungemein freundlich, natürlich und führen ein simples Leben im Einklang mit der Natur. 1998, während der letzten größeren Eruption des Manam, als sich ein dritter Vulkankrater im Südwesten bildete, hat man sie alle mit Booten aufs gegenüberliegende Festland evakuiert. Doch keiner ist dort geblieben, alle sind sie wieder zurückgekommen und haben ihre zerstörten Hütten wieder aufgebaut und neue Gärten angelegt.

Was ich damals nicht wissen konnte: Am 20. Juni 2002, drei Monate nach meinem Besuch, spuckte der Manam erneut Asche und Rauch. Ein kleinerer Lavastrom quoll aus der Südwestflanke und zerstörte Gärten und Bananenpflanzungen. Die Regierung bereitete alles Notwendige zur Evakuierung der Bevölkerung vor. Doch nach zwei Tagen beruhigten sich die Eruptionen wieder, so dass der für Krisen und Notfälle zuständige Direktor Henry Mokono Entwarnung für die Inselbevölkerung geben konnte.

Gegen Mittag, der letzte Sack Kopra ist im Laderaum der *Tavi* verstaut, nimmt das Schiff Kurs auf die Festlandsküste. Die Wasserfarbe hat gewechselt, von Dunkelblau zu Grün. Wir passieren den Mündungsbereich des Ramu, dessen Wassermassen sich kilometerweit ins Meer schieben, fast bis Aris Island, einer kleinen gebirgigen Insel im Nordosten.

»Wenn du einen Schluck von der braunen Brühe trinkst, schmeckst du so gut wie kein Salz. Das ist alles Süßwasser.«

Steve, der Kapitän, scannt mit dem Fernglas die Meeresoberfläche ab. In den trüben braunen Fluten treiben Äste, Baumstämme, Grasinseln, Kokosnüsse und Batzen ausgerissener Wasserhyazinthen.

»Was aussieht wie Kokosnüsse, können auch echte Köpfe sein. Letztes Jahr haben wir drei Meilen vor Cape Franseski zwei Männer aus dem Wasser geborgen, deren Einbaum leck geschlagen und gekentert war. Es war reiner Zufall, dass wir sie gefunden haben. Die

Burschen waren mehr tot als lebendig. Seitdem habe ich immer einen Mann mit Fernglas auf der Brücke, sobald wir die Mündungsgebiete von Ramu und Sepik durchqueren.«

»Was ist mit Krokodilen?«, frage ich Steve.

»Es gibt Salzwasserkrokodile, die ziemlich groß werden können. Sie fallen aber kaum auf zwischen dem Treibholz und den Grasinseln, die hier rumschwimmen.«

Der Sonnenuntergang findet hinter geschlossenen Wolkengardinen und übers Deck peitschenden Regenschauern statt. Das Schiff stampft schlingernd durch die düstere Bismarcksee. Steve hat sich ins Ruderhaus zurückgezogen. Gespenstig schäumen die Bugwellen in der Dunkelheit. Auf dem Vorschiff ist es ruhig, die restlichen Passagiere schlafen zusammengerollt auf ihren mitgebrachten Pandanusmatten. Gitarrenklänge aus der Kombüse vermischen sich mit dem monotonen Vibrieren des Schiffsdiesels. Zeit, in die Koje zu kriechen.

Wewak, an der Nordwestküste von Papua-Neuguinea. Im frühen Morgenlicht zeigt sich die Südsee in all ihrer klischeehaften Märchenbuch-Schönheit: goldweiße, endlose Sandstrände, gelbgrüne, sanft raschelnde Palmenkronen, die lange Schatten werfen, vor der Kulisse prall runder Hügelkuppen, die in der Seekarte als Prince Alexander Range bezeichnet wird. Ich stehe bei Steve auf der Brücke. Gemeinsam schlürfen wir dünnen, aber heißen Tee, kauen auf Marmeladentoast und Cookies, die sich, sobald man sie in die Bechertasse stippt, sofort zwischen Daumen und Zeigefinger auflösen wie Instantkaffee.

»Was hast du jetzt vor?«, fragt Steve und rührt Zucker in seine Teetasse. Die *Tavi* umrundet langsam Cape Boram und gleitet in die Bucht von Wewak.

»Ich denke, ich werde versuchen, eine Passage auf der *Sepik Spirit* oder der *Melanesian Discoverer* zu buchen.« Nach dem, was ich im »Post Courier«, der auflagenstärksten Tageszeitung in Papua-Neuguinea, gelesen hatte, schien mir das zu diesem Zeitpunkt die angenehmste Art zu sein, den Sepik zu bereisen.

»Da hast du Recht. Mit dem Flüchtlingsproblem aus Irian Jaya, den versprengten marodierenden Rebellen, den Überfällen und den ständigen Stammesunruhen am Oberlauf des Flusses ist das mit Sicherheit die richtige Wahl. Und außerdem wirst du froh sein, wenn du zumindest in der Nacht von Moskitoschwärmen verschont bleibst. Wir sind noch immer in der Regenzeit, da haben die Blutsauger im Sepik-Gebiet Hochsaison.«

In Wewak – für gewöhnlich ein verschlafenes, verstaubtes Provinzstädtchen, das eingekuschelt zwischen den Ausläufern der Prince Alexander Range liegt und vom steten Plätschern der Pazifikwellen eingelullt wird – herrscht Ausnahmezustand. Die Moem Barracks werden von schwer bewaffneten meuternden Soldaten kontrolliert, die von der Regierung mehr Sold und bessere Lebensbedingungen fordern. Sämtliche Flüge von und nach Wewak sind gestrichen. Hunderte von Reisenden sitzen seit Tagen fest, die wenigen Hotels und Herbergen sind restlos überfüllt. Gerüchte von einer Gegenattacke der Armee kursieren und verleiten die Bevölkerung zu Panikkäufen. Vor und im Büro der Air Niugini in der Hill Street spielen sich dramatische Szenen ab: Gepäckberge stapeln sich vor dem Schaufenster, Menschen schimpfen, gestikulieren, schreien, kämpfen um freie Plätze für den Flug von Vanimo nahe der indonesischen Grenze nach Port Moresby. Auf der Straße ein Pulk von PMVs, die bereit sind, Passagiere entlang der Küstenstraße ins zweihundert Kilometer entfernte Aitape, eine deutsche Gründung von 1905, zu karren. Von dort verkehren lokale Boote bis Vanimo. Mitten im Getümmel verzweifelte Airline-Angestellte.

Da keiner der zwei öffentlichen Fernsprecher Wewaks funktioniert, telefoniere ich von der Rezeption des »Windjammer Hotels«, das in unmittelbarer Nähe zum Hafen liegt, mit dem Büro der Melanesian Tourist Services in Madang. Und was ich erfahre, klingt durchaus positiv: Die *Melanesian Discoverer* ist bereits auf dem Weg Richtung Sepik. Sie haben eine Kabine frei. Wenn ich will, kann ich morgen in Angoram zusteigen. Ich sage sofort zu. Nach dem Mittagessen quetsche ich mich zu einem Dutzend Melanesier in einen japanischen Minibus, an dessen zersprungener Windschutzscheibe ein Schild klebt: Nr. 2. Dem Beifahrer drücke ich acht Kina in die schwielige Hand. Ich kann mein Glück kaum fassen.

Am Rand des endlosen Nichts

Wo das graue Band der Straße aufhört, wo braune Wellen den löchrigen Asphalt abschlecken und das verwahrloste Schotterbett annagen, wo der Sepik glitschige Baumstämme ans Ufer schwemmt, endet der letzte Rest von Zivilisation. Hier, hinter den Mäandern des breiten trägen Schicksalsflusses, beginnt das letzte Thule. Angoram wirkt wie der letzte Außenposten am Rand eines Niemandslandes, dessen grüne Monotonie nur von Sümpfen, Tümpeln und Wasseradern durchbrochen wird. Ein Ort, der ein spannendes Kapitel in einem Joseph-Conrad-Roman abgegeben hätte, ein Ort der extremen Hoffnungslosigkeit, der geduldig wie eine Venusfliegenfalle auf seine Opfer wartet: auf Krokodiljäger, Händler, Verfolgte, Spekulanten, Goldsucher, Missionare, Desillusionierte, Huren, Falschspieler, Schmuggler und Trinker, auf Menschen mit Vergangenheit, auf Menschen ohne Zukunft.

Ihre Warteschleife verkürzen diese Individuen gewöhnlich in der Lounge des »Angoram Hotel«, einem Raum aus spröden Sperrholztafeln und muschelverzierten Bambuswänden. Neben einer arg zerstochenen Dartscheibe und zwei gekreuzten Speeren hängt ein gerahmtes Foto der Queen. Der fleckige Zementboden voller Schlieren sieht aus wie ein Meisterwerk des Action Painters Jackson Pollock. Die Zeit scheint eingefroren, verharrt schweigend wie die Zeiger der verstaubten Kuckucksuhr über der Bar, steht wie die verrauchte, stickig heiße Luft. Billardkugeln rotieren über verschlissenen Filz, angestoßen von abgegriffenen Queues, an denen säuerlichen Schweiß ausdünstende, dunkle Männer hängen, deren Münder sich hin und wieder öffnen, ausspucken, Bier trinken oder selbst gedrehte Zigaretten zwischen die verkniffenen Lippen stecken.

Ich sitze auf einem wackligen Stuhl unter einem kraftlosen Deckenventilator. Kitty und Diana, die Töchter des Besitzers, laufen barfüßig durch dieses schwüle Stillleben und verkaufen »SP Brown«, gedrungene braune Flaschen mit kaltem, bitterem Bier. Vier nackte Glühbirnen tauchen den Raum in abstraktes Licht. An Decke und Wänden lauern Geckos auf Beute. Mit ihren kleinen schwarzen Knopfaugen verfolgen sie beharrlich den Tanz von Motten und Nachtfaltern. Joe Kenni, Hotelbesitzer, Barmann, Bigman und Lokalpolitiker, reißt einen neuen Karton SP Brown auf und stülpt die Bierflaschen kraftvoll in eine mit Eis gefüllte Kühlbox.

»Du bist zur falschen Jahreszeit hier. Jetzt zum Ende der Regenzeit führt der Fluss Hochwasser. Fast alle Uferregionen sind überschwemmt. Zu viele Moskitos, zu viele *pukpuk* (Krokodile), zu viel Regen, zu viel *saksak* (Sago). Besser ist es von Juni bis Oktober: weniger Moskitos, viel Sonne, viel Yams, Taro und Süßkartoffel und wenig Sago. Magst du noch ein Bier?«

Ich nicke, woraufhin er eine entkorkte Flasche über die rissige Holztheke schiebt. Am späten Nachmittag bin ich angekommen, gerädert, zermürbt von vier Stunden Fahrt durch Schlag- und Schlammlöcher, Staub und Hitze. Vier Stunden Folterung durch einen Sitz aus verbogenem, kantigem Stahlrohr, zerfleddertem Schaumgummi, einer angebrochenen Holzplatte, durchknallenden Federn und Dämpfern. Zweimal mussten alle Passagiere aussteigen und schieben, als der Minibus im Morast stecken blieb. Das war eine herbei gebetete, wundervolle Abwechselung für den durchwalkten Körper.

Das Hotel, das einzige im gesamten Umkreis, hatte ich schnell gefunden – liegt es doch auf einer leichten Anhöhe, nur einen Steinwurf entfernt von der letzten Kurve, die die Straße macht, bevor sie sich am Ufer des Sepik in Kies, Bitumenflecken und gelbbrauner Erde auflöst. Acht Zimmer verteilen sich auf drei windschiefe Bungalows, die ein Karree rund um einen kleinen verwilderten Garten bilden. Dem defekten Deckenventilator ist es zu verdanken, dass das Zimmer nur dreißig Kina kostet.

Während ich dem gemischten Chor aus Fröschen, Kröten, Zikaden und Grillen lausche und Moskitospiralen anzünde, klopft es zaghaft an der Tür. Als ich öffne, schlappt die dralle Diana ins Zimmer.

»Brauchen Sie noch irgendetwas von der Bar? Wir schließen bald.«

Sie lächelt frech und zupft an ihrem T-Shirt. Bevor ich antworten kann, steht sie mit einem Schritt neben dem Bett.

»Brauchst du noch eine extra Decke oder vielleicht jemanden wie mich zum Wärmen?«

Wenn das nicht deutlich nach einem unmoralischen Angebot klingt, muss ich ein Interpretationsproblem haben.

»Du bist ein gut aussehender Mann …«

»Danke, Diana, vielen Dank. Aber ich glaube, heute Nacht schlafe ich besser alleine – ich bin sehr, sehr müde. Vielleicht morgen.«

»In Ordnung, dann bis morgen. Gute Nacht!«

»Gute Nacht, Diana.«

Weg ist sie. Wahnsinn. Und dann erinnere ich mich an den Werbeslogan der Tourismusbehörde: »Papua New Guinea – the Land of the Unexpected!« Stimmt haargenau, hier erlebt man jeden Tag Überraschungen!

Goldrot glänzt der Fluss. Im Morgendunst ducken sich die Hütten wie bucklige braune Torfziegel im sumpfigen Marschland. Hier und da ragen Bauminseln und Buschwerk heraus. Der Himmel sieht aus wie ein atmosphärisches Gemälde von William Turner. Pirogen materialisieren sich aus dem Schilfgürtel, dunkel verwischte Schattenspiele vor der monochromen Sonne, die von Wolkennebel weich gefiltert wird wie durch einen Diffusor-Spot im Fotostudio. Der Dunst hat etwas Malerisches, Zauberhaftes, Mystisches. Und einen Namen: »Sepik-Fog«. Ein paar junge Männer legen laut singend ihre Netze aus. Im dichten Uferschilf steht strahlendweiß die Statue eines Silberreihers, der, vom Gesang vergrault, sich emporschwingt und mit ruhigem, gleichmäßigem Flügelschlag einen Brotfruchtbaum anfliegt. Schwalben stoßen auf die Wasseroberfläche und schnappen nach Insekten. Langsam lichtet sich der Nebel und die zarten Farben schwinden.

Freitag. Der Tag der Tage für die Marktleute. Dementsprechend geht es zu. Markt in Papua-Neuguinea, das ist nicht einfach nur Kaufen und Verkaufen von Agrarprodukten, sondern gleichzeitig Show-Bühne, Kontakthof, Nachrichtenbörse und Laufsteg. Die Segregation ist ziemlich strikt – Männer reden mit Männern, Frauen mit Frauen. Das Angebot an Waren ist immens: Koch- und Essbananen, Betel- und Erdnüsse, getrockneter Blatttabak, Papaya, Brotfrucht, Kürbis, Kokosnüsse, geräucherter Fisch, lebende Aale und Flussschildkröten, Sago in Bündeln zu je einem Kina, Süßkartoffeln aus dem Hochland, Ananas, Taro, Yams, Zeitungspapier zum Einrollen von Tabak, Lollis und Bonbons, Bleistifte, Streichhölzer und einzelne Zigaretten, Brennholz, Spinat und Schlangenbohnen. Und überall werden der Betelpfeffer, auf Pidgin *daka*, und *cumbung*, fein zermahlener Korallenkalk, angeboten, beides Zutaten für den perfekten Betel-Kaugenuss. Gut verkaufen sich auch pinkfarbene Plastiktüten, die in den Standardgrößen S, M und L angeboten werden.

In einer Ecke des Marktes entdecke ich einen Mann, der lebende Vögel anbietet – Papageien mit gestutzten Flügeln und in Bambuskäfige eingepferchte junge Kasuare, die, wenn sie ausgewachsen sind, im Hochland als Brautpreis begehrt sind und dort für 3000 bis 4000 Kina gehandelt werden. Zur Belustigung der Leute kauert im Kraushaar des Vogelhändlers wie in einem Nest ein *kaskas*, ein kleines plüschiges Opossum. Es knabbert genüsslich an einem Mangoblatt, das es zwischen seinen winzigen Pfoten hält.

An der Bootslände, wo Dutzende von Pirogen und Banana-Boote vertäut sind, treffe ich Cletus Maiban, einen Holzschnitzer, den ich bereits gestern in der Lounge des »Angoram Hotels« kennen gelernt habe. Er ist auf dem Weg nach Numungi, einem kleinen Dorf zwei Kilometer flussaufwärts, und lädt mich ein, ihn zu begleiten.

Pirogen am Sepik, eine davon kunstvoll verziert mit einem Krokodil – dem Kult- und Totemtier der Flussbewohner.

In seinem Boot hocken bereits einige seiner Leute, die auf dem Markt Yams, Taro und Kochbananen gekauft haben. Zehn Minuten Fahrt, und wir stehen in seinem überschwemmten Dorf.

Über Baumstämme, Bohlen und Bambusstege balancieren wir von einem Haus zum anderen, bis wir einen Platz erreichen, der trocken liegt. Einige Männer schichten in der dampfigen Schwüle Treib- und Brennholz zu kleinen Pyramiden auf. Cletus' Haus ruht wie alle anderen Häuser des Dorfes auf soliden Stämmen, hoch genug, dass selbst bei extremem Hochwasser die Sepikfluten nicht über die Türschwelle schwappen. Seine Werkstatt hat er unter einem uralten Mangobaum. Hier arbeitet er gerade an einem aus einem Baumstück geschnitzten Tisch in Form eines Krokodils. Es fehlt nur noch die abschließende Lackierung. Unter einer gläsernen Tischplatte sind schillernde kleine Muscheln arrangiert.

»Das Krokodil ist unser Totemtier; die Muscheln sollen symbolisieren, dass alles Leben aus dem Ozean kommt«, erklärt Cletus. »Bei Angoram verlief vor dreitausend Jahren noch die Küstenlinie, die sich jedoch durch die gewaltigen Massen von Schlamm und Sand, die der Sepik mit sich führt, allmählich nach Nordosten verschoben hat. Das gesamte Sepikbecken war einmal Teil der Bismarcksee. Deshalb findest du auch keinen einzigen Stein im Flussgebiet. Übrigens, wenn du Lust hast, wir vermieten auch Zimmer für zwanzig Kina.«

Doch ich möchte auf mein Schiff. Da er gerne an seinem Tisch weiterarbeiten möchte, solange noch die Sonne scheint, fährt mich sein ältester Sohn Jeffrey zurück nach Angoram. Die *Melanesian Discoverer* ankert bereits im Strom. Ich hole mein Gepäck aus dem Hotel, setze mit einer Barkasse über und beziehe die Kabine Nr. 8.

Auf dem Sepik

Nach vier Stunden heftigen Regens strahlt endlich wieder die Sonne. Sie malt milde Lichter auf die Decks der *Melanesian Discoverer* und küsst die blassen Gesichter ältlicher Damen, belichtet die Bäuche schwer atmender, dicker Männer, zieht ihnen die Hutkrempe tiefer über die Augen, befreit die Vögel von nassem Gefieder und kitzelt die Fliegen auf den Fensterscheiben. Mit einer Tasse Tee in der Hand sitze ich im Schneidersitz auf dem Oberdeck und schaue auf erwartungsvolle Expeditionstouristen aus Deutschland, Australien und den USA, deren Augen, Brillengläser, Feldstecher, Kameras und Camcorder über weite Flusskehren schweifen und die grüne Fülle der dichten Sagopalmen-Schilf-Vegetation absorbieren.

Nach dem Abendessen hängen sie über der Reling und versuchen, die Myriaden Sterne des unbekannten Südhimmels zu begreifen und zu deuten und suchen in dem Hinterhuf des Zentaurus das magische Kreuz des Südens.

Neuer Morgen, neues Ziel. Seit Mitternacht, als die Maschinen gestoppt wurden, ankert das Schiff in der Strommitte. Gelegentlich rumpelt Treibholz mit einem dumpfen Schlag gegen die Aluminiumrümpfe des Hightech-Katamarans. Auf einer brackigen Nehrung stehen einige Stelzenhäuser aufgereiht, vor denen Feuerstellen schwelen. Unter einem Mangobaum arbeitet ein Mann, der mit einer langstieligen Axt einen Baumstamm aushöhlt. Halbnackte Kinder klettern über Pirogen, die am Ufer liegen. Vogelgezwitscher. Schwaches Rotlicht hinter grauorangen Wolkenvorhängen.

Die Matrosen der *Melanesian Discoverer* schwenken die zwei Barkassen außenbords und vertäuen sie vor der Gangway am flachen Schiffsheck. Schlanke Pirogen, vollbesetzt mit Menschen, gleiten stromabwärts. Frauen hängen Wäsche auf und schöpfen in Eimern Wasser aus dem Fluss. Ein schmaler Kanal, ein *barat*, führt durch hohes Schilf und *pitpit*, wild wachsendes, meterhohes Zuckerrohr. An seinem rechten Ufer reihen sich weitere Stelzenhäuser. Nach etwa drei Kilometern mündet der Kanal in einen weiten, tiefblauen Binnensee, in dessen klarem Wasser sich weiße Wolken spiegeln. Und mitten im Zentrum des Sees erhebt sich ein Dorf auf Stelzen: Kambaramba.

Bis zur Ankunft der weißen Entdecker und Evangelisten war Kambaramba eine der größten Ortschaften des unteren Sepik. Heute lebt ein Großteil der Bevölkerung in der Nähe von Angoram, auf festem, solidem Land. Die wenigen Hundert, die geblieben sind, fristen ein hartes, entbehrungsreiches Leben auf dem Wasser. Wichtigstes – und oft einziges – Grundnahrungsmittel ist *saksak*, der mehlige Extrakt aus den Stämmen der Sagopalme, die von den Männern in kilometerweit entfernten trockeneren Gebieten geschlagen und per Einbaum zum Dorf gezogen werden.

Stärkemehl erzeugen ist ein harter, Schweiß treibender Job. Ich habe es selbst ausprobiert, als mich zwei jüngere Frauen mit einer Piroge zu ihrem Anwesen auf Stelzen paddelten. Vor dem Haupthaus ist eine leicht schwankende Plattform aus Holzpfosten mit quer liegenden Dielen aus Palmstämmen errichtet. Mit einem Hartholzschlegel schlagen die Frauen stundenlang auf die rötlich braunen Palmfasern ein, um sie zu pulverisieren. Dadurch trennt sich die Stärke von den Fasern und setzt sich auf dem Boden ab. Nach Abgießen des Wassers trocknet sie zu einer festen blassgrauen Masse – dem Stärkemehl, *sago*, das Papua-Wort für Brot.

Sehr zur Belustigung der beiden Frauen und der anwesenden Kinder habe ich auch vielleicht eine Viertelstunde gedroschen. Danach waren die meisten Fasern über den ganzen Boden verstreut und ich war ziemlich groggy.

Fisch und Muscheln, die es reichlich gibt, tauschen die Dörfler in Angoram gegen andere Nahrungsmittel. Einen Job, den die Frauen gern übernehmen, viel lieber als den Liebesdienst, zu dem sie bis vor einigen Jahrzehnten von ihren eigenen Ehemännern oder Vätern gezwungen wurden. Junge Frauen und Mädchen schaffte man per Boot flussaufwärts zu den Hochlandstämmen, wo sie sich prostituieren mussten. Der Sex wurde gegen Steinaxtklingen aus Obsidian getauscht, ohne die die Wassermenschen nie ihre Kanus hätten bauen können. Wurde eine Frau ungewollt schwanger durch den Beischlaf mit dem Freier, war dies kein Problem. Es diente einer guten Sache, der Festigung von Handelsbeziehungen.

Das Kapitel Prostitution mag zwar abgeschlossen sein, aber leichter ist das Leben für die Frauen von Kambaramba deshalb nicht geworden. Sie sind Arbeitstier und Gebärmaschine in einem. Stirbt der Ehemann, beginnt für die Witwe eine sechs- bis zwölfmonatige Leidenszeit. Während dieser Trauerphase ist es ihr strikt untersagt, sich zu waschen, Haare und Nägel zu schneiden oder die Hütte zu verlassen. Sie erhält Nahrung von anderen Frauen und muss sich Körper und Gesicht permanent mit Lehm und Kalk bestreichen. Wenn sie diese Zeitspanne überleben sollte, wird sie gründlich gewaschen. Jetzt gilt sie als wieder geboren und kann erneut heiraten.

Kambaramba ist eine trügerische Idylle. Keine Erde, um die Leichen zu bestatten – sie werden verbrannt –, keine Erde, um Tiere artgerecht zu halten – Schweine, Hunde, Katzen und Hühner vegetieren auf eigenen Plattformen oder Käfigen. Keine Erde, um Gärten anzulegen, abgesehen von einigen weit entfernten Uferregionen, die in der Zeit des Niedrigwassers, zwischen Juni und Oktober, trocken sind und landwirtschaftlich genutzt werden können. Brennholz und die begehrten Betelnüsse müssen ebenfalls von weither geholt werden. Der See gibt, der See nimmt, ist Lebensraum, Spielplatz, Wasserlieferant, Badewanne, Toilette und Waschmaschine. Doch trotz ihrer Armut, trotz ihrer lebensfeindlichen Existenz haben die Wassermenschen eines nicht verlernt – ihr heiteres Lachen.

Als die *Melanesian Discovery* gegen Mittag die Anker lichtet und ihre Fahrt stromaufwärts fortsetzt, bearbeitet der Mann unter dem Mangobaum mit seiner Axt noch immer den Baumstamm.

Strom der Melancholie

Unsere nächste Station ist Tambanam am Mittellauf des Sepik, das Dorf der Schnitzer, der Schlitztrommeln und Masken. Über zweitausend Menschen wohnen hier, und es scheint ihnen nicht schlecht zu gehen. Ihre Masken und Holzfiguren, Tier- und Götterstatuen, Zeremonienäxte und Spazierstöcke, ihr Muschelschmuck und ihre Glasperlenketten finden bei den Expeditionstouristen der *Melanesian Discoverer* reißenden Absatz. Einige Tausend Kinas wechseln den Besitzer.

Seit die amerikanische Anthropologin Margaret Mead mit Reo Fortune, ihrem zweiten Ehemann, und dem britischen Anthropologen Gregory Bateson, ihrem Liebhaber und späteren dritten Ehemann, in den 1930er Jahren den gutgläubigen, verständnisvollen Einheimischen eine Ménage à Trois vorlebte und nebenbei deren Kultur studierte, sind die Einheimischen den Umgang mit Weißen mehr als gewohnt.

Die Feldstudien der feschen Amerikanerin blieben den Menschen Tambanams unbekannt; geblieben sind jedoch die Erinnerungen ihrer Vorlieben für starke Drinks, die sie dem braven Schnitzerstamm leider als Erbe hinterlassen hat. Besonders die jungen Burschen des Dorfes kippen sich hin und wieder gerne einen ordentlichen Schluck hinter die Binde. Nicht immer bleibt es bei Dosenbier und Rum. Zwei Wochen vor unserer Ankunft haben zehn trinkfreudige Kerle eine Zwei-Liter-Flasche Schnaps kreisen lassen. Alles endete in einem Rausch, der tödlich war: Drei der Männer starben, einer erblindete, die anderen überlebten in der Krankenstation von Timbunke, dreißig Kilometer flussaufwärts. Alle zehn hatten Methanol getrunken.

Es nieselt. Der feine Regen legt einen Schleier von Melancholie über den Sepik. Über dem flachen Marschland mit seinen eingesprenkelten Busch- und Baumgruppen quetscht eine dicke düstere Schicht rauchgrauer Wolken ein hellgraues Lichtband zusehends zu einem schmalen Streifen zusammen. Träge wälzen sich die ockerbraunen Fluten des Stroms ostwärts zur Bismarcksee. Es ist erstaunlich: Schippert man von der Flussmündung achthundert Kilometer bis zur Hunstein- und Thurnwald-Kette, bewältigt man gerade einmal neunzig Höhenmeter.

Die Barkassen sind zu Wasser gelassen, die erlebnis- und beutehungrigen Passagiere zugestiegen. Im Schilfdickicht fahren wir über einen kaum sichtbaren Kanal, der von Teichen und Tümpeln unterbrochen wird, auf denen kleine Inseln mit blau blühenden Wasserhyazinthen treiben. So attraktiv die zarten Blüten der Hyazinthen aussehen, die Pflanze ist eine Pest: Sie überwuchert das Fluss- und Kanalsystem und ist bevorzugter Brutplatz für Millionen von Moskitos. Immer wieder müssen die Bootsführer stoppen, die Außenborder hochklappen und die Antriebswellen und Schiffsschrauben von den langen Schling- und Treibwurzeln der Wasserpflanzen reinigen.

Enttäuschung macht sich breit, als wir das Urwalddorf Palambei erreichen: Alles ist überflutet, einzig der Zeremonienplatz ist begehbar.

Hier, im feuchten, platt getretenen, dürren Gras warten die Frauen des Dorfes. Wie Fächer haben sie ihre Handelsware vor sich ausgebreitet: *bilums*, Umhängetaschen in allen Größen, Formen und Farben, die aus bunt gefärbten dünnen Kokosschnüren geknüpft und geflochten sind. Hinter ihren Rücken drängen sich Kinder. Sie sehen krank aus mit ihren laufenden Nasen und ihren Armen und Beinen, die von schorfigen Ekzemen und eitrigen Geschwüren verunstaltet sind. Ältere Mädchen halten Kleinkinder im Schoß, denen sie systematisch das Kraushaar nach Kopfläusen durchkämmen. Sporadisch schlagen Handrücken oder Bastfächer nach Fliegen und Moskitos, die es hier in Unmengen zu geben scheint. Neugierige, abwartende dunkle Augenpaare begegnen den fremden Besuchern und hoffen inbrünstig, dass irgendeiner sein Fotografieren oder Filmen unterbricht, um ihnen eine Tasche, einen Korb, einen Krokodilschädel oder wenigstens eines der Kettchen aus Hundezähnen und Hiobstränen – den Samen der *Coix lacrimae-iobi* – abzukaufen.

Das Gros der jungen Männer hat das Dorf verlassen, um in den Plantagen an der Küste oder in den Erzminen im Hochland zu arbeiten. Geblieben sind Senioren, die im *tambaran*, dem Männer- oder Geisterhaus hocken, rauchen, palavern und Betelnuss kauen. Sie sind hier die Hausherren, die den Weißen, die über eine mobile Brücke aus zusammengeschobenen Einbäumen zu ihnen in die obere Etage geklettert sind, ihr privates Reich zeigen. Es ist mit verstaubten Masken, Schnitzereien, Gerätschaften und alten Waffen voll gestopft. Dominiert wird der düstere, muffige Raum von den *garamuts*, zwei riesigen Schlitztrommeln. Auf einen Wink des Chiefs bearbeiten vier junge Männer mit schweren Klöppeln die ausgehöhlten Baumgiganten und entlocken ihnen laute, dumpfe Töne, die eindringlich wie Glockengeläut dröhnen und die Geister der Ahnen wohlwollend stimmen sollen. Für mich klingt dieses infernalische Hämmern mehr nach einem Schlussakkord, der das Ende der Besuchszeit eingeläutet hat.

Wir begeben uns zurück aufs Schiff, in eine melancholie- und moskitofreie Schutzzone, die weiter gegen den Strom schwimmt – in Richtung Yentchen.

Chief Jimmy Bagu, ein sehniger alter Mann mit hanfgelbem Vollbart, ist stolz auf seinen Reichtum und seine Ehefrauen, die er uns im Schatten des Geisterhauses von Yentchen vorstellt. Ehefrau Nummer Zwei ist eine gedrungene, frech grinsende Matrone mit kokosnussbraunem Strubbelhaar; Ehefrau Nummer Drei zeigt sich mit buntem Bastrock und etlichen Lagen Muschelketten über der nackten, schwarz bemalten Brust. Ehefrau Nummer Vier ist noch sehr jung, höchstens zwanzig. Selbstbewusst präsentiert sie sich und wird entsprechend häufig abgelichtet.

»Wo ist Ehefrau Nummer Eins?«, fragt Jeff Barnes, ein dünner, kleiner und rotgesichtiger Gebrauchtwagenhändler aus Baltimore neugierig den Bigman von Yentchen. Der Gefragte lächelt überlegen, langt in seine rotblaue Umhängetasche und zieht einen Totenschädel samt Unterkiefer hervor.

»Hier ist sie. Das ist Ludwina, meine erste Frau, meine Lieblingsfrau.«

Und schon erklärt er uns erschrocken staunenden Besuchern, dass Ludwina bei der Geburt ihres ersten Kindes gestorben ist. Seit mehr als dreißig Jahren begleitet ihr Kopf, schön gepflegt und verstaut in seiner Umhängetasche, ihn auf all seinen Wegen. Wenn er ein Nickerchen macht, schiebt er ihren Schädel als sanftes Ruhekissen unter sein ehrwürdiges Häuptlingshaupt. Das fördere seine Träume, behauptet er.

Heute wird auf der Wiese vor dem *tambaran* gefeiert. Anlass ist nicht nur unsere Ankunft und die Einweihung einiger neuer Pirogen, sondern auch der Tod eines alten Mannes, der Opfer einer Krokodilsattacke wurde. Während sein Sohn fischte, war er eingeschlafen. Ein Krokodil packte ihn und zerrte den schreienden Alten zum Fluss. Geistesgegenwärtig traktierte der herbeieilende Sohn Augen und Nüstern der etwa vier Meter langen Echse mit seinen Fäusten, bis sie von ihrem Opfer abließ. Den Geretteten schaffte man per Kanu ins Hospital nach Angoram, wo ihm das zerfetzte rechte Bein amputiert werden musste. Drei Tage später starb er an einer Infektion. Was in unseren Ohren tragisch klingt, deuten die Leute hier als ein Zeichen. Sie glauben, dass ein erzürnter Ahne in Gestalt des Krokodils angegriffen habe. Deshalb müsse man die Geister bitten, von weiteren Übergriffen abzusehen.

Die Zeremonie beginnt. Unter zwei gewaltigen Krokodilsmasken, deren wippende Rachen mit aufgespießten Buschorangen verziert sind, verbergen sich zwei Tänzer. Sie werden angeführt von einem Krieger mit langen Lanzen und begleitet von einer fast kahlköpfigen, monoton singenden alten Frau und einem Trupp weiß bemalter Kinder, denen man monströse Penisköcher umgebunden hat. Zweimal umtanzen sie eine mit roten Hibiskusblüten geschmückte

Strohpuppe, bis diese unter lautem Gejohle angezündet und verbrannt wird.

In Yentchen dreht sich alles ums Krokodil. Die Einbäume tragen geschnitzte Krokodilsköpfe, und noch immer gilt es für die jungen Burschen als höchste Ehre, dem erlauchten Klan der Krokodil-Männer anzugehören. Bei ihrer Initiation, dem Übergang vom Kind zum Mann, ritzt man den Probanden mit scharfen Bambusmessern oder Rasierklingen vorgeschriebene Muster in Rücken, Brust, Schultern und Schenkel. Eine äußerst schmerzhafte, blutige Prozedur. Austretendes Blut wird mit klarem Wasser abgewaschen. In der Vorstellung des Stammes wird so das restliche Menstruationsblut der Mutter für immer entfernt und der junge Mann gereinigt. Die Wunden bestreicht man zunächst mit Kokosöl, dem zerriebene Asche aus Holzkohle beigefügt ist, anschließend mit Ton. Während der dreiwöchigen Isolation im *tambaran* lernen die Jungen alles Notwendige über Stammesgesetze, Pflichten und Riten, bevor die verkrusteten Narben mit einem stumpfen Bambusstreifen abgeschabt werden. Die allmählich verheilende Haut sollte nun der des Totemtiers ähneln.

Wunderland Sepik, schweigender stiller Strom. Rechts und links wuchernder Schilf, unbekannte Bäume und Büsche. Feuchter lehmiger Geruch steigt auf, der gelegentlich von Rauch, Fäulnis und Blütenduft durchzogen wird. Am Horizont erheben sich die Buckel der Hunstein-Kette mit Kronen aus Quellwolken. Eine brütende, stechende Hitze belastet Kreislauf und Atmung und lässt den Schweiß literweise aus den Poren tropfen.

Ein gewundener Seitenkanal zieht sich durch Kolonnaden aus Bambusspalieren, Sagopalmen, Regenbäumen und großblättrigem Buschdickicht. Am Ende des Tunnels aus Blättern, Ästen und Schlingpflanzen treffen wir auf eine lehmige Lichtung, an der ein paar Pirogen liegen. Von ihr zweigt ein breit getretener Pfad nach Kanganam, einem vierhundert Jahre alten Dorf, ab.

Von den Menschen und ihren Behausungen ist nicht viel zu

Vor dem Geisterhaus von Yentchen hat sich eine Reihe von Tänzern und festlich bemalten Kinder aufgestellt.

sehen. Stattdessen wandern wir durch eine Furt aus stoppligem Gras, einem längst ausgetrockneten ehemaligem Altwasser des Sepik, den aufgeworfene, blütenüberzogene Erdwälle flankieren, direkt auf ein imponierendes Geisterhaus zu, das hochbordig wie eine Hansekogge zum Himmel aufragt, die offenen Giebel gebläht wie Spinnaker. Einer Galionsfigur gleich, spreizt eine nackte hölzerne Jungfrau ihre langen Schenkel. Jeder, der die angelehnte Leiter entert und das Oberdeck des Geisterhauses betritt, gelangt – symbolisch betrachtet – in ihren behüteten Schoß, wo er beschützt und geborgen ist wie im Leib der eigenen Mutter. Im luftigen Erdgeschoss befindet sich der »Hangout« für die Honoratioren. Hier lehnen sich die braunen Rücken von etwa einem Dutzend Männern gegen die mächtigen Pfeiler, die das geschwungene Dach des *tambaran* tragen.

Einige Feuer glimmen und verbreiten beißenden Rauch, was hilft, die Moskitos fernzuhalten. Im Zentrum des Versammlungsraums steht der spirituelle Stuhl, ein prachtvoll geschnitztes Stück. Unter ihm sind die Schädel dreier Ahnherren vergraben, deren Weisheit und Rhetorik sich auf jeden Redner übertragen soll, der auf diesem Stuhl Platz nimmt. Die unterschiedlichen Darstellungen auf der Rückenlehne stehen für Sonne und Mond, für den ewigen Kreislauf des Lebens. Alles fließt – die Tränen vom Rauch, der Schweiß, der Sepik.

Die *Melanesian Discoverer* treibt in der trägen Strömung weiter. Nach 280 Kilometern ist der Wendepunkt der Flussreise erreicht. An Bord herrscht gute Stimmung. Die etwa dreißig Passagiere sind zufrieden, mit dem Wetter, dem Service und vor allem mit den Mengen an Souvenirs und Artefakten, die sich in den Ladeluken stapeln und deren Rücktransport mit Sicherheit einige Probleme bereiten dürfte. Aber daran denkt momentan niemand. Man erfreut sich an der archaischen Flusslandschaft.

An den Ufern winkende Menschen. Einbäume werden ins Wasser geschoben, bemannt mit übermütigen Kindern, die sich mit dem Schiff Wettrennen liefern, lachen, rufen, kopfüber in die Fluten springen. Kindliche Lebensfreude – natürlich und rein. Vereinzelt tauchen Lichtungen mit einer Handvoll Stelzenhäusern auf, die sich farblich wie architektonisch harmonisch in die Landschaft einfügen. Und pünktlich eine Stunde vor dem Abendessen legt sich die Abenddämmerung wie Goldstaub über das weite Sepikbecken.

Wie alt mag diese Frau sein? Dreißig, vierzig, fünfzig? Die durchschnittliche Lebenserwartung in Papua-Neuguinea wird mit 51,8 Jahre angegeben, dürfte aber bei Frauen – in der vorwiegend patriarchalischen Gesellschaft – eher niedriger sein. Die Frau hockt vor einem kleinen Feuer im Schatten einer offnen Hütte. Sie ist gezeichnet von einem harten, entbehrungsreichen Leben, dünn, hohlwangig und ausgezehrt. Sie sieht aus wie eine Greisin an der Schwelle des Todes. Große dunkle Augen, ein paar Muschelketten baumeln über flache, deformierte Brüste. Im kurzen Kraushaar leuchtet eine rote Hibiskusblüte. Sie backt Sagopfannkuchen in einem wokartigen Tongefäß

»Wie alt ist diese Frau wohl?«, frage ich Jane Barter, eine der besten Kennerinnen des Sepikgebiets, die uns auf dieser Reise begleitet. In Pidgin wendet sich Jane an die Frau, die stoisch weiter ihre Fladen formt und sie mit einer flachen Kokosschale platt drückt. Ein unsicheres, verlegenes Lächeln, eine leise Antwort.

»Sie ist 34 und hat neun Kinder zur Welt gebracht, von denen drei gestorben sind. Sie ist Witwe und lebt im Haus ihres Bruders und – sie möchte, dass du ihre Pfannkuchen probierst.«

Die Frau reicht mir ein Stück. Ich koste. Es schmeckt nach Oblate mit tranig-mehligem Nachgeschmack, kaut sich wie verstaubte Gummibärchen, ist innen bräunlichgrau, außen weiß mit dunklen Brandflecken und will nur widerwillig durch die Speiseröhre rutschen.

»Und dieses Zeug essen die Leute jeden Tag?«

»Ja. An guten Tagen variieren sie es mit Fisch, Muscheln oder Gemüse, aber meistens wird es pur gegessen. Es ist ihr tägliches Brot. Du solltest mal die Kaprikornkäfer essen, die man im Stumpf der

Sagopalme findet. Das sind echte Protein-Bonbons. Noch appetitlicher sind allerdings die Maden dieser Käferart, cremeweiß mit braunen Sommersprossen, halb so lang wie mein kleiner Finger. Man verspeist sie roh oder im Feuer geröstet – eine Delikatesse.«

»Nein, danke, dann doch lieber Sagopfannkuchen pur.«

Einige Frauen betreten die Hütte, setzen sich mit dem Rücken zur hüfthohen Bambuswand und nehmen ihre Arbeit auf. Die eine rollt Kokosfasern zu Schnüren, andere spleißen oder verflechten Pandanusstreifen. Ich bin hier im Gemeinschaftshaus der Frauen von Kamindimbit. Am anderen Ende des Dorfes, vor dem *tambaran*, ist wieder eine Aufführung. Begleitet von Musikern auf Bambusflöten tanzen Männer und Frauen – und wir schauen alle zu. Ein paar besonders Furcht erregend dreinschauende Männer haben sich einen äußerst bizarren Kopfputz aus Tierfell übers Kraushaar gestülpt.

»Sag mal«, wende ich mich an Jane, »warum tragen sie diese merkwürdigen Kappen?«

»Die Kopfbedeckungen dieser Männer sind Trophäen, die jedem zeigen, dass ihre Träger todesmutige gefürchtete Krieger sind und mindestens zwei Gegner im Kampf erschlagen haben. Die Kappen sind aus dem Fell des *karpul*, einer Baumkänguruart. Für jeden weiteren getöteten Gegner wird eine Habichtfeder ins Fell gesteckt. Kleiner Tipp von mir – leg dich nicht mit den Burschen an, die verstehen ihren Job.«

»Was? Töten oder tanzen?«

»Beides!«

Ich kann mir nicht helfen, aber Jane Barter scheint hier ein wenig dick aufzutragen. Es ist eher anzunehmen, dass die wilden Jungs die federbesetzten Pelzmützen von ihren Vätern und Großvätern geerbt haben, denn bei genauerem Hinsehen erkennt man deutliche Spuren von Moder und Mottenfraß.

Diese touristischen Streifzüge durch die Sepik-Dörfer erinnern mich an eine Jagd – zum einen auf Reisemitbringsel, zum anderen auf die naiven Menschen. Wie die Einheimischen es wohl empfin-

Prächtig geschmückte Frau aus Kamindimbit. Als Schmuck dienen Ketten mit Muscheln, Kaurischnecken und Krokodilzähnen.

Kaurischnecken, Kasuarfedern und Eberzähne zieren diesen stolzen Tänzer vom Unterlauf des Sepik.

den, wenn sie von westlichen Besuchern begafft werden und sich Kameraobjektive wie die Stielaugen lüsterner Voyeure auf sie richten? Oder wenn die Weißen im Kreis halbnackter Männer und Frauen fürs heimische Fotoalbum abgelichtet werden wollen? Eine gewisse Absurdität lässt sich jedenfalls bei dieser Art von Expeditionsreise nicht leugnen.

Ich versuche optimistisch zu sein und davon auszugehen, dass die Leute den Tourismus als Wirtschaftsfaktor betrachten, der ihre eigene bescheidene Existenzgrundlage verbessert. Und deshalb kaufe ich einiges ein: eine Kette aus Krokodilzähnen, eine Bambusflöte, violett gefärbte Walnussrasseln, wie man sie zu rituellen Tänzen um die Fußgelenke wickelt. Dann noch einen Dolch aus dem Oberschenkelknochen eines Kasuars und einige Phallokrypte, Penisköcher, die scherzhaft auch Sepik-Hosen genannt werden und von denen es in Kamindimbit etliche zur Auswahl gibt – lange und schmale aus Flaschenkürbissen, dicke und runde aus Pandanusgeflecht oder bunt bemalte aus Holz mit einem Schurz aus Kokosfasern, die man umbindet wie ein Suspensorium.

Bin ist die letzte größere Ansiedlung im unteren Sepikbereich, die wir ansteuern. In diesem ebenfalls überschwemmten Dorf holen die Bewohner Treibholz an Land und schichten es zu hohen Stapeln auf. In einer kleinen Kirche ersticht Sankt Georg mangels Drachen ein Krokodil, und der Schülerchor der Grundschule tritt an, um uns ein ergreifendes Abschiedslied zu singen.

Am späten Nachmittag kommt die Mündung des Sepik in Sicht, über eineinhalb Kilometer breit, durchschnittlich sechs Meter tief. Eine frische Brise trocknet den Schweiß. Fernab, dort wo sich Horizont und Himmel treffen, reckt sich der Vulkankegel des Manam in das Abendrot und schmückt sich mit einem Doktorhut aus altrosa Wolken. Mit einer achterlichen See läuft das Schiff ruhig dahin, reitet behäbig die Wellen aus und geht auf Kurs Ost-Südost, einen fluoreszierenden Gischtschleier im Schlepp.

Der Sepik hat uns getragen, geschaukelt, behütet; hat geduldig zugehört und Fragen beantwortet, hat Geheimnisse preisgegeben und Horizonte eröffnet. Fünf Tage und fünf Nächte dauerte unsere Reise. Eine lange Zeit für Stadtneurotiker – für den Sepik nicht mehr als eine Wolke, die vorüberzieht.

Rabaul, ein pazifisches Pompeji

Graue Wolkenschlieren schweben über einer bleigrauen See. Ich sitze auf mindestens fünf Meter breiten bröckelnden Zementstufen, die vom neunten Loch des Ralum Golf Course hinaufführen zu einer flachen Anhöhe. Der Blick über den gepflegten grünen Rasen streift schlanke Kokospalmen, schwenkt dann hinüber zu den Duke-of-York-Inseln und dem rauchenden Vulkankranz Rabauls. Imposant, gewiss, aber trügerisch und vergänglich – wie alles im Leben. Die Stufen, auf denen ich sitze, sind die letzten Zeugen einer glorreichen Vergangenheit, Reste eines herrschaftlichen Anwesens, wie es in diesem Teil der Südsee kein zweites gegeben hat. Hier residierte einst eine gewisse Emma Eliza Forsayth, geborene Coe, besser bekannt unter dem Namen »Queen Emma«, und zelebrierte ausschweifende, heitere Feste, bei denen selbst die puritanischen distinguierten deutschen Beamten ihre spießige Zurückhaltung aufgaben und Champagner aus den zierlichen Stiefelchen ihrer Tischdamen tranken.

Einer dieser braven, bürgerlichen Beamten war Albert Hahl. Er war 27, als er 1896 in Herbertshöhe, heute Kokopo, das Schiff verließ. Zu diesem Zeitpunkt lebten in der deutschen Kolonie 166 Ausländer, nur 24 davon waren Deutsche. Was Hahl sah, waren ein paar schäbige Schuppen und Häuser, ein armseliger Außenposten des Kaiserreichs. Hahl bezog Quartier in einer Zwei-Zimmer-Hütte am Strand, die er mit einem Arzt teilte. Seine Dienstfahrzeuge waren ein offener Kutter und ein geliehenes Pferd. Zu seinem Schutz waren 24 Polizisten abgestellt. Nicht gerade ein Traumstart.

Doch der Niederbayer erkannte das Potenzial, das in diesem Archipel steckte, den Handel mit Kopra, Steinnüssen (*galip nuts*), Tabak, Trepang – der getrockneten Seegurke –, Perlmutt und Schildpatt. Damit hatte es die smarte Halb-Samoanerin Queen Emma, inzwischen verheiratet mit dem Ex-Offizier August Karl Paul Kolbe, längst zur Millionärin gebracht. Diese Frau hatte ein natürliches Gespür für gute Geschäfte, hatte Stil und vor allem Charisma. Als sie immer mehr unter Diabetes litt, verkaufte sie ihren gesamten Besitz der Hamburger Plantagengesellschaft Hasag für eine Million Dollar, damals etwa drei Millionen Reichsmark, reiste mit ihrem Gemahl nach Monte Carlo und verstarb. Am 26. Juli 1913 konnte man im »Sydney Morning Herald« folgende Todesanzeigen lesen:

»Kolbe, Paul, Sohn von Dr. Kolbe, aus Hannover, Deutschland, 19. Juli, an der Riviera.

Kolbe, Emma Eliza Kolbe, aus Ralum, Neu-Pommern, zuletzt Mosman, Neu-Südwales, 21. Juli, an der Riviera.«

Der Tod der beiden prominenten Pflanzer ließ viele Fragen offen und gab Anlass zu Spekulationen. Tatsächlich hatte es einen Autounfall gegeben: Das gemietete Taxi war gegen einen Bauernkarren gekracht, wobei Paul Kolbe schwer verletzt wurde. Er starb wenig später an Nierenversagen im Krankenhaus; die sichtlich erschütterte Emma schlug trotz ihrer angegriffenen Gesundheit alle Warnungen in den Wind und bestellte drei Flaschen ihres Lieblingschampagners auf die Nobel-Suite, trank, kollabierte und verschied. Die Urne mit ihrer Asche wurde nach Gunantambu überführt und dort beigesetzt.

Geblieben sind nur die Erinnerungen, ein paar Namen, jene 32 Stufen, die zu ihrem Anwesen führten und jene fünf, über die man einst die schattige Veranda betrat, um von Queen Emma begrüßt zu werden; auf der letzten Stufe sitze ich jetzt. Verschwunden sind auch die beiden Schiffsgeschütze, die auf dem oberen Treppenabsatz standen. Man hat sie auf das Grundstück des East New Britain Cultural Centre geschleppt, mausgrau angestrichen und lieblos zwischen einen Haufen anderer Kriegsrelikte deponiert. Emma Forsayth hatte sie zusammen mit 180 000 Ziegeln, Schnittholz, Eisenteilen, Baubeschlägen und einem wunderschönen Altar, den sie als Cocktailbar umfunktionierte, 1882 den Überlebenden der Marquis-de-Rays-Expedition für ein paar lächerliche Pfund abgekauft. Eigentlich waren diese Materialien für den Bau einer Kathedrale vorgesehen, doch das Schicksal wollte es anders, und so entstand aus dieser Art Konkursmasse Emmas Residenz Gunantambu, ein Hort für Luxus, Laster und leichtes Leben.

Dabei hatte alles so gut angefangen, zumindest für einen gewissen Charles Marie Bonaventure de Breil, einen Abenteurer, Halunken und Halsabschneider, der nach Jahren des Weltenbummelns 1877 in Neuirland landete und sich fortan Marquis de Rays nannte. Seine Vision war ein neues Frankreich, eine Kolonie voller freier, glücklicher Menschen. Für dieses Projekt hatte er sich ausgerechnet einen der wildesten, übelsten Flecken dieses Planeten ausgewählt, die Südspitze Neuirlands, die er patriotisch Port Breton taufte. Ahnungslose Bürger, Kleinbauern und Handwerker aus Italien, Frankreich, Belgien und Deutschland glaubten seinen überzeugenden Werbeschriften und vollmundigen Versprechungen und gaben ihre letzten Ersparnisse her, um Anteile am tropischen Garten Eden zu erwerben.

In den Jahren 1880–1882 landeten die Glückssucher zu Hunderten in Port Breton und Likiliki, nach quälenden Monaten auf See, während derer sie in marode Schiffe eingepfercht waren. Was sie vorfanden, war nicht das gelobte Land und auch nicht das Paradies, sondern die pure Hölle: schwüle Hitze, monsunartige Regenfälle, undurchdringlicher Urwald, malariaverseuchte Sümpfe, kriegerische Kannibalen. Wer nicht in ihren Kochtöpfen landete, starb an Fieber, Hunger, Erschöpfung und Auszehrung. Der klägliche Rest rettete sich nach Australien oder fand Unterschlupf auf den Plantagen Deutsch-Neuguineas. Der selbstherrliche Marquis de Rays endete im Gefängnis und starb 1893. Ende eines Südseetraums.

Spuren deutscher Vergangenheit gibt es hier nicht. Verschwunden, verfallen und im Zweiten Weltkrieg zerbombt sind die Hotels »Deutscher Hof« und »Fürst Bismarck«, das Postamt, der Tennisplatz, die Zoll-, Gerichts- und Verwaltungsgebäude, die stattlichen Plantagenhäuser – alles weg, als ob es nie existiert hätte. Aus Herbertshöhe wurde wieder Kokopo, das sich heute als gesichtsloses Provinznest präsentiert, eine skurrile Ansammlung von Häusern, chinesischen Supermärkten, Secondhandshops, Tankstellen und einem verstaubten Marktplatz entlang einer mehrspurigen Straße, die lediglich im Ortszentrum – so man von einem sprechen kann – asphaltiert ist. Nach Osten führt die Straße durch ausgedehnte Pflanzungen und Plantagen zum Flughafen und weiter zur Namilili Bay; nach Westen sind es vierzig Kilometer bis Rabaul.

Was in Reiseführern und in den wenigen Prospekten als Kokopo-Rabaul-Road gepriesen wird, entpuppt sich als übler Scherz. Ich gehe davon aus, dass sich die damals von deutschen Ingenieuren während der Amtszeit von Gouverneur Hahl angelegte Straße in einem weitaus besseren Zustand befand als jetzt. Die Asphaltdecke ist aufgebrochen wie nach einem Erdbeben, tiefe Schlaglöcher wechseln sich mit Schotter und Sandstreifen ab. Man wird entweder seekrank durch die ständigen unkontrollierten Lenkbewegungen oder Opfer eines Schleudertraumas durch ständiges abruptes Bremsen und Beschleunigen.

»Vor dem Ausbruch war die Straße besser«, versucht sich Samson Kakai, Touristikexperte und Fahrer des klapprigen roten Toyotas zu entschuldigen, mit dem wir dieses Etwas durchrumpeln, was einmal eine Straße war.

Die Aussichten auf die Blanche Bay allerdings sind beeindruckend: Links erstrecken sich grünbunter Regenwald und steile Bergkämme, so faltig wie ein Plisseerock; rechts Palmenreihen, durch die blau das Meer leuchtet. Dass die Bucht fischreich ist, beweisen Prachtexemplare von Thunfisch, Snapper und Barben, die an Holzgestellen aufgehängt am Wegesrand angeboten werden.

Jäh wird aus fruchtbarem Tropengrün tristes Staubgrau, als wir das Niemandsland des Vulcan erreichen und einen tiefen Hohlweg passieren. Nichts, aber auch gar nichts gibt es hier außer Wolken aus feinstem weißgrauen Staub, der alles überpudert und heftigen Hustenreiz auslöst.

»Sei froh, dass es heute trocken ist«, murmelt Samson und schiebt seinen Betelpriem in die andere Backentasche. »Bei Regen ist hier alles voller Schlamm, da kommt keiner durch. Wenn wir dann nach Rabaul wollen, nehmen wir den Umweg durch die Berge über die Burma Road.«

Rabaul – der Name ist zwar so klangvoll wie Paris, bedeutet aber in Kuanua, der einheimischen Tolai-Sprache, nichts anderes als »Mangroven«. Vielleicht dachten die deutschen Städteplaner an die Kapitale an der Seine, als sie 1910 begannen, den Mangroven-Sumpf zu planieren und mit Erde aufzufüllen, auf der sie parallel zur Blanche Bay eine weite Prachtstraße anlegten, Häuser bauten und Hafenanlagen errichteten. Rabaul wurde zum Zentrum Deutsch-Neuguineas. Es wuchs und wurde reich durch Kakao, Kopra und Vanille. Später mutierte es ungewollt zur wichtigsten Festung des japanischen Tenno, explodierte und starb im Hagel von über zwanzigtausend Tonnen Bomben, die alliierte Flugzeuge 1945 abwarfen. Dann stand es auf von den Toten, gedieh aus den Trümmern zu einer blühenden Hafenmetropole und ging am 19. September 1994 erneut unter – als die beiden Stratovulkane Tavurvur und Vulcan Feuer und Lava spuckten und die lebenslustige Metropole mit einem meterdicken Leichentuch aus Staub, Schlamm und Asche für immer begruben. Rabaul verwandelte sich in ein pazifisches Pompeji.

Es muss eine schillernde prächtige Stadt gewesen sein. Wir rollen über die Malaguna Road, eine wunderschöne Allee mit schattigen Bäumen, zahllosen Hibiskusbüschen und weiß blühenden Bougainvilleen; hier stehen ein paar Geschäfte, Imbissstände, Supermärkte, Schulen, eine Tankstelle. Der Rest der Stadt ist tot.

Vom Namanula Hill haben wir einen guten Rundblick. Die Residenz des deutschen Gouverneurs ist ebenso verschwunden wie die schmucken Villen und Bungalows, die sich reiche Einheimische und ausländische Investoren vor zehn, fünfzehn Jahren auf dem stadtnahen Hügel bauten. Was Lava und Asche nicht schafften, vollendeten monsunartige Regenfälle und Schlammlawinen, die von den Bergen niedergingen. Der einstige Flughafen mit dem umgebenden Geschäftsviertel ist nur noch eine unwirkliche Mondlandschaft, aus der Mauerreste, abgeknickte Lichtmasten, abgestorbene Bäume, Autowracks und Maschinenteile ragen, über die der Seewind schwarzgrauen Staub verteilt.

Am Ende der Rollbahn finden sich Schwefelquellen. Siedend heißes fauliges Wasser blubbert aus unzähligen Gesteinsspalten. In dieser Trostlosigkeit sammeln ein paar Leute Baum- und Holzreste, die sie aufschichten, um es irgendwann einmal als Brennholz fortzuschaffen.

Samson und ich hocken auf der niedrigen Mauer, die den Besucherparkplatz des vulkanologischen Observatoriums abschließt. Wir trinken lauwarmes Mineralwasser.

»Auf dieser Gegend liegt ein Fluch«, erzählt Samson. »Was du da vor uns siehst, Simpson Harbour, ist die riesige Caldera eines längst erloschenen Vulkans. Geblieben sind der hohe Tovanumbatir, Kabiu, Turangunan und Rabalanakaia – alles liebe brave Kinder. Tavurvur und Vulcan, die jüngsten und kleinsten aus der Vulkanfamilie, sind jedoch boshaft, verdorben und hinterhältig. 1878 schlugen sie zum ersten Mal zu. Was vorher war, ist uns nicht bekannt. Fast alle sechzig bis siebzig Jahre explodieren sie, töten sie, jagen sie uns davon. Doch jedes Mal kommen wir wieder und fangen von vorne an, bauen auf und leben weiter …«

»Also werdet ihr Rabaul auch jetzt wieder aufbauen?«, unterbreche ich ihn.

»Jein. In den östlichen Stadtrand, nach Malaguna, sind die Leute zwar zurückgekehrt, aber das eigentliche Zentrum, das Herz Rabauls rund um die Mango Avenue ist und bleibt tot. Die Regierung hat Kokopo zur neuen Hauptstadt der Provinz Neubritannien erklärt, alle Büros und Behörden dorthin verlagert und in Tokua einen neuen Flughafen gebaut – alles außer Reichweite der Vulkane.«

Der Tavurvur an der Nordspitze Neubritanniens. Einer der beiden Vulkane, der bei seinem Ausbruch 1994 Rabaul verschüttete.

»Weißt du, was merkwürdig ist?«, fährt er fort. »Matupit, die kleine Insel, die du dort südlich vom alten Flughafen siehst, wurde bisher bei allen Vulkanausbrüchen verschont. Auch im September 1994. Der Wind blies aus Südost und trieb die Asche und den Staub nur hinüber nach Rabaul. Übrigens, auf Matupit haben die Deutschen im Oktober 1884 ihre Flagge gehisst und die gesamte Region als Protektorat erklärt. Und, falls es dich interessiert, dort stand auch das erste Bordell in Papua-Neuguinea. Japanische Nutten sollten Beamte, Pflanzer und Matrosen vom Sex mit einheimischen Frauen abhalten.«

»Und? Hat es was gebracht?«

»Bestimmt«, lacht Samson, »es war mit Sicherheit eine nette Abwechselung. Aber es hat die weißen Kolonialherren nicht daran gehindert, sich weiter mit den Tolai-Frauen zu vergnügen. Euer Gouverneur musste später resignierend eingestehen, dass Gonorrhöe und Syphilis unzertrennliche Begleiter der vordringenden abendländischen Kultur seien. So viel zu diesem Thema.«

Bruce Alexander, Besitzer und Manager des »Hamamas Hotels«, ist einer der wenigen Augenzeugen der Naturkatastrophe vom September 1994. Alle Evakuierungsaufforderungen missachtend, ist er hier geblieben.

»Weißt du, wenn man wie ich viel Geld in ein Hotel investiert hat, haut man nicht so einfach ab«, plaudert der Australier bei einem kühlen Dosenbier. »Erst habe ich das Inferno fotografiert, anschließend haben wir gefegt und geschaufelt, tagelang, wochenlang. Mit Unterbrechungen bis April 1995. Dann gab der verfluchte Tavurvur endlich Ruhe und hörte auf zu speien. Allmählich kamen die Leute wieder zurück. Der Tourismus allerdings war kaputt und ist es immer noch. Wir leben von durchreisenden Geschäftsleuten. ›Hamamas‹ heißt ›glücklich‹ auf Pidgin. Und das sind wir nach wie vor, selbst wenn es manchmal schwer fällt. Ich habe mir sogar einen neuen Werbe-Slogan ausgedacht: ›Vulcan Capital – Stadt mit dem gebrochenen Herzen‹. Wie findest du ihn?«

»Nicht schlecht. Klingt irgendwie metaphorisch«, antworte ich.

Rabaul dürfte international als Reiseziel nur schwer zu vermarkten sein und eigentlich nur Abenteuerfreaks, Kraterrandjogger und Zweiter-Weltkrieg-Veteranen ansprechen. Für Letztere gibt es hier einiges zu entdecken, etwa Admiral Yamamotos Kommandobunker, der schräg gegenüber des »Hamamas Hotels« liegt. In seinen verzweigten, niedrigen Tunnelgängen stinkt die abgestandene Luft nach Schimmel; es herrscht eine klaustrophobische Enge wie in einem Sarg. Unweit des Dorfes Karavia befindet sich ein weiterer tiefer Stollen, in dem die Japaner Tenderschiffe verbargen, die nachts auf Schienen zum zweihundert Meter entfernten Ufer geschoben wurden, um Versorgungsschiffe zu entladen. Drei dieser Rostkübel kann man dort besichtigen. Glaubt man den Angaben der Einheimischen, befinden sich rund um Rabaul insgesamt fünfhundert Kilometer Tunnel, Stollen, unterirdische U-Boot-Werften, Lazarette, Munitionsdepots und Kasematten.

Kannibalismus und Kokovorismus

Trotz der rauchenden, gelegentlich laut rülpsenden Vulkane ist die Region um die Blanche Bay ruhig und friedlich. Die kriegerischen Auseinandersetzungen zwischen den beiden Völkern Tolai und Baining auf der einen und den weißen Kolonisten auf der anderen Seite sind Vergangenheit. Man lebt miteinander in friedlicher Koexistenz, selbst Heiraten zwischen den unterschiedlichen Ethnien ist so selbstverständlich wie die Verwendung des lokalen Zahlungsmittels Tabu, Kränze oder Schnüre aus kleinen Muscheln, die von den nördlichen Salomonen stammen. Seit dem rapiden Kursverfall des Kina gewinnt das Muschelgeld immer mehr an Bedeutung. Fast alle Läden in Kokopo akzeptieren mittlerweile die alte neue Währung. Als Rechnungseinheit gelten zwölf aufgefädelte Muscheln. Eine Muschelschnur hat die Länge von einem Faden (etwa 180 Zentimeter) und den Gegenwert von vier Kina.

Geändert haben sich natürlich auch die Essgewohnheiten. Sind es heute chinesische Frühlingsrollen, gebratener Reis mit Huhn, Fisch mit Pommes, Ei-Tomaten-Sandwiches und vor allem Fastfood-Produkte nach US-amerikanischem Vorbild, galten vor hundert Jahren Hirn und Oberschenkelfilets aus Menschenfleisch als kulinarische Highlights. Kannibalismus, die Geißel der Südsee, war extrem populär auf der Gazelle-Halbinsel, daran konnten selbst dreißig Jahre deutsche koloniale Gründlichkeit nichts ändern.

Fressen oder gefressen werden war die Devise der Tolais. Bestand Appetit, schlich man in den Urwald und legte sich auf die Lauer, um im Morgengrauen einige Feinde zu töten oder Gefangene zu machen. Besonders beliebt waren lebende Opfer, die man teilweise mästete, um sie zum geeigneten Zeitpunkt zu schlachten. Um Fluchtversuchen vorzubeugen, zerschlug man den Gefangenen die Schienbeine. Andere wurden gemartert. Nicht um sich an diesem öffentlichen Spektakel zu ergötzen, durch die Folterung wollte man vielmehr die Fleischqualität verbessern. Mitunter war es den Frauen gestattet, das Opfer zu schlagen oder zu treten. Im entscheidenden Moment bohrte ein auserwählter Krieger dem Gefolterten langsam ein Messer ins Herz. Chief Tonton, ein Häuptling von der Westküste Neuirlands, hatte eine besonders ekelhafte Methode des Kannibalismus entwickelt: Er ließ seinen Gefangenen Gliedmaße abschlagen, zubereiten und verspeiste sie genüsslich vor den Augen der noch lebenden Opfer.

Egal ob Mann, Frau oder Kind, die Zubereitung war immer gleich. Der Körper wurde transchiert, die einzelnen Teile in Bananenblätter gewickelt, mit Bastfasern verschnürt und mit Taro, Yams oder Süßkartoffel im Erdofen gegart. Für Häuptlinge und deren Vorliebe für erlesene Leckerbissen mischte man Hirn mit Sago und Kokosnusscreme und servierte es als Vorspeise. Weiße, auch »Langschweine« genannt, standen eher selten auf der Speisekarte. Die Melanesier empfanden sie als zu salzig, außerdem fürchteten sie sich vor böser Magie und negativen spirituellen Einflüssen, die den Weißen nachgesagt wurden.

Probate Mittel, um die Fresslust auf eigene Leute einzudämmen, waren Strafexpeditionen gegen die Eingeborenen, Exekution der Beteiligten und die Zerstörung ihrer Dörfer. Den Gewehren und Pistolen der von den deutschen Kolonialbeamten angeführten Polizeitruppen hatten die Tolai wenig entgegenzusetzen, deshalb endeten die Scharmützel stets zu Gunsten der Weißen.

Einmal gab es einen Eingeborenen, der versuchte, das Ungleichgewicht der Kräfte zu ändern, den Tolai Talavai. Er gab vor, eine kugelsichere Farbe erfunden zu haben, die er aus der roten Vulkanerde der Insel Matupit herstellte und auf den Märkten zum Preis von einem Faden Muschelgeld – damaliger Gegenwert etwa zweihundert Kokosnüsse oder drei Reichsmark – verkaufte. Um seiner

Klientel die Wirkung seiner Wunderfarbe zu demonstrieren, beschoss er sie mit seinem Vorderlader, den er mit Kernen der Acerolakirsche geladen hatte. Das tat nicht sehr weh, hinterließ aber einen sehr überzeugenden roten Fleck auf der Haut. Der Handel boomte, Talavai wurde reich. Um den Effekt der Farbe zu verbessern, empfahl der Scharlatan zudem den totalen Verzicht auf Sex. Im guten Glauben an ihre Unverwundbarkeit überfielen die Tolai wenig später Queen Emmas Plantage in Ralum und töteten sechs Arbeiter. Im Gegenzug erschoss die ausgesandte Strafexpedition alle beteiligten Tolai, darunter den geschäftstüchtigen Rädelsführer Talavai.

Das alles geschah hier ganz in der Nähe, vielleicht fünf Autominuten entfernt vom »Kalami House of Food«, wo ich in einem Mini-Gärtchen auf einem gelb gestrichenen Holzklotz vor einer blau bemalten Kabeltrommel, die als Tisch dient, hocke, Tee schlürfe, Eiersandwich mampfe und die Zeit und Fliegen totschlage. Kokopo gähnt, räkelt sich, dehnt sich, streckt sich, findet routiniert seinen Rhythmus, den gewohnten Takt der Langsamkeit. Unten, am schmutzig-tristen Strand liegen ein Dutzend Banana-Boote. Ihre Kapitäne schlafen im Schatten der Fiberglasrümpfe. Sie sind von den Duke-of-York-Inseln gekommen und schon im Morgengrauen hier eingetroffen, überladen mit Bananen, Kokosnüssen und Zitrusfrüchten, die jetzt auf dem Markt verkauft werden. Ein vorbeipolternder Minibus beschallt die staubigen, stillen Straßen mit wummerndem Reggae. Die kunterbunten Chinaläden haben noch geschlossen, nur die Tankstelle ist geöffnet. Vor der Zapfsäule steht ein uralter Pick-up. Der Fahrer lässt sich für zwanzig Kina Diesel in den Tank pumpen. Kein Tolai käme auf die Idee, vollzutanken; nicht bei den Straßen, nicht bei dem Preis. PMVs karren Leute herbei: Schulkinder, Marktfrauen, Betelnusskauer, Müßiggänger, die lieber in Kokopo herumhängen als im heimischen Dorf.

Samson hat ein paar verrückte Deutsche erwähnt, eine Nudisten-Kolonie und eine katholische Mission, die es drüben auf den Inseln geben soll. Das will ich mir anschauen.

Eineinhalb Stunden später stehe ich am Strand von Kabakon,

einer flachen kleinen Insel, der südwestlichsten der Duke-of-York-Gruppe. Ein alter, wettergegerbter Tolai hat mich für dreißig Kina übergesetzt; am Nachmittag soll er mich wieder abholen. Kabakon scheint menschenleer, das ergibt der Rundgang. Nur noch unregelmäßig kommen Leute vom benachbarten Ulu herüber, um Kokosnüsse zu sammeln. Ich will und kann es nicht so richtig begreifen, dass dieses langweilige Eiland einmal für eine Schar sinnsuchender Südsee-Süchtiger die Endstation Sehnsucht war, die Erfüllung eines Lebenstraums, ein Ort für Utopien.

»Man sollte oft wünschen, auf einer der Südseeinseln als so genannter Wilder geboren zu sein, um nur einmal das menschliche Dasein ohne falschen Beigeschmack durchaus rein zu genießen ...«, dichtete kein Geringerer als Johann Wolfgang von Goethe 1828 in seinen »Gesprächen mit Eckermann«. August Engelhardt, Apotheker aus Nürnberg, hatte diese Zeilen gelesen, ja förmlich verschlungen. Er hatte in der Naturheilanstalt Jungborn die Lust an der Nacktheit entdeckt und landete im Herbst 1902 in Herbertshöhe, wie Kokopo damals hieß, um hier – weitab von sturem wilhelminischen Kleinbürgertum – Jean-Jacques Rousseaus Aufforderung »Zurück zur Natur!« zu verwirklichen. Der Forsayth-Klan verkaufte dem langhaarigen Möchtegern-Hippie die Insel Kabakon. Glücklich und zufrieden, baute der Sonderling eine kleine Hütte, entledigte sich sämtlicher Kleidung und spazierte fortan nackt herum, wobei er Sonne, Sand und Meer genoss.

Von den Eingeborenen unbehelligt, kultivierte Engelhardt seine Idee, sich ausschließlich von Kokosnüssen zu ernähren und der Sonne, dem göttlichen Gestirn zu huldigen. Bald nannte man ihn nur noch Mr. Kulau (Herr Kokosnuss). Seine merkwürdige Philosophie, die er Kokovorismus nannte, fand bald Anhänger. Ein junger blonder schöner Helgoländer erschien auf der Insel, Engelhardts erster Jünger. Sechs Wochen später starb er. Die Gründe für die Todesursache konnten nie geklärt werden. Als 1904 publik wurde, dass sich der Kapellmeister, Klavier- und Geigenvirtuose Max Lützow dem Kokos-Apostel Engelhardt angeschlossen hatte, setzte im

Reich ein regelrechter Run auf das ferne Nudistenparadies ein. Zeitweise hüpften dreißig Nackte umher und erfreuten sich am unkonventionellen Inseldasein.

Die Euphorie währte nicht lange. Krätze, Hautgeschwüre, Malaria und Durchfallerkrankungen dezimierten die fröhliche Schar der Jünger. Zwei Jahre später bestand Engelhardts Sonnenorden nur noch aus ihm selbst, dem Naturschriftsteller August Bethmann und einer attraktiven jungen dunkelhaarigen Frau, deretwegen ein tödlichen Streit zwischen den beiden Männern entbrannte. Bethmann unterlag und starb, ermordet durch die Hand seines Gurus und Gönners. In Panik verließ die Frau die Insel. Engelhardt vereinsamte zusehends, klammerte sich aber stur an seine asketische Lebensphilosophie. Er degenerierte zu einer Art exotischer Attraktion für deutsche und später australische Touristen und verschied unbeachtet vom Rest der Welt am 6. Mai 1919. Geblieben sind nur ein paar Aufzeichnungen und vergilbte Dokumente im kleinen historischen Museum von Kokopo. Und Erinnerungsfragmente, wie die von Tastas, dem alten Tolai, der mich am Nachmittag mit seinem Boot wieder zurückbringt.

»Mein Vater Marit kannte den Kokosnussesser«, erzählt er mir in schlechtem Englisch. »Das war ein komischer Mann. Seine Haut war so dunkel wie unsere. Er war sehr dünn, immer nackt wie ein Schwein. Warum? Missionare haben uns Kleider gegeben, weil wir nackt waren. Wir haben sie angezogen. Dann kommt der Kokosnussesser und zieht alle seine Kleidung aus. Das haben wir nie verstanden.«

Ich kann den alten Herrn gut verstehen. Es ist schon grotesk, mit welcher Ignoranz und Anmaßung unsere westliche Kultur diese unschuldigen Menschen konfrontiert hat, für die Nacktheit natürlich und praktisch war – wer läuft schon bei Temperaturen von über dreißig Grad und einer extrem hohen Luftfeuchtigkeit in Anzügen und hochgeschlossenen Kleidern herum? Doch prüde Kirchenmänner und korrekte Kolonialbeamte zwangen die unzureichend gekleideten »Barbaren«, sich nach europäischem Habitus auszustaffieren. Mittlerweile gilt auf vielen Inseln der Südsee Nacktheit als dermaßen unmoralisch, dass man sich selbst zum Baden niemals seiner Garderobe entledigt und auch nachts nur ordentlich angezogen zu Bett geht. Nacktheit wurde zur Sünde.

Heute verhält sich manch westlicher Tourist weniger schamvoll als die Bevölkerung – oben ohne am Strand, viel Haut und Körperkult in der Bar, auf dem Markt oder bei Folklore-Shows oder wo immer man als Tourist auftritt – was die Eingeborenen wohl bei so viel Freizügigkeit empfinden mögen, darüber dürften die wenigsten nachdenken.

Noch vor einer Stunde war der Himmel klar; die See, ölig glatt wie Pottwalhaut, trug die Farbe toter Thunfische. Jetzt ist das Wetter gekippt. Wolken in Dunkelgrau und Blauviolett regnen sich bereits über der Küste ab. Eine nicht sichtbare Sonne im Westen beleuchtet die Wolkenbatzen dramatisch von hinten. Lichtpunkte flitzen über das Wasser, die aussehen, als ob sie von einer imaginären rotierenden Spiegelglaskugel reflektiert würden. Es wird rapide dunkel. Blitze zucken über dem Horizont. Dann sprudelt der Regen wie aus einem regulierbaren Brausekopf. Das Meer wird rau und ungemütlich. Harte kurze Wellenschläge treffen das leichte Boot wie Boxhiebe. Die Gischt schwappt über uns zusammen wie Kneipp'sche Körpergüsse. Ich spüre peitschenden Regen im Gesicht. Das Boot stampft unkontrolliert, der Außenbordmotor röhrt. Es erinnert mich irgendwie an Szenen aus Otto Ernsts Gedicht »Nis Randers … Boot oben, Boot unten, ein Höllentanz! Nun muss es zerschmettern …! Nein, es blieb ganz …! Wie lange? Wie lange?«

Bei diesem Sturzflug durch eine aufgewühlte See bleibt der alte Tolai gelassen, im Gegensatz zu mir. Ich klammere mich verzweifelt an die Bordwand und schlage drei Kreuze, als wir – es ist bereits stockfinster – endlich den Bootsstrand von Kokopo erreichen. Nass wie eine ertränkte Katze, mit aufgeweichter schrumpliger Haut, verziehe ich mich bibbernd aufs Zimmer Nummer Acht des »Kokopo Village Resorts« und stelle mich für längere Zeit unter die heiße

Dusche. Nach einem Tässchen Tee bin ich wieder halbwegs okay und eile hinüber in die kühle Sachlichkeit des »Sea Breeze Restaurants«, wo eine sonor scheppernde Klimaanlage den letzen Hauch von Gemütlichkeit fortgewedelt hat.

Drinnen sterile Neonlichtflecken; draußen rauscht Dauerregen in buddhistischem Gleichmaß aufs Blechdach. Die Einrichtung besteht aus schmalen unbequemen Stahlrohrstühlen, die vor runden oder rechteckigen Tischen stehen; darauf verstaubte Plastikrosen in kleinen Kitschvasen und Platzdeckchen aus Plastik mit Veilchenaufdruck. Ein pflegeleichter Boden aus glänzenden Keramikfliesen verstärkt das Echo aus Schlurfschritten und Stuhlgerücke. An den Wänden hängen naive Ölbilder von Rabauls rumorenden Vulkanen. Der Kellner trägt eine schwarze Fliege zum lupenreinen weißen Hemd. Die Speisekarte besteht aus einem zerknitterten DIN-A4-Blatt, das sich so aufregend liest wie die Zugabfahrtstafel im Münchner Hauptbahnhof. Ich entscheide mich für Knoblauchlangusten auf Instantreis und Dosengemüse, wähle aus den drei angebotenen Getränken »SP Brown« und hoffe auf bessere Zeiten.

Wo der Asphalt endet, beginnt das Abenteuer

Im Ticket steht 8.30 Uhr Abflug. Also bin ich pünktlich um halb acht beim Check-in am Island-Link-Schalter. Dort erklärt mir ein freundlicher Tolai, nachdem er 46 Kina für Übergepäck kassiert hat, dass die Angaben im Ticket falsch sind. Geflogen wird heute erst um 11.20 Uhr. Natürlich bin ich sauer. Ich deponiere widerwillig mein Gepäck am Schalter und fahre mit einem PMV zum Bika Paka War Memorial Park, wo lange Reihen von Grabsteinen an die Gefallenen des Ersten und Zweiten Weltkriegs erinnern. Deutsche sind keine dabei, wohl aber Inder, Pakistani, Fidschianer, Briten, Neuseeländer und sechs Australier. Sie starben im Gefecht, als sie im August 1914 versuchten, die deutsche Radiostation zu erstürmen. Eine unendliche Traurigkeit liegt über der manikürten Schönheit der Parkanlage, um deren Pflege sich ein halbes Dutzend Gärtner bemüht.

Um elf Uhr bin ich wieder am Flughafen, warte und lese »Liebesgedichte« von Pablo Neruda. Fast überhöre ich den Flugaufruf. Die Bandairante startet mit zehn Passagieren an Bord in die Luft, zieht eine Schleife über die Duke of York Group und überfliegt den wilden gebirgigen Südteil von Neuirland. Ich bin überrascht, als wir Kurs auf eine am Horizont schwebende Inselkette nehmen.

»Wir machen eine kurzen Zwischenlandung auf Lihir«, quakt der Pilot durch den Lautsprecher. Wie ein riesiger Faustkeil schiebt sich die Insel unter die vibrierenden Tragflächen der Bandairante: dunkelgrüne Schluchten, kantige Bergkämme, Wolkenfetzen. Dann erblicke ich ein riesiges, gelbgraues Loch an der Westflanke, eine tiefe, hässliche, eitrige Wunde, deren Sekrete das Meer in weitem Umkreis mit milchigem Ocker eintrüben. Es handelt sich um Klärschlamm und Abraum aus der Minifie-Mine, wie mir der Kaugummi kauende Mann, der links von mir am Fenster sitzt, erklärt.

»Das«, erklärt er, »ist eine der reichsten Goldminen der Welt. Ich arbeite da, bei der ›Rio Tinto Zinc‹. Ich mache richtig gut Kohle. Einmal im Monat fliege ich nach Kokopo oder Moresby, dann lasse ich es krachen.«

Es folgt ein kumpelhaftes Grinsen. Mir schwant einiges: »Rio Tinto Zinc«, ein britisch-australisches Konsortium, ist verantwortlich für eine der größten Umwelttragödien im Südpazifik. Sie war Auslöser für einen blutigen Bürgerkrieg, der kaum beachtet von der Weltöffentlichkeit im benachbarten Bougainville stattfand. Die Bilanz waren über zehntausend Tote und mehr als sechzigtausend Flüchtlinge. Zurück blieben ein gigantischer, in das erzhaltige Gestein getriebener Krater und viertausend Arbeiter, die mit aggressiven Chemikalien – wie Quecksilber, Arsen und Blei – Gold, Silber und vor allem Kupfer förderten und die Umwelt mit etlichen Millionen Tonnen toxischem Abraum und Klärschlamm belasteten.

Es sieht ganz so aus, als ob sich hier auf Lihir eine ähnliche Katastrophe für Mensch und Umwelt anbahnt. Aber solange Schmiergelder und Dividenden fließen, wird das die korrupten Politiker in Port Moresby ebenso wenig interessieren wie die Aktionäre und Betreiber der Minengesellschaft.

Nach einer schlingernden Landung auf der buckligen Piste rollt die Maschine zu einem flachen Schuppen, neben dem ein paar Pickups parken. Neun Passagiere steigen aus, zehn ein – zehn Minenarbeiter, die den Flieger entern wie Blackbeards tollkühne Piraten eine spanische Galeone. Vorne weg ein stiernackiger Glatzkopf mit verwildertem Bartgestrüpp und tintenschwarzer Sonnenbrille im Gesicht, dahinter ein bulliger Stirnbandträger, der im Stil eines Long John Silver einen grünroten Papagei auf der Schulter trägt. Einem Rasta-Mann im bunt gestreiften, knielangen Hemd folgt ein massiger Jeansträger. Die anderen sechs geben sich nicht minder verwegen und lassen ihre von harter Arbeit, Nikotin und Alkohol geprägten Körper in die Sitze krachen.

Der Flieger holpert zur Startbahn aus zermalmtem Korallenschotter, lässt die Motoren aufheulen, beschleunigt, hebt ab, gewinnt an Höhe und zieht eine Gerade durch den grauen, schlierigen Himmelsdunst. Links grünes Land, Palmen, Mangroven und weiße Brandungslinien; rechts der flirrende Ozean. Dreißig Minuten später landen wir in Kavieng, und mein erster Eindruck ist: flach, tropisch, schwül.

Mit dem Taxi fahre ich ins »Malagan Beach Resort« und checke ein. Von meinem Zimmer sind es vielleicht zwei Dutzend Schritte bis zur Wasserlinie. Es riecht nach Salzluft, Tang, Muscheln und Frangipaniblüten – ein gutes Geruchspotpourri. Nusa, Nusa Lik und Nango, drei kleine flache vorgelagerte Inseln, leuchten sanft und sinnlich im Goldorange eines tropischen Sonnenuntergangs – ein Gemälde wie jenes, das Emil Nolde vor 88 Jahren malte, als er im Rahmen der medizinisch-demographischen Neuguinea-Expedition des Reichskolonialamts Ende Januar 1914 nach Kavieng kam.

Anders als in Rabaul, wo die indigene Bevölkerung bereits zu »europäisiert« war, fand der von einer Amöbenruhr geschwächte Künstler der Brücke-Gruppe in Kavieng endlich Zeit und Muße, sich aufs Malen zu konzentrieren. In einem polizeilichen Arresthaus, welches ihm der Bezirksamtmann Alfred Stübel zur Verfügung stellte, richtete sich Emil Nolde ein kleines Atelier ein und schuf neben unzähligen Skizzen und Aquarellen 19 großformatige Ölgemälde. Wie auch andere Künstler seiner Zeit, suchte Nolde nach dem Mythos des »edlen Wilden«, nach Männern, Frauen und Kindern, die, fast nackt, nur mit Muschelschmuck behangen, Spuren im Sand der Südsee zeichnen und stolz und aufrecht Palmenreihen und Bananenhaine durchschreiten.

Doch was er sah, war deprimierend: degenerierte Schwarze mit kurz geschorenen Schädeln, die von Missionaren in verlauste Secondhandkleidung gesteckt worden und mit Haut- und Geschlechtskrankheiten infiziert waren. Richtig erkannte er, dass die weißen Europäer das Unheil für die farbigen Naturvölker waren. Und so spiegeln sich bei Nolde – im Gegensatz zu seinen Malerkollegen Paul

Gauguin oder Max Pechstein – Melancholie, Trauer und Identitätsverlust in den Gesichtern der porträtierten Melanesier.

Um die eigentümliche Schönheit Kaviengs zu entdecken, muss man früh aufstehen. Dafür sorgen unbekannte Vogelstimmen, die wie quietschende Türscharniere klingen, und sanft plätschernde Wellen, die Tang und Seegras am Strand ablagern. Die Morgensonne küsst ein Lächeln auf die Lippen, die Lungen atmen reine klare Luft. Der Weg ist das Ziel, und der schönste führt am Ufer der Nusa Parade entlang zum Markt, wo bereits die Banana-Boote entladen werden. Passanten grüßen mit wohlwollendem »Monin« und entblößen beim Lächeln ihre vom Betelpriem rot gefärbten Zahnreihen. Auf dem Marktplatz wird das Übliche angeboten: Tabakblätter, Erdnussbündel, Taroknollen, Süßkartoffeln, Plastiktüten, Räucherfisch, Korallenkalk und die allgegenwärtigen Betelnüsse. Allgemeines Objekt der Begierde ist ein schreibtischgroßer Fladen Tapioka-Pudding, den eine zahnlose, gut genährte Marktfrau verkauft. Die in handliche Dreiecke geschnittenen, von süßlicher Kokoscreme triefenden Schlemmerschnittchen gehen weg wie heiße Semmeln.

Ich bin mit Tabo Meli vom Tourist Office verabredet, die mir ein Mountainbike vermieten will. Ihr Büro finde ich in der Coronation Road neben der Filiale der Westpac Bank. Tabo ist eine sympathische, engagierte Melanesierin, Mitte vierzig, und eine sprudelnde Quelle von Informationen und Erfahrungen.

»Wir arbeiten mit der Mentone Grammar School in Melbourne/Australien zusammen«, erläutert sie, während sie sich lässig auf den Monitor ihres PCs stützt. »Seit 1991 schicken die uns jedes Jahr eine Studentengruppe, für die wir eine Radtour organisieren.«

»Was sind denn das für Räder?«, frage ich.

»Mountainbikes. Wir haben elf Stück, alle in Top-Zustand.«

»Dann kann ich mir ja eins aussuchen.«

»Sicher. Nur sind sie nicht hier. Sie stehen bei meinem Bruder, der kümmert sich um Wartung und Pflege. Wenn du willst, können wir gleich hinfahren, es ist ganz in der Nähe. Wilhelm wird uns fahren.«

Ganz in der Nähe, was für eine typisch melanesische Untertreibung. Fünfzig Kilometer müssen wir fahren bis Lauan, einem winzigen Nest, das am Boluminski Highway liegt. Das schmale Asphaltband windet sich durch endlose Reihen von Kokospalmen, die vor hundert Jahren von fleißigen deutschen Kolonisten gepflanzt wurden, und zwar so akkurat in Reih und Glied wie mit dem Lineal gezogen. Die Mountainbikes schließlich, elf vergammelte Räder, deren Marke und Herkunft unbekannt bleiben, vermutlich sind sie aber aus Taiwan oder von irgendeinem Melbourner Baumarkt, stehen in einem windschiefen offenen Schuppen. Ihr Zustand ist eher erbärmlich als »top«. Ich wähle eins aus, das trotz hakeliger Gangschaltung, einer nicht greifenden Vorderradbremse und rostiger Kette fahrbereit ist. Als Mietpreis fordert Tabo 25 Kina pro Tag. Natürlich zahle ich im Voraus.

Nach einem leichten zweiten Frühstück aus Reis, Taroscheiben und Fisch schultere ich meinen Rucksack und schwinge mich in den Sattel. Tabo und Wilhelm fahren mit dem Dienst-Pick-up zurück nach Kavieng, nicht ohne mir vorher noch jede Menge guter Ratschläge gegeben zu haben.

Die fast autofreie Straße ist ideal zum Rad fahren, führt sie doch – stets parallel zur Ostküste – durch flaches Terrain, wo sich dichter tropischer Urwald mit Öl- und Kokosplantagen, Kakaobäumen, Hibiskushecken, Pandanen und Sagopalmen abwechselt. Dazwischen eingestreut liegen ein paar Lichtungen mit Hütten aus Bambus und Blättern.

Es muss ein schlauer Kopf gewesen sein, dieser Baron Franz Boluminski aus dem westpreußischen Graudenz, heute Grudziadz (Polen), der 1910 seinen Dienst als Bezirksamtmann in der Kolonie antrat und unverzüglich begann, die existierenden Plantagen mit einer Straße zu verbinden, um das Kopra schneller zum Tiefwasserhafen von Kavieng transportieren zu können. Manche, wie der Luxemburger Journalist und Autor Norbert Jacques, der mit seinem Bestseller »Dr. Mabuse« Weltruhm erlangte, hielten den preußischen Offizier sogar für ein Genie, einen »Gelehrten mit hohem Intellekt, demokratisch, den Eingeborenen verliebte Gesinnung bezeigend«, der aber äußerst unangenehm werden konnte, wenn er bei Inspektionsfahrten feststellte, dass sich seine Straße in »ungepflegtem Zustand« befand. Er war es, der Neuirland – damals Neu-Pommern – zu einem der profitabelsten Besitztümer Deutsch-Neuguineas machte. Nur schade, dass er bereits 1913 an Hitzschlag starb und die Vollendung seiner Straße nie erlebte.

Das Rad hat einen leichten Schlag im Vorderrad, fährt sich aber sonst ganz ordentlich. Die Kokosplantagen weichen allmählich den schattigen dunkelgrünen Baldachinen der Ölpalme (*Elaeis guineensis*), einer westafrikanischen Fiederpalme, die hier seit 1988 mit Erfolg angepflanzt wird. Die »Pacific Rim Plantations Ltd.« (PacRim) hat über sechstausend Hektar Land gepachtet, mehr als dreißig Millionen US-Dollar investiert und in Poliamba eine der modernsten Ölmühlen des Landes aufgebaut. Im Stundentakt rollen die Trucks zu den Schüttrampen und kippen ihre rotbraunen haarigen Fruchtbündel tonnenweise in bereitstehende Loren. Nach intensivem Dampfbad und Reinigung durchlaufen die Früchte Mahl- und Presswerke. Übrig bleiben drei auf dem Weltmarkt sehr gefragte Naturprodukte: Palmöl für Speisefett, Seife und Kerzen; Palmkernöl für die Kosmetikindustrie und der Pressrückstand, Palmkernkuchen, für Mastfutter. Big Business also und Arbeit und Brot für zweitausend Menschen. Im Gegensatz zur Kokospalme allerdings, die über drei Generationen Früchte trägt, hat die Ölpalme eine Lebensdauer von nur zwanzig Jahren.

Etwa 110 Kilometer von Kavieng entfernt geht das Asphaltband in eine poröse Piste aus Schotter und Korallensand über. Aus ist es mit dem gemütlichen Dahinradeln. Ich muss Querrillen, Auswaschungen, Schlaglöchern und Regenpfützen ausweichen. Eine Schinderei, und bis Dalum, wo Tabos Onkel ein Gästehaus betreibt, ist der Weg noch ziemlich lang. Ich fresse Staub, Dreck und Kilometer, fluche und schwitze, strample im Wiegetritt Anstiege hinauf und rolle in Senken hinab, die von Flüssen, Bächen und Mangrovensümpfen durchzogen und von schmalen Holz- oder Betonbrücken überspannt sind. Kurz vor Sonnenuntergang erreiche ich Dalum, ein knappes Dutzend luftiger Bambushäuser an der Biegung eines schnell strömenden Flusses.

Das Gästehaus duckt sich unter knorrigen, weit ausladenden Barringtonias und Regenbäumen. Nur einen Steinwurf entfernt liegt ein schmaler Sandstrand. Tabos Onkel Panatalis, ein rundlicher heiterer Mann in den besten Jahren, und seine Frau Johanna kümmern sich rührend um alles. Ich bade im Fluss und hocke mich auf eine Baumwurzel am Strand. Die Sonne ist verschwunden, geblieben ist ein weißgrauer Rest von Tageslicht, der bald ins tiefe Schwarz der Nacht übergeht. Ich habe Hunger und bin froh, als es endlich etwas zu essen gibt. Im schwachen Schein der Kerosinlampe lässt sich kaum erkennen, was aufgetischt wird, doch es sieht recht passabel aus und schmeckt wie Süßkartoffeln in Scheiben, Reis, Instantnudeln, Cornedbeef mit Zwiebeln und Salatgurkenwürfel. Einfach, aber sättigend. Nach dem Essen plaudern wir noch ein bisschen.

Als sich die Gastgeber zurückziehen, springe ich zum Strand. Es ist Vollmond, auf dem Meer tanzen silberne Lichtreflexe. Am Horizont sehe ich Wetterleuchten; die Blitze zucken, ohne dass ein Donnergrollen folgt. Eigentlich ist alles sehr romantisch: Frösche quaken, Zikaden zirpen, eine warme seidenweiche Luft verströmt das Aroma unbekannter Blütendüfte. Ein berauschendes, gar sinnliches Gefühl, vertraut aus Beschreibungen von Joseph Conrad, Robert Louis Stevenson und Jack London. Die Projektoren im Kleinhirn spulen bekannte Filmsequenzen ab: Fletcher Cristian, Meuterer der *Bounty*, liebte seine tahitische Prinzessin in einer solchen Nacht, Willems (»Der Verdammte der Inseln«) verriet Kapitän Lingards Geheimnis, um von seiner angebeteten malayischen Schönheit Aissa erhört zu werden.

Dieser Mond über Dalom, verdammt, warum leitet er mich durch diese laue Nacht, von der die meisten Menschen nur ein Leben lang träumen? Ich stehe in diesem magischen kalten Licht, wage kaum zu atmen, aus Furcht, den Zauber zu vertreiben oder ein unbekanntes Tabu zu brechen – wie die Liebenden in Fritz Murnaus gleichnamigem Stummfilm. Dann setze ich mich auf einen umgestürzten Palmenstamm, spreize die Füße im Sand, schaue auf silbrige Wolkenfahnen, lausche den leise glucksenden Wellen und dem einsamen Ruf einer Eule und bedauere zutiefst, dass Miss Melanesien nicht neben mir liegt.

Die Flut läuft langsam auf. Zwischen den Hütten fegen Frauenhände mit Reisigbesen den Sand. Hühnermütter mit Stolz geschwellten Brüsten führen ihre Küken aus, Hunde saufen im Fluss. Die Sonne bricht mit zartesten Pastelltönen durch die Wolken. Über dem Wasser wallt ein Dunstschleier, die letzte Frische des Morgens, die sich nach und nach auflöst und der Hitze Platz macht. Seeschwalben kreisen im Aufwind. Eine Frau putzt ihre angekokelten Blechtöpfe im feuchten Flusssand; ein paar Männer schieben ein Boot in die Strömung, paddeln bis zur Brandungslinie, springen bis auf einen ins hüfttiefe Wasser und verharren dort. Sie zählen die Wellenfolge und schieben im entscheidenden Moment den Rumpf durch die Brecher, wobei der im Boot Verbliebene blitzschnell den Außenbordmotor startet und das Boot geschickt durch die Brandung manövriert. Die übrigen Männer ziehen sich an Bord. Das Boot nimmt Fahrt auf und entfernt sich langsam Richtung offene See.

Die Nacht war voller Unruhe. Schuld trug die rollende, platschende, klatschende Brandung. Zweimal bin ich aufgestanden und zur Wasserlinie gegangen. Zweimal tastete meine Hand nach Miss Melanesien. Vergebens, sie war nicht da. Ich lag allein unter dem Schweiß getränkten Laken.

Pazifikinsulaner schätzen deftige opulente Frühstückstische. Meine Gastgeber sind da nicht anders. Gekochte Kartoffeln, gebackene Hühnerkeulen, Sandwiches mit Bohnen und süßlicher Soße, Gurkenwürfel mit Tomaten, Bananen und Ananasscheiben – das alles steht vor mir. Und da Schlemmen keine Sünde sein kann, esse ich, was in den Magen passt. Wer weiß, wann es wieder etwas zu essen gibt.

Doch voller Bauch radelt nicht gern, vor allem nicht wenn es gilt, tausend Höhenmeter zu überwinden. Die Straße aus feinkörnigem

Korallenkies, die sich von Malom zum Lelet Plateau schlängelt, ist verflucht steil; ich schätze die durchschnittliche Steigung auf zwanzig Prozent. Dagegen erscheint so mancher Alpenpass wie eine Flachetappe.

Es ist zu steil. Nach einer Stunde bin ich völlig platt. Mein Herz rast, klopft und dröhnt, die Lunge pfeift, die Waden stechen, die Adern pochen. Ich kippe aus dem Sattel, krieche zum Straßenrand und erbreche mich in den Staub. Dabei schramme ich mir Knie und Ellbogen auf. Es dauert eine Weile, bis sich meine Herzfrequenz und meine Atmung beruhigt haben. Derweil genieße ich die grandiose Aussicht: Bergkämme und Schluchten, die wie geknautschte Seide ins Meer sinken, einen aquamarinfarbenen Irrgarten, auf dem eine Armada aus Wolkengaleeren und Inseln schwimmt.

Ich fahre nun im niedrigsten Gang und krabble wie ein Käfer Kehre für Kehre höher ins Bergland, bis nach einer Ewigkeit von zwei Stunden endlich die Straße abflacht und den Scheitelpunkt erreicht. Meinen Blicken eröffnet sich eine hügelige Hochebene – das Lelet Plateau, die »Gemüseschüssel« für Kavieng und Lihir. Hier oben gibt es vier Dörfer, vier Religionen und vierhundert Menschen. Menschen, die gute klare Luft ohne Fliegen und Moskitos atmen, die hart arbeiten und in ihren Gärten Taro, Frühlingszwiebeln, Tomaten, Kohl, Süß- und Salatkartoffeln, Ananas und Papayas anbauen, und die dankbar sind für jede Betelnuss, die man ihnen mitbringt, da Arecapalmen in dieser Höhe nicht gedeihen. Unter Anleitung eines Agrarexperten versuchen die Bewohner Kaffee zu kultivieren, um sich dadurch ein zusätzliches Einkommen zu schaffen.

In Limbin, dem größten der vier Dörfer, übernachte ich bei Ben Laklen, einem pensionierten Schullehrer, der mit Hilfe seiner Söhne ein Gästehaus mit zwei Zimmern gebaut hat. Es ist einfach, aber funktionell. Zum Waschen nimmt man Regenwasser aus einem Tank; als Toilette dient ein Wellblechhäuschen über einem Erdloch mit einem grob gesägten Holzbalken als Klositz.

Die Rückfahrt ist einfach. Für die achtzehn Kilometer bis Malom sind es dreißig Bremsminuten bergab, von dort 165 Kilometer bis Kavieng. Zwischen Malom und Silom entdecke ich ein Flüsschen, das sich, über Kiesel und Baumwurzeln gluckernd, direkt ins Meer ergießt. In einem natürlichen Bassin, umsäumt von einem Beet roter Wildblumen und Hibiskusbüschen, wasche ich mir Staub und Schweiß aus dem Gesicht.

Bei Libba wird die Strecke wieder flacher. Im Dorf lebt Ben, ein alter Schnitzer, ein Meister seiner Zunft und der Letzte, der die Kunst der Malangan beherrscht. Er meißelt wunderschöne rituelle Skulpturen aus dem Holz des Mangobaums. Gerade bearbeitet er ein Kanu in Form zweier Wildschweine, in dem ein Krieger thront, der eine Gruppe Ahnen symbolisieren soll. Alles – bis auf den aufgesteckten Kopf der Figur – ist aus einem Stück geschnitzt. Das helle Holz wird später mit Naturfarben bemalt: Rot aus Ton, Gelb aus der Ingwerpflanze, Weiß aus Korallenkalk und Schwarz aus Holzkohle. Sammler zahlen für diese raren Artefakte bis zu tausend Kina. Damit sein Handwerk nicht ganz ausstirbt, unterweist er seine beiden ältesten Söhne in der Kunst des Schnitzens.

Mittags bin ich in Laraibin, gerade rechtzeitig zum Lunch, das ich mit Katherine Hiob und ihrer Familie teile. Wir löffeln Reis mit Hammelfleisch. Zur Familie gehören neben einem handzahmen Baumkänguru mit drolligem Stupsnäschen auch der kastrierte Hunderüde Chivas, wie er nach der Whisky-Marke getauft wurde.

»Willst du meine anderen Lieblinge sehen, dann komm mit zum Fluss«, fordert mich Katherine auf und greift sich einen Topf mit Speiseresten.

Ich folge ihr und zwei bastblonden Kindern zum Fluss, der sich ums Haus zieht wie eine Lassoschleife.

»Hallo Paramatta, hallo Bronco. Wo seid ihr? Kommt zu Mami«, ruft Katherine mit heller Stimme. Und dann erscheinen sie: beindicke zwei Meter lange Aale, schleimige, glitschige Tiere, die sich katzengleich an die Fesseln ihrer Gebieterin schmiegen. Sie fressen ihrer Adoptivmutter direkt aus der Hand.

»Hier«, Katherine reicht mir den Topf, in dem noch ein paar Bro-

Ein »Haustier« der besonderen Art – in Laraibin, Neuirland, werden meterlange Aale mit Dosenthunfisch gefüttert.

cken Dosenthunfisch stecken, »füttere du sie. Du brauchst keine Angst zu haben, die tun nichts.«

Unsicher stehe ich bis zu den Knien im kalten klaren Fluss. Ich zucke zusammen, als sich der dicke Schlangenleib eines Aals, der auf den Namen Loch Ness hört, an meinen Waden reibt.

»Der da drüben ist Salomon, der Älteste. Er hat seinen Namen aus der Bibel. Die dort«, Katherine zeigt auf einen Aal mit bläulich schimmernden Seitenflossen, »ist Lasse. Sie ist ziemlich verwöhnt und isst nur ganz zarten Thunfisch. Der Freche mit den dunklen Linien auf dem Rücken heißt Forrester, ein echter Haudegen und Kämpfer.«

Ich mag es gar nicht wissen, denn der Monsteraal reißt mir fast den Topf aus der Hand, der ins Wasser platscht und forttreibt wie ein plumpes Papierschiffchen. Die Kinder stürzen gleich hinterher, bevor Forrester ihn erwischt und zu verschlingen droht.

»Schade, jetzt hast du meine kleine süße Nefertari erschreckt, meine Jüngste. Ich habe sie nach einer altägyptischen Göttin benannt, die ich sehr verehre.«

Wie auch immer, die glibberigen, schlangenhaften Kreaturen sind nicht mein Ding. Doch für Katherine scheinen sie etwas Besonderes zu sein.

»Früher haben die Leute die Aale gejagt und gegessen. Jetzt nicht mehr. Das habe ich durchgesetzt. Seit sechs Jahren füttere ich die Tiere. Sie gehorchen aufs Wort und sind mir inzwischen genauso ans Herz gewachsen wie meine eigenen Kinder.«

Ich schwinge mich wieder aufs Fahrrad. Kaum liegt Laraibin samt seiner hiobschen Aal-Mensch-Familie hinter mir, fängt es an zu regnen, erst leicht, dann immer stärker. Kette und Schaltwerk verklumpen mit zähem Matsch. Ein Gangwechsel ist erst wieder möglich, als ich die Asphaltstraße erreiche und das Fahrrad in einem Fluss wasche. Im strömenden Regengrau wirken die dunklen Baldachine der Ölpalmen noch trauriger und deprimierender. Nichts geht – optisch betrachtet – über Kokospalmen, mit ihren schlanken biegsamen Stämmen und ihren filigranen Kronen, die sich raschelnd im Wind wiegen.

In Lauan – der Regen hat Gott sei Dank inzwischen aufgehört – warten Tabo und Wilhelm, die mich mit dem Wagen nach Kavieng zurückfahren.

Nusa und Nusa Lik, die beiden Inseln gegenüber Kaviengs Uferpromenade, auf denen Emil Nolde Aquarelle und Zeichnungen von den dortigen Bewohnern anfertigte, während seine Frau Ada einen entsicherten Revolver hinter ihrem Rücken hielt, sind heute ein beliebter Treff der australischen Surf-Szene. Besonders in den Monaten November bis April ist Neal Keanes kleines Surf-Resort proppenvoll mit semmelblonden Jungen und Mädchen aus Downunder. Per Boot chauffiert der drahtige Melbourner die schrille Wellenreiter-Gilde zu den favorisierten Surfplätzen am Außenriff.

Nicht alle sind jung, schön, sonnengebräunt und athletisch, auch Ältere steigen auf die bunten Bretter, vornehmlich hawaiianische Long Boards, die zurzeit eine wahre Renaissance erleben. Mögen die Altersunterschiede auch groß sein, eins haben diese Wasserpaddler gemeinsam: leuchtend pinke Zinksalbe auf der Nase, ohne die niemand aufs Brett steigt.

Im »Nusa Island Retreat« ist immer Partytime und »Life is a Beach« heißt das Motto. Da schert sich keiner um die Krokodilstränen, die den meterlangen, schwarzen Echsen aus den verkniffenen Augenfalten kullern. Die Tiere warten in ihrem Betonbecken auf den Metzger, der kommt, sobald sie ihre Schlachtreife erreicht haben. Er streift ihnen die begehrte Haut vom Reptilkörper und filetiert sie anschließend. Tiefgefrorenes Krokodilfleisch findet man in Kavieng nicht nur in jedem Supermarkt, sondern auch in der Menü-Karte des »Nusa Restaurants«. Für die Anrainer des mächtigen Sepik ein niederträchtiger Frevel an ihrem geheiligten Totemtier.

In besagtem Restaurant, in den kolonialen Komfort eines Korbsessels gekuschelt, studiere ich entspannt – trotz meines schmerzenden, wunden Hinterteils – die Karte mit dem Karfreitag-Special, während Mark Knopfler von den »Dire Straits« unaufdringlich die Saiten seiner Akustikgitarre streichelt. »Brother in Arms« auf CD – und das hier. Ich nehme Sashimi vom Gelbflossenthun mit Wasabi und Sojasauce, gefolgt von Thunfisch-Tournedos in Zitrone-Weißwein-Marinade auf Schlangenbohnen und Grillkartoffeln. Alles äußerst deliziös. Zum Dessert gibt es Crêpe mit Fruchtsalat und Eiscreme, dazu grünen Tee. Lieber wäre mir ein kühler Sauvignon Blanc oder ein schmunzelnder Roter aus Navarra oder dem Burgund, der sich zärtlich in die Hand schmiegt. Doch solche superben Tröpfchen führen sie nicht im Keller, deshalb schlürfe ich zungenneutrales Mineralwasser aus Malaysia.

Während ich so behaglich dasitze, denke ich an all die seltsamen Tiere, die ich getroffen habe: An die einäugige Katze in Dalom, die selbst den sämigen Frühstücks-Bohnenbrei nicht verschmähte, den ich ihr gereicht habe. An die kecken Elstern und Schwalben, die Akrobaten der Lüfte; an das flauschig-gelbe Baumkänguru und die monströsen Aale aus Laraibin und an Green Can, den giftgrünen Lori aus Lissenung, der lautstark schimpfte und zeterte, weil man ihn im Regen hocken ließ.

Wenn ich ein Fazit ziehe, so strahlen die Bewohner Neuirlands und die Flussmenschen vom Unterlauf des Sepik die meiste Originalität und den größten Charme aus. Hier bilden Menschen und Landschaft einen harmonischen Einklang.

Als ich ins Flugzeug klettere, schenken mir Tabo und Wilhelm zum Abschied eine Tüte mit fremden braunen Früchten. Ihr glasiges Fruchtfleisch erinnert an Rambutan, der dicke holzige Kern eher an eine vertrocknete Kastanie. Der Geschmack lässt sich am besten so definieren: wie Litschi, aber nicht ganz so süß.

Air Niugini startet um 11.45 Uhr. Wer ist an Bord? Richtig, Flugbegleiterin Sara. Wir lachen beide gleichzeitig. Der Flieger ist halbleer. So setzt sie sich zu mir, und wir plaudern belangloses Zeug bis zur Landung in Kokopo, wo die Crew wechselt. Sara fliegt weiter nach Lae.

»See you next time«, sagt sie und haucht mir ihre roten Lippen auf die Wange. Schon ist sie draußen auf der Gangway.

Die Maschine füllt sich, jeder Platz wird besetzt. Doch wir haben ein Problem: Es gibt keinen Treibstoff zum Auftanken. Also müssen wir warten, bis der Tankzug aus Kokopo eintrifft. Die meisten Passagiere steigen aus, dankbar für die Unterbrechung, beißen in Betelnüsse und zermahlen genüsslich Kern und Kalk, denn im Flugzeug herrscht strengstes Kauverbot. Irgendwann kommt der Tankzug, die Maschine tankt auf, und wir können weiterfliegen.

Wie zu Land und zu Wasser, muss man in Papua-Neuguinea auch in der Luft mit allem rechnen. Neulich in Lae war es ein Papuahornvogel, der kurz vor dem Abheben in eines der Triebwerke der Fokker F28 krachte. Der Pilot konnte den Start gerade noch abbrechen. Dreißig Passagiere und die Crew verließen unverletzt über Notrutschen das Flugzeug. Bei meinem Flug Madang–Port Moresby verhinderte ein riesiger, über dem Rollfeld kreisender Schwarm Flughunde den geplanten Start. Da es windstill war an diesem Tag, startete der Pilot mit sechzig Minuten Verspätung in die Gegenrichtung – die war flughundfrei. – Papua-Neuguinea, Land of the Unexpected!

Was Willy, den Huli, anbelangt – da werde ich im März wohl wieder zur ITB nach Berlin reisen müssen. Dort treffe ich ihn garantiert, an irgendeiner Theke bei Bier und Buletten. Dann erzähle ich ihm von seiner Heimat, seinen Leuten, von der herben, wilden Schönheit des Hochlands und dem Rest der Inselwelt …

Das Zitat von Jack London stammt aus »Die Fahrt der Snark« (vergriffen) © 1987 Ullstein Verlag, jetzt Ullstein Heyne List GmbH & Co.KG, München.
Das Zitat von James A. Michener stammt aus dem Erzählband »Das gute Leben oder Rückkehr ins Paradies«, erschienen im Knaur Verlag, München 1987.
Das Zitat von Antoine de Saint-Exupery stammt aus »Der Kleine Prinz« © 1950 und 1998 Rauch Verlag, Düsseldorf.
James Cook wurde zitiert nach »Captain James Cook. Entdeckungsfahrten im Pazifik«. Herausgegeben von A. Grenfall Price © 1983 by Edition Erdmann (Thienemann Verlag GmbH), Stuttgart–Wien.
Wir danken den Verlagen für die freundliche Abdruckgenehmigung.